**NEE, DAS WAR NOCH GELB!**

MARKUS KOTHEN

# NEE, DAS WAR NOCH GELB!

## WAHRE GESCHICHTEN AUS DEM ALLTAG EINES POLIZISTEN

MIT SEBASTIAN THIEL
ILLUSTRATIONEN VON JANA MOSKITO

SCHWARZKOPF & SCHWARZKOPF

# INHALT

PROLOG: ABSTIEGSKRIMI ........................................ 7

VORWORT: VORNEWEG ........................................... 13

KAPITEL 1: AUSWAHLTEST ...................................... 15

KAPITEL 2: LEHRJAHRE UND NERVENDE SPITZNAMEN ............ 25

KAPITEL 3: ARAF UND SCHWARZZAHN ........................... 31

KAPITEL 4: LEBENDE LEICHEN .................................. 45

KAPITEL 5: SIEG UND NIEDERLAGE ............................. 57

KAPITEL 6: DIE DUNKLE SEITE .................................. 81

KAPITEL 7: GURKE MIT BEILAGE ................................ 95

KAPITEL 8: ROSA ELEFANTEN .................................. 119

KAPITEL 9: NORMALES TAGWERK ............................... 135

KAPITEL 10: UNSICHTBARE VERDÄCHTIGE ...................... 163

KAPITEL 11: SPAZIERFAHRT .................................... 181

KAPITEL 12: NACHTS IM MUSEUM ............................... 199

KAPITEL 13: SPORTFREUNDE ................................... 211

KAPITEL 14: KLETTERPARTIE ................................... 231

KAPITEL 15: PRIORITÄTEN ..................................... 243

EPILOG: WIE WIRD MAN EIGENTLICH ... ....................... 254

# PROLOG

# ABSTIEGSKRIMI

Es gibt Tage, da hat man ein ganz schlechtes Gefühl im Magen. Heute ist so ein Tag. Eigentlich ist es ein wunderschöner Samstag im Mai. Die Sonne scheint, ein azurblauer Himmel erstreckt sich über unseren Köpfen und es riecht nach Grillfleisch. Der Tag wäre perfekt, um mit der Familie eine kleine Fahrradtour zu starten, in irgendeinem Landcafé Kuchen zu essen und am Nachmittag ein paar Bier mit Freunden zu trinken. Doch dazu wird es nicht kommen.

Mit meinen Kollegen warte ich stattdessen auf einem Parkplatz in der Nähe des Rhein-Energie-Stadions. In zwei Stunden beginnt der letzte Spieltag der Bundesligasaison. Köln empfängt die Bayern und könnte mit einem Sieg doch noch die Relegation sichern. Bei einer Niederlage würde sich jedoch die Wut der Fans über diese verkorkste Saison entladen. Mein Job ist es, dafür zu sorgen, dass die Situation nicht allzu sehr eskaliert.

Ich bin Polizist, Zugführer eines Alarmzugs, und wenn ich ein Fußballspiel besuche, dann leider nicht aus denselben Gründen wie die 50.000 anderen Menschen. Besonders nicht an einem Tag wie heute.

»Schon wieder Schnitzel.« Meine Kollegin schüttelt den Kopf und nimmt einen Schluck aus der Wasserflasche.

Seit auch Frauen in den Hundertschaften der Polizei ihren Dienst verrichten, ist zwar der Anteil von Salat im Verpflegungsbeutel mächtig gestiegen, aber die Hauptmahlzeit, welche die Caterer für uns vorgesehen haben, sind immer noch Frikos oder Schnitzel.

Tief in meinen Gedanken versunken, öffne ich die weiße Plastiktüte und versuche, das Schnitzel mit dem Miniatur-Plastikmesser zu schneiden. Natürlich bricht es sofort.

»Du solltest es lieber essen«, sage ich zu meiner Kollegin und nehme das Schnitzel zwischen die Finger. »Es könnte ein langer Tag werden.«

Aus irgendeinem Grund weiß ich, dass ich recht behalten werde. Zwei meiner Alarmzugkollegen haben sich heute krank gemeldet, sechs sind im Urlaub, eine Kollegin ist im Mutterschutz. Also wird mein Einsatzzug mit einer reduzierten Stärke versuchen, die öffentliche Ordnung zu gewährleisten. Und das bei einem Risikospiel wie heute.

Die 20 Kilo des Körperschutzanzuges lasten bereits jetzt schwer auf mir und dabei hat das Spiel noch nicht einmal begonnen. Zum wiederholten Mal überprüfe ich die Walther P99 und vergewissere mich, dass sie auch fest in der dafür vorgesehenen Tasche verstaut und gesichert ist. Irgendwann entwickelt man eine beruhigende Routine, während man auf die Einsatzaufträge wartet. Diese währt allerdings nur so lange, bis das Spiel eine suboptimale Richtung einschlägt und man ins Stadion geht. Ich sollte vielleicht erwähnen, dass ich kein Fußballfan bin. Ob Bayern zum wiederholten Mal Meister wird oder Dortmund den Titel verteidigt, ist mir herzlich egal. Trotzdem lernen wir die Tabelle und die Spieltage genauso auswendig wie jeder Hardcorefan. Und die heutige Konstellation gefällt mir ganz und gar nicht.

Ich habe meinen Zug neben der Überdachung aufgestellt, direkt bei der Kölner Fankurve, und muss mit ansehen, wie Thomas Müller in der 85. Minute gerade das vierte Tor für die Bayern schießt. Das ist gar nicht gut. Für Köln steht nun der schwierige Gang in die zweite Liga an. Ich weiß es und die Fans wissen es natürlich auch. Allerdings reagieren sie ein wenig emotionaler, als wir es tun.

Daher stehen wir ständig mit dem Chef des Einsatzes in Verbindung, von ihm erhalten wir eine Hiobsbotschaft nach der anderen. Eigentlich sollten wir bei so einem Risikospiel mit drei Hundertschaften vor Ort sein, doch leider wurde im Laufe der 90 Minuten eine davon nach Bonn verlegt. Dazu erhalten wir minütlich Hinweise auf Ultra-Gruppierungen, die ihre Meinung über den Abstieg anscheinend auf ihre ganz spezielle Weise kundtun wollen. Ein entspannter Samstag sieht anders aus.

Mit dem Helm an der Koppel stelle ich mich vor meine Kollegen. Schwäche zeigen ist hier verboten.

»Wenn wir gleich nach draußen gehen, sofort eine Kette vor dem Sechzehner bilden«, schreie ich und versuche, so selbstbewusst wie möglich zu klingen.

Ich bin 42 Jahre alt, Hauptkommissar und habe so ziemlich alles gesehen, was sich Menschen antun können. Diese grölende und von Hass zerfressene Menschenmenge jagt mir jedoch immer noch einen Schauer über den Rücken.

Als der Schiedsrichter den Spielern sagt, dass sie nach Abpfiff so schnell wie möglich vom Platz gehen sollen, weiß ich, dass es ernst wird. Während ich mit den Sicherheitskräften über die weitere Vorgehensweise berate, steigt plötzlich schwarzer Rauch aus der Fankurve. Ein gellendes Pfeifkonzert legt sich wie ein ständiges Piepen in meine Ohren. Hier unten auf dem Spielfeld kann man sein eigenes Wort nicht mehr verstehen und die Spieler spurten plötzlich in den Kabinengang. Einige habe ich das ganze Spiel über nicht so schnell rennen sehen.

Neben den Rauchbomben werden bengalische Feuer gezündet. Das gehört leider fast schon zur Routine. Das grelle Rot blendet mich für einen Moment, dann wird das Spielfeld vor meinen Augen in tiefes Schwarz getaucht. Innerhalb von Sekunden ist der gesamte Block eingenebelt und dunkelgraue Wolken steigen in den

Kölner Nachmittagshimmel auf. Eben noch war das Spiel ein friedliches Fußballfest, jetzt herrschen Hass und Zerstörungswut. Flaschen und Steine fliegen im hohen Bogen, die ersten Fans klettern über den Zaun. Becher mit bernsteinfarbener Flüssigkeit prasseln auf uns nieder. Das Zeug perlt an meinem Anzug ab und landet tropfend auf dem Boden. Ich hoffe, dass es nur Bier ist.

Dann erhalten wir den Auftrag, vorzurücken. Ich überlege nicht mehr, spule einfach mein Programm ab. In diesem Moment nachzudenken, was alles passieren könnte, ist falsch. Wie abgesprochen bilden die Ordner die erste Reihe, sie sollen sich aber zurückziehen, wenn die Fans sich nicht mit Worten stoppen lassen. Ich befehle meinem Zug, eine Kette zu bilden, und spüre schon beim ersten Schritt auf dem Rasen einen beißenden Geschmack in meinem Rachen. Wie eine ätzende Wolke drückt er sich meine Kehle herunter.

Verdammt, was verbrennen diese Idioten da?

Auch diese Überlegung verbanne ich schnell in den hintersten Winkel meines Verstandes und schärfe meinen Blick auf diese schwarze Wand. Werbebanner werden eingerissen und immer mehr Menschen stürmen aufs Spielfeld. Jetzt weiß ich, warum sich das Wort »Fan« von »Fanatismus« ableitet. Im wahren Leben sind sie bestimmt keine schlechten Menschen, aber hier verwandeln sie sich in eine einzige zornige Horde, die außer ihrer Zerstörungswut nichts mehr kennt. Ihre Kapuzenpullis haben sie tief ins Gesicht gezogen, während sie das Stadion auseinandernehmen. Wieder fliegen Rauchbomben, Feuerwerkskörper, abgebrochene Flaschen. Diesmal in unserer Nähe.

Die angeblichen Fans lassen sich auch nicht mehr von der ersten Reihe Ordner besänftigen, sondern prügeln einfach drauflos. Im selben Moment bekommen wir den Auftrag, noch weiter vorzurücken. Ein ohrenbetäubender Lärm legt sich auf meine Ohren, ich schwitze unter dem Anzug, überall liegt beißender Nebel in der Luft und mein Herz hämmert auf Hochtouren, als ich meinem Zug den Befehl gebe und wir geschlossen losrennen. Noch im Laufen ziehe ich das RSG-8, mein Reizstoffsprühgerät, und drücke ab. Ein scharf geworfenes Feuerzeug trifft meinen Helm, neben mir kommt ein Kollege zu Fall und die Fans machen nicht den Anschein, als würden sie weichen wollen. Meine Gedanken rasen. Wir sind zu schwach, um einen Konflikt dieser Größe aufzulösen. Innerlich bereite ich mich auf eine Massenschlägerei mit ungewissem Ausgang und Liveübertragung vor, als ich erneut das RSG ansetze und den 400-Milliliter-Tank leer mache. Links und rechts schießt ebenfalls ein dünner Strahl mit Pfefferspray auf die Randalierer. Obwohl das RSG eine Reichweite von vielen Metern hat, brennt es mir sofort in den Augen. Die Ordnerkräfte ziehen sich zurück und nun stehen wir allein der schreienden, vermummten Wand gegenüber, die uns abgrundtief zu hassen scheint. Es fliegen weitere Gegenstände, die Männer stacheln sich gegenseitig an, wir gehen noch ein Stück nach vorne und versuchen, die Rädelsführer mit Pfefferspray einzunebeln. Wie viel Testosteron muss in ihren Blutbahnen rauschen, wenn sie immer noch ihre Hasstiraden brüllen, obwohl sie vom Reizgas heulen und husten.

Ich habe keine Ahnung warum, aber in diesem Moment muss ich an meinen Geschichtslehrer auf dem Gymnasium denken und an diesen Montag, als ich ihm von meinem Wunsch erzählte, zur Polizei zu gehen. Er hat mir davon abgeraten.

Aber auch wenn mir in diesem Augenblick die Augen vom Pfefferspray tränen und ich von Hunderten von Fans ausgepfiffen und mit Gegenständen beworfen werde, so hatte er doch unrecht.

## VORWORT

# VORNEWEG

Als Polizist arbeiten zu dürfen, empfinde ich selbst nach so vielen Dienstjahren noch als Bereicherung und irgendwie auch als Ehre. Manche Schichten sind sicher unspektakulär, andere dafür umso arbeitsintensiver. Ich kenne nicht viele Berufe, die ein so breites Spektrum an Aufgabengebieten ihr Eigen nennen dürfen. Es gibt Tage, da spielen wir Wegweiser für verwirrte Touristen, zwei Stunden später müssen wir mit Engelszungen auf Betrunkene einreden und sofort danach eine Massenschlägerei beenden. Wir blicken in die tiefsten Abgründe der menschlichen Seele und werden anschließend zu einer alten Dame gerufen, die ihren Vogel nicht finden kann, obwohl er brav auf der Stange im Käfig sitzt.

Mit diesem Buch möchte ich Sie einladen, einen kleinen Blick hinter die Kulissen zu werfen. Die Tätigkeit bei der Polizei bringt es mit sich, regelmäßig Ausnahmesituationen mitzuerleben. Diese Erfahrungen möchte ich mit Ihnen teilen, um die Geschichte eines Polizisten zu erzählen, wie sie wirklich ist. Meine Geschichte.

Natürlich müssen dabei Grenzen eingehalten werden. Ich bitte Sie um Verständnis, dass ich bei Polizeitaktik und Strategie sowie bei den Ermittlungsmethoden nicht ins Detail gehen kann. Gerade Kollegen werden bemerken, dass Fälle sowie der Sprachgebrauch der Lesbarkeit angepasst wurden, damit nicht seitenlange Abkürzungen oder zu viel »Fachchinesisch« in das Buch einfließen.

Ebenfalls möchte ich an dieser Stelle anmerken, dass jede Person, die wegen einer Straftat angeklagt ist, bis zum gesetzlichen Beweis ihrer Schuld als unschuldig anzusehen ist.

Nicht nur aus diesem Grund war es mir sehr wichtig, dass alle Personen und Orte umfassend verfremdet sind. Den unverbesserlichen Gewohnheitsverbrecher Jonny Hartung werden Sie so also nicht auf der Straße treffen und meinen Kollegen Helmut Mattus nicht zu seinem nächsten Einsatz rufen können. Einige Passagen wurden abgemildert, andere ein wenig geändert, doch alle im Buch enthaltenen Geschichten beruhen auf wahren Begebenheiten aus nun fast 25 Dienstjahren bei der Polizei.

Die Realität hat wenig mit den Fernsehserien gemein. Manchmal ist sie brutaler, oftmals auch komischer, immer aber mindestens genauso interessant. Als Polizist erlebt man Menschen in ihren schwächsten und stärksten Momenten. Denken Sie daran, wenn Sie das nächste Mal einem Polizisten begegnen, mit Sicherheit kann er ähnliche Geschichten erzählen.

*Markus Kothen*

# KAPITEL 1

# AUSWAHLTEST

Du bist ja völlig verrückt, Markus. Du solltest wie die anderen studieren gehen und etwas Ordentliches lernen.«

Etwas entgeistert sah ich meinen Geschichtslehrer Herrn Humpe an. Es war ja nicht so, dass ich Straßenmusiker werden oder mein Leben lang Nachbars Hunde Gassi führen wollte. Nein, ich hatte ihm gerade offenbart, dass Polizist mein Traumberuf sei und ich eine Bewerbung in Erwägung ziehen würde. War das nicht *etwas Ordentliches*?

Ich mochte Herrn Humpe. Seine Art, geschichtliche Gegebenheiten auf einfachste Weise zu erklären, war einzigartig, er war weder zu streng noch zu locker und hin und wieder ließ er interessante Anekdoten in den Unterricht einfließen. Man könnte sagen, dass er hier auf dem Gymnasium mein Lieblingslehrer war, dessen Meinung ich sehr schätzte. Das war auch der Grund, warum ich mit 18 nach der Stunde zu ihm gegangen war und ihn um seine Einschätzung gebeten hatte. Und jetzt erschütterte er mich mal eben in meinen Grundfesten.

Eigentlich hatte ich mit einer anderen Reaktion gerechnet. Von ihm abgesehen hatte ich erst einer einzigen Person von meinen Plänen erzählt, meiner Freundin. Doch während sie direkt begeistert von der Idee gewesen war, gab mir die Meinung meines Geschichtslehrers zu denken. Eigentlich dachte ich, dass es andersherum sein würde. Aber vielleicht hatte sie dieses Männerin-Uniform-Ding im Kopf und unterstützte mich deshalb vorbehaltlos.

»Wieso meinen Sie das?«, hakte ich mit wachsender Unsicherheit nach.

Herr Humpe setzte sich mit einem langen, väterlichen Seufzer auf die Tischkante und begann zu referieren.

Die Polizei wäre der Sündenbock für jegliches dilettantische Auftreten der Regierung. Es wäre kein Rumgeballere wie in den amerikanischen Serien und sowieso sähen die Uniformen nicht so schick blau-schwarz aus. Die grün-gelben Stofffetzen würden ihn eher an Kanarienvögel erinnern. Zumindest was das anging, waren wir uns einig. Des Weiteren würde ich mir bestimmt ein völlig falsches Bild von der ausführenden Staatsmacht machen. Viele Nachtschichten, wenig Geld, wie sollte man da nur ein ordentliches Familienleben führen. Es gäbe auch keine Verfolgungsjagden und überhaupt würde der ganze Beruf nur daraus bestehen, betrunkene Jugendliche zu ihren Eltern zu fahren.

Herr Humpe schloss damit, dass ich meine Entscheidung noch einmal überdenken und mir am besten einen interessanten Studiengang aussuchen sollte. Ob Bauzeichner nicht etwas für mich wäre? Ich könne auch gut erklären und hätte eine ruhige, besonnene Art. Geschichte und Deutsch auf Lehramt, das wäre das Richtige für mich.

Ich? Vor einer Schulklasse stehend und über die Weimarer Republik referierend? Das Bild ging einfach nicht in meinen Kopf hinein. Heute weiß ich, dass er es einfach nur gut meinte. Es war halt seine Meinung, doch ich wollte mir meine eigene bilden. Nachdem auch meine Eltern hinter der fixen Idee standen, dass ihr Sohn Polizist werden könnte, setzte ich mich also im Frühjahr 1987 an Vaters Schreibmaschine und tippte die erste Bewerbung meines Lebens. Wie sich herausstellte, sollte es glücklicherweise auch die letzte sein.

Ein paar Wochen und viele Schriftstücke später stand plötzlich der Dorfpolizist vor unserer Tür.

»Mal gucken, ob du auch ein ordentlicher Junge bist«, nannte er es. »Die geregelten Verhältnisse überprüfen.«

Im Beamtendeutsch hieß es natürlich *Ausübung des Sicherheitsüberprüfungsgesetzes*, doch er warf nur einen kurzen Blick in mein Jugendzimmer, nickte und ging dann mit meinen Eltern in die Küche. Mehr gelangweilt als interessiert, sah er sich ein paar Mal in der Wohnung um, klopfte mir auf die Schulter und setzte sich dann mit meinen Eltern an den Kaffeetisch. Mit mir wechselte der Mann kaum ein Wort, was mir aber auch ganz angenehm war, da er sich prächtig mit Vater über die Bundesliga unterhalten konnte.

Tatsächlich war es bei Bewerbern damals so, dass der örtlich zuständige Bezirksbeamte die familiären Verhältnisse unter die Lupe nahm, und ich kam mir dabei überaus wichtig vor.

Einen Monat später war es endlich so weit. Es schien, als hätte unser Dorfpolizist an Mutters Kaffee nichts auszusetzen gehabt, sodass ich zum zweitägigen Auswahlverfahren nach Münster eingeladen wurde. Mit dem neuen Mix-Tape von ABC und dem gerade gebraucht gekauften Opel Kadett fuhr ich also in meine neue Zukunft. Zwischen mir und der Uniform standen zwei Tage voller Fragen, Gespräche und Sport. Eigentlich dachte ich, dass ich gut vorbereitet wäre. Immerhin hatte ich mir in den letzten vier Wochen täglich die Informationen aus zwei Tageszeitungen reingeprügelt und dazu etliche Fachgebiete wie Staatskunde oder den Dreisatz aufgefrischt. Man wusste ja nie. Ich hatte nur eine grobe Vorstellung davon, was die Leute in Münster abfragen würden. Das Internet gab es damals noch nicht und selbst der Dorfpolizist winkte ab und schüttelte den Kopf. »Dat kann ich dir nicht mehr sagen, Jung. Dat ist einfach zu lang her.«

Also lernte ich einfach alles, was mir wichtig erschien, und verbarrikadierte mich in meinem Zimmer. Dadurch war ich zwar nicht mehr imstande zu sagen, ob draußen die Sonne schien, konnte aber die tagespolitische Lage der letzten Wochen auswendig aufsagen.

In der Kaserne angekommen, musste ich leider feststellen, dass selbst das anscheinend nicht genug war.

»Morgen Kadetten«, begrüßte uns ein übel gelaunter Ausbilder mit Schnauzbart. »In zwei Tagen wird von euch 60 Milchgesichtern nicht mal mehr ein Drittel hier noch stehen.«

Im selben Jahr erschien der Film *Full Metal Jacket* und ich bin mir ziemlich sicher, dass Stanley Kubrick in unserem Ausbilder ein wunderbares Vorbild für seinen Gunnery Sergeant Hartman gefunden hätte. Nach dieser herzlichen Begrüßung wurden wir auf unsere Stuben geschickt, natürlich nicht ohne den Hinweis, »dass wir es uns bloß nicht zu gemütlich machen sollten«.

Der erste Stubenkamerad, den ich traf, hatte anscheinend vom Strafgesetzbuch über Geschichte bis hin zu Mathematik und Geografie so ziemlich alle Bücher auswendig gelernt, die er kriegen konnte. Peter konnte mühelos die Paragrafen im Wortlaut wiedergeben. Dabei wackelten seine Segelohren bei jedem Wort ein wenig mehr. Er hatte zudem eine diebische Freude daran, alle anderen in seiner Umgebung schlecht aussehen zu lassen. Als er schließlich kurz vorm Abheben war, saß ich mit gepacktem Koffer auf meinem Bett und dachte nach. Wenn alle Bullen das Wissen einer Enzyklopädie in sich vereinen mussten, war ich hier definitiv fehl am Platz. Dumm war ich nicht, aber einen C64 hatte ich auch nicht im Kopf. Peter hingegen würde den perfekten Polizisten abgeben, da war ich mir sicher. Sportlich war er topfit, sein Spind sah perfekt gemacht aus und an den glatten Kanten seines Bettbezugs hätte man sich schneiden können. Klar, ich hatte nie Probleme damit gehabt, Passagen aus Büchern auswendig zu lernen, allerdings fraß ich die Dinger nicht, wie dieser Roboter es zu tun schien. Meine Miene hellte sich auf, als die zwei anderen Mitbewohner die Stube betraten und mit einem tiefen Seufzer ihre Taschen fallen ließen.

Michael machte gleich Eindruck, indem er mehrere schweinische Witze erzählte und eine 1,5-Liter-Wasserflasche innerhalb von wenigen Sekunden leerte. Er hatte breite Schultern, Arme wie Baumstämme und pechschwarze Haare, auf die selbst Schneewittchen neidisch gewesen wäre. Es schien, als habe er schon so ziemlich jede Sportart ausprobiert. Michael gehörte zu der Art Typ, den man nicht allein im Dunkeln treffen wollte. Dazu hatte er das filigrane Feingefühl einer Dampfwalze.

Richard war anders und setzte bei jedem versauten Witz noch einen drauf. Vor allem, wenn er nervös war. Und in den nächsten zwei Tagen war er sehr nervös. Hätte es das damals schon gegeben, wäre Richard ein hervorragender Stand-up-Comedian geworden. Zumindest wenn die Freiwillige Selbstkontrolle eine »Ab 18«-Version zugelassen hätte. Eine so inflationäre Verwendung von bestimmten Begriffen aus der Tierwelt hatte ich selten zuvor gehört. Wir drei verstanden uns schon beim ersten Händeschütteln, obwohl ich ebenfalls merkte, dass selbst die beiden neuen Zimmergenossen von Peters Wissen ziemlich beeindruckt waren.

Peter war es auch, der voller Vorfreude in unserer Stube umherging und dem theoretischen Teil entgegenfieberte, bevor ich überhaupt mein Bett gemacht hatte. Mein Verdacht erhärtete sich, dass er ein von der Bundesregierung entwickelter Roboter war, der hier zu Testzwecken ausgebildet wurde. Es war immerhin 1987, die Welt rüstete zwar gerade ab, aber nebenan lag die Deutsche Demokratische Republik, mit einer hohen Mauer von uns abgeschirmt. Alles war möglich, oder?

Mit einem gehörigen Maß an Aufregung quetschten wir uns in den großen Saal und erhielten eine erneute Ansprache, wie der perfekte Polizist der Republik auszusehen hatte. Und ich hatte so gar nichts mit dem Typen gemein, welcher mit starrem Blick von dem Projektor auf uns herabblickte. Dann bekamen wir die ersten Fragebögen. Zwar wurde nicht die politische Lage der letzten Wochen abgefragt, trotzdem konnte ich mit meinem neu erworbenen Wissen punkten. Eigentlich kam ich sogar sehr gut durch, was meinen Mut wieder ein wenig ansteigen ließ. Anschließend folgten mehrere Einzelgespräche, dann wieder Fragebögen, Aufsätze und schließlich Filme, über die wir Berichte schreiben mussten.

Unsere genaue Punktzahl wurde uns nicht mitgeteilt, jedoch durften am Abend schon etliche Anwärter nach Hause fahren. Wir vier gehörten nicht dazu, was Michael und Richard dazu veranlasste, nach Feierabend »kurz mal nach Münster reinzufahren«.

Peter lernte auf der Stube weiter Gesetzestexte auswendig, während ich eine ganz andere Mission hatte. Am nächsten Tag stand der Sporttest auf dem Programm und vor dem hatte ich richtig Bammel. Ich war bestimmt nicht der unsportlichste Mensch auf diesem Planeten, spielte gerne Handball und ging hin und wieder mal joggen, doch eine Sache bereitete mir Kopfzerbrechen: Klimmzüge.

Von Peter wusste ich, dass man zehn schaffen musste, ansonsten konnte man seine Koffer packen. Also hatte ich mir Sportkleidung angezogen und stand jetzt mutterseelenallein in der Halle.

Ich blickte auf die Stange über mir.

Aus irgendeinem Grund weigerten sich meine Arme mit stetiger Hartnäckigkeit, das Gewicht meines Körpers mehrmals hintereinander nach oben zu ziehen. Über eine halbe Stunde versuchte ich, es zumindest einigermaßen professionell aussehen zu lassen, doch ich hatte nur das Gefühl, als würde ich wie ein nasser Sack an der Stange hängen. Meine Hoffnung schwand mit jeder Sekunde, in der ich lang gestreckt und schwer keuchend dort rumhing.

»Was machst du denn da?« Mit einer Mischung aus Interesse und Belustigung gesellten sich schließlich Michael und Richard zu mir und näherten sich laut prustend dem Schauplatz meiner Anstrengungen. Wahrscheinlich hatte Peter ihnen gesagt, wo ich zu finden wäre. Beladen waren die beiden mit weißen Plastiktüten, aus denen ein äußerst bekanntes Klimpern zu hören war.

»Ich übe«, konnte ich schwer atmend gerade noch so hervorpressen.

»Für morgen?« Die beiden konnten sich ein Lachen nicht verkneifen. »Ein bisschen spät, oder?«

Sofort schwang sich Michael an die Stange, machte mal eben 20 Klimmzüge und gab mir dabei noch den einen oder anderen Tipp. Bei dem Anblick sah auch ich ein, dass ich mit dieser Übung vielleicht ein wenig zu spät begonnen hatte. Schließlich ging ich mit den beiden wieder auf die Stube. Den schriftlichen Teil hatten wir vier geschafft und jetzt sollte ich mich so einer Stange geschlagen geben? Meine Stimmung hob sich jedoch merklich, als Michael und Richard die Plastiktüten öffneten.

Ihrer Meinung nach musste unser kleiner Teilerfolg natürlich gefeiert werden, daher ließen wir den Abend mit einigen Bieren gemütlich ausklingen. Nach der dritten Flasche fand ich selbst Peter nicht mehr ganz so unsympathisch und ein von der Bundesregierung entwickelter Roboter war er auch nicht. Dafür fragte er einfach zu oft nach, was wir gerade gesagt hatten. Irgendwann glitten wir in einen beruhigenden Schlaf und der Sporttest war ganz weit weg.

Zumindest bis am nächsten Morgen der Donner über uns hereinbrach. Im ersten Moment dachte ich, es würde Krieg herrschen. Ein schrilles Geräusch kreischte in einer ohrenbetäubenden Lautstärke, sodass wir und alle anderen Anwärter in einem Umkreis von 500 Metern sofort aufrecht im Bett standen. Mein Herz hämmerte, als wäre ich nackt auf dem Roten Platz aufgewacht und an den Gesichtern von Michael und Richard erkannte ich, dass es ihnen genauso ging.

»Was ist das?«, schrie Michael.

»Was?«

»Was das ist?«

Ich zuckte mit den Schultern.

War es ein Alarm unserer Ausbilder, um die Aufnahmefähigkeit unter Schock zu testen? Eine neu entwickelte Audiowaffe, bei der wir als Versuchskaninchen herhalten mussten?

Zu dritt machten wir schließlich den Ursprung dieses Lärms aus. Neben Peters Bett stand ein kleiner Wecker, der seinen schrillen Ton so immerwährend in den Raum warf, als ob gerade ein Fliegerangriff stattfinden würde.

Mittlerweile klopften andere Bewerber an unsere Tür und zeigten uns unschöne Gesten, während Richard endlich dieses Gekreische ausstellte.

Nur einer schien von dem ganzen Trubel nichts mitbekommen zu haben: Nachdem meine Ohren sich wieder an normale Verhältnisse gewöhnt hatten, konnte ich tatsächlich das monotone Schnarchen von Peter ausmachen. Er schlief noch immer tief und fest. Nur ein beherzter Tritt gegen das Bettgestell konnte ihn aus seinen Träumen reißen.

»Hast du das nicht gehört?«, schoss es sofort aus mir heraus.

»Was gehört?« Nur mühsam richtete sich Peter auf und gähnte herzhaft.

»Dein Wecker macht ganz Münster wach.«

»Mein Bäcker macht den Küster nass?«

Er hätte diese Worte auch auf Altaramäisch sagen können, wir drei hätten genauso blöd aus der Wäsche geguckt.

So stellte sich heraus, dass Peter schwerhörig war. Bei einem normalen Gespräch fiel das kaum auf. Waren allerdings mehrere Geräuschquellen im Spiel, hörte er fast nichts mehr. Wir drei wussten, was das bedeutete, die Ausbilder während des medizinischen Tests übrigens auch.

Keine drei Stunden später war Peter auf dem Weg nach Hause und wir in der Sporthalle. Ich hätte schwören können, dass er zum Abschied eine Träne verdrückte. So viel zum Thema Roboter.

Nach Leistungstests und Dauerlauf kam die Reckstange immer näher und der Kloß in meinem Hals verfestigte sich weiter. Zwei Ausbilder standen vor dem Gerät und zählten genau mit, während die Anwärter in einer Linie aufgestellt waren. Zumindest war ich nicht der Einzige, der hier scheitern würde, dachte ich mir, als mindestens die Hälfte der Übriggebliebenen schwer atmend auf die Matte fiel. Ich war als Letzter an der Reihe und sprach innerlich zu meinen Armmuskeln, dass sie nur zwei Minuten Gas geben müssten, dann wäre alles vorbei.

Die ersten neun Klimmzüge schaffte ich noch, dann hatte meine Muskulatur anscheinend anderes zu tun. Und so hing ich mit gestreckten Armen am Reck wie eine mexikanische Piñata und wartete darauf, dass die Ausbilder mir den letzten Schlag verpassten und mir den Stempel »Nicht tauglich!« aufdrückten. Innerlich schrie ich mich an, biss mir auf die Lippen und versuchte, alle meine Kräfte zu mobilisieren. Mein innerer Schweinehund schien zu einer riesengroßen Bestie zu werden. Ich strampelte mit den Beinen wie eine Spinne in den letzten Atemzügen und hievte mich nach oben. Mein Körper begann zu zittern, als meine Nasenspitze gerade so auf Höhe der Stange war. Dabei spürte ich, wie meine Finger abrutschten. Nur noch wenige Zentimeter …

*Innerlich schrie ich mich an, biss mir auf die Lippen und versuchte, alle meine Kräfte zu mobilisieren.*

Geschafft. Das war haarscharf … Hoffentlich hatte der Prüfer das auch gesehen und ließ es gelten! Die Zeit schien langsamer zu laufen. Tja, vielleicht doch Bauzeichner?

Genau in dieser Sekunde passierte etwas Merkwürdiges. Vielleicht war es Schicksal, Kismet oder einfach nur Glück, auf jeden Fall riss mich ein gellender Schrei aus den Gedanken. Irgendwer war zwei Stationen vor mir umgeknickt. Ein junger Mann, der sich mit schmerzverzerrtem Gesicht den Knöchel hielt, zog die ganze Aufmerksamkeit auf sich. Routiniert führten die Ausbilder den Bewerber auf eine Bank und widmeten sich erst dann wieder ihren Klemmbrettern. Ich hatte mich mittlerweile wieder aufgestellt und stand unter dem Reck.

»So … weiter geht's. Hast du deine Zehn?«, wollte der Ausbilder wissen.

»Hat er«, sagten Michael und Richard fast im Chor.

Mir blieb nichts anderes übrig, als zu nicken. Der Ausbilder machte einen Haken hinter meinem Namen und sofort ging es zur nächsten Station.

Die Getränke am Abend würden wohl auf mich gehen.

Am Morgen des nächsten Tages wurden die Ergebnisse verlesen. Der Sergeant-Hartman-Verschnitt sollte recht behalten. Gerade einmal 18 hatten die Prüfungen bestanden und durften die Ausbildung bei der Polizei aufnehmen. Ich gehörte zu ihnen.

Auf dem Parkplatz verabschiedete ich mich von Michael und Richard. Man würde sich bestimmt noch einmal irgendwo sehen und könnte dann ein Bier zusammen trinken. In diesem Moment fand ich es schade, dass sich unsere Wege trennten; dass die beiden mich meine ganze Dienstzeit über begleiten würden, wusste ich noch nicht.

Bevor ich ins Auto stieg, suchte ich mir ein Münztelefon und rief zu Hause an. Nur drei Worte drangen über meine Lippen, noch bevor meine Mutter ihren Namen sagen konnte: »Ich bin Polizist.«

**KAPITEL 2**

# LEHRJAHRE UND NERVENDE SPITZNAMEN

Endlich war es so weit. Ich durfte die Uniform tragen. Nach bestandenen Prüfungen war ich endlich ein ausgebildeter Polizist. Die zweieinhalb Jahre auf der Polizeischule waren hart. Natürlich tranken wir hin und wieder ein Bier, der eine oder andere auch eins zu viel, aber im Großen und Ganzen bestand die Zeit doch aus Lernen und Arbeiten. Und nach all den Monaten, in denen ich Gesetzestexte auswendig gelernt, Verkehrsrecht gebüffelt und während der Selbstverteidigungskurse schwitzend auf der Matte gelegen hatte, durfte ich nun endlich einen grünen Stern auf der Schulter tragen.

Polizeihauptwachtmeister Kothen – ein irres Gefühl.

Natürlich gab es einige, die jetzt heiß auf die Straße waren, die wirklich glaubten, dass sich das organisierte Verbrechen nun »warm anziehen« sollte. Ich war einer von ihnen.

Die Exekutive war angetreten, Recht und Ordnung zu bewahren und zu verteidigen. Ich hatte zweieinhalb Jahre alles gegeben und nun sollte die Bevölkerung davon profitieren dürfen.

Die Realität sah jedoch anders aus. Ich war der dritte Mann im Wagen, durfte also mit zwei erfahrenen Kollegen auf Streife fahren, als *Achslastbeschwerer*, damit wir jungen Hitzköpfe nicht über das Ziel hinausschossen.

»Wir nehmen dich jetzt mal ein wenig an die Hand.«

Wie sich das anhörte. Augenblicklich fühlte ich mich ein paar Zentimeter kleiner. Es gab noch eine Ausbildung nach der Ausbildung. Hatte ich da etwas verpasst? Ich fühlte mich wieder wie ein Polizeiazubi, bei den beiden älteren Herren mit Zwirbelbart, die vorn im Wagen saßen und sich über Lokalpolitik unterhielten. Wann ging es denn endlich los? Warum hatte ich noch keine Verfolgungsjagd erlebt, keine spektakuläre Festnahme? Was lief hier falsch?

Ich war einer von drei Dienstgruppen zugewiesen worden. Da die Polizeiwache 24 Stunden einsatzbereit sein musste, teilten sich drei Dienstgruppen diese 24 Stunden untereinander auf. Während meine Kollegen und ich den Nachtdienst versahen, arbeiteten die beiden anderen Dienstgruppen im Früh- und Spätdienst.

Ich trug meine schicke, neue Uniform und schaute aus dem Fenster des Passat B2. Die Dunkelheit flog an mir vorbei. In dieser Mittwochnacht wollte wirklich gar nichts passieren. Wir hielten gut sichtbar neben einer Bundesstraße an. So sah also mein erster Arbeitstag aus? Nicht gerade ruhmreich. Das hatte nichts von amerikanischen Actionfilmen, das hier war *Tatort* und damit meine ich den langweiligen Abspann. Vielleicht könnte ich wenigstens eine Personenkontrolle durchführen?

Doch aus irgendeinem Grund wollte einfach niemand diese Straße benutzen und besonders kein kriminelles Genie mit zehn Kilo Kokain unter dem Beifahrersitz.

Nach einer gefühlten Ewigkeit passierten uns ein paar Autos. Die ersten Personenüberprüfungen führten noch die beiden Kollegen durch. Auch da war nichts Besonderes dabei, meist Arbeiter aus der Nachtschicht des anliegenden Stahlwerks. Schließlich setzten sich die Kollegen in den Wagen.

»Mach du mal, Jung«, sagte der Ältere der beiden und holte seine Wurststulle heraus.

»Und immer schön ruhig mit den jungen Pferden«, fügte der andere hinzu und goss sich Tee ein.

Dann fielen die Türen zu und ich stand im Spätsommer allein auf weiter Flur und blickte auf die Straße. Sollte das schon alles gewesen sein? Die Minuten vergingen und auch mit viel Kreativität konnte ich mir nicht vorstellen, dass in den etwa fünf Personenkraftwagen, die noch an mir vorbeifahren würden, auch nur irgendetwas Illegales zu beanstanden sein würde.

Als ich die Hoffnung beinahe schon aufgegeben hatte, erkannte ich zwei kleine Lichter auf der Straße. Mein Blick verschärfte sich sofort und mein Herz begann, schneller zu schlagen. Keine 300 Meter vor mir fuhr jemand Schlangenlinien ... und was für welche. Mein Gott, der Typ am Steuer musste eine ganze Brauerei getankt haben. Das Auto beanspruchte beide Spuren plus Standstreifen für sich, dabei machte es nicht den Eindruck, dass es langsamer werden wollte.

Sofort packte ich mir den beleuchteten Anhaltestab, kurz: Kelle, und rannte wie von der Tarantel gestochen dem Typ entgegen. Meine Schirmmütze landete auf der Straße, als ich wild schreiend und fuchtelnd dem Auto entgegensprintete. Das waren die Momente, für die ich Polizist geworden war. Mein erster Einsatz im Feld, wie die Ausbilder immer gesagt hatten. Ich werde meinen ersten Betrunkenen aus dem Verkehr ziehen. Erster Tag, erste Festnahme. Was wäre das für ein Einstand.

Noch immer machte der Wagen nicht halt. Stattdessen kam er mit unverminderter Geschwindigkeit auf mich zu. Mittlerweile schrie ich aus Leibeskräften und hätte schwören können, dass bereits die Hunde in einem Zwei-Kilometer-Radius zu bellen begannen.

Endlich schien der Typ mich zu bemerken und hörte auf, Schlangenlinien zu fahren. Leider gefiel mir sein jetziger Fahrstil noch weniger, da er beschleunigte und voll auf mich zuhielt. Zum ersten und leider nicht letzten Mal wurde mein Mund staubtrocken. Trotzdem blieb ich stehen und schwenkte wie wild die Kelle.

Noch 50 Meter, noch 30, endlich ging der Fahrer in die Eisen und zwar genau so, dass ich wutentbrannt mit der Kelle auf die Motorhaube schlagen konnte, als er zum Stehen kam.

»Halt, Polizei! Sie sind festgenommen.«
Diese Worte dürfte die ganze Stadt gehört haben.

»Halt, Polizei! Sie sind festgenommen.« Diese Worte dürfte die ganze Stadt gehört haben.

Erst dann erkannte ich das Blaulicht auf dem Dach und die allzu bekannte Schrift auf dem Fahrzeug.

Zum großen Finale ließen die Jungs im Inneren des Wagens einmal das Martinshorn erklingen. Dann kam noch eine spöttische Durchsage über den Lautsprecher: »Gehen Sie bitte runter von der Straße.«

Die Kollegen im Inneren konnten sich kaum halten, genau wie meine beiden Streifenkollegen, die mir laut lachend auf die Schultern klopften. »Janz ruhig, Brauner. Haste jut jemacht.«

Ich blickte die vier Kollegen an, immer noch schwer atmend und mit der Kelle in der Hand. Mittlerweile waren auch die beiden anderen ausgestiegen.

»Da müssen wir alle mal durch, Brauner. Sieh es als Feuertaufe ...«

Einer der Kollegen setzte mir meine dreckige Schirmmütze wieder auf den Kopf. Ich hatte schon von »Feuertaufen« gehört, sie aber bisher nie mit mir in Verbindung gebracht. Wieder etwas dazugelernt. Ich fühlte mich wie ein kleiner Junge, der mit Erwachsenen Fußball spielen wollte. Nach einiger Zeit lachte ich trotzdem mit. Zugegeben, es musste bestimmt herzzerreißend ausgesehen haben, wie ich in bester Harakiri-Manier auf den Wagen zugesprintet war. Aber der Spitzname behagte mir ganz und gar nicht.

Brauner, wie sich das anhörte.

Wie ich später herausfand, hatte diese Floskel ihren Ursprung in Richard Wagners Oper *Die Walküre*, als Helmwige ein Pferd beruhigen will. »Ruhig, Brauner! Brich nicht den Frieden.« Schlimmer ging es ja wohl nicht.

Natürlich hatte sich die Geschichte innerhalb von wenigen Stunden auf der Wache verbreitet und diesen Spitznamen sollte ich bis heute behalten. Zumindest was das angeht, ist der Informationsstrom auf deutschen Polizeiwachen besser als der von der CIA.

Amerikanische Studien haben ergeben, dass mehr Neuigkeiten während Kaffeepausen weitergegeben werden als in offiziellen Mails. Nun, Internet war zu dieser Zeit etwas für Kernphysiker und Militärs, aber Kaffee wurde hier literweise konsumiert. Tatsächlich gehen bei manchen Ermittlungen ganze Plantagen drauf. Und das nur, damit wir nicht einschlafen. Aber das ist eine andere Geschichte.

Mich nervte mein neuer Spitzname. Ich war weder braun, noch war ich der einzige Frischling, der damals seinen Dienst in dieser Wache antrat. Was man wohl den anderen Neuen angetan hatte?

Tatsächlich passiert es heute noch, insbesondere wenn ich aus dem Urlaub komme, dass ich zu Dienstbeginn im Funk folgenden Spruch höre: »Ahh, der Braune ist wieder im Lande, wie war der Urlaub, mal auf ausländischen Autobahnen rumgelaufen?«

So viel zum Thema Funkdisziplin.

# KAPITEL 3

# ARAF UND SCHWARZZAHN

Die Polizeiarbeit besteht zu einem großen Teil aus Schreibkram. Das zeigen sie natürlich selten in den Serien, weil niemand sehen will, wie ein Uniformierter zwei Stunden an seinem Schreibtisch sitzt und die Akten der letzten Tage aufarbeitet. Interessante Geschichten kann man seiner Freundin zu Hause davon auch nicht berichten. Viel zu erzählen hatte dagegen mein dienstältester Kollege Herr Mattus. Er saß mir bei der Papierarbeit gegenüber und erzählte Jagdgeschichten.

Uns Jüngeren fiel zumeist die Aufgabe zu, hin und wieder von den Akten aufzusehen und zu antworten.

Wir sagten dann so Dinge wie: »Wirklich? Ein Zwölfender. Das ist ja toll.« oder »Drei Tage auf dem Hochsitz, das hätte ich nicht ausgehalten.«

Ich entwickelte dabei eine gewisse Routine und sagte die Phrasen irgendwann automatisch, damit ich mich auf meine eigentliche Arbeit konzentrieren konnte.

Doch Mattus liebte Spitzfindigkeiten und achtete genau darauf, dass man auch die korrekten Bezeichnungen verwendete. Fälschlicherweise werden die Amts- oder Dienstbezeichnungen der Beamten oft als Dienstgrade bezeichnet. Dabei haben die Polizeivollzugsbeamten ein Amt inne, also: Amtsbezeichnungen. Herr

Mattus konnte solche Fehler gar nicht leiden und wehe dem, der ihn nach seinem Rang fragte.

Mattus war Polizeihauptmeister, hatte also vier grüne Sterne auf der Schulter, etliche Dienstjahre auf dem Buckel und redete am liebsten über das verkommende System oder darüber, dass früher alles besser gewesen war. Er hätte sich bestimmt hervorragend mit Herrn Humpe verstanden und kurz überlegte ich, ob ich die beiden einander nicht vorstellen sollte. Immerhin wäre ich dann die Jagdgeschichten los, die sich seit zwei Stunden wiederholten.

Meine Gedanken wurden unterbrochen, als ein Kollege zur Tür hereingestürmt kam.

»Da ist ein Gorilla aus dem Gehege entflohen!«

Hatte ich gerade richtig gehört?

Polizeihauptmeister Mattus und ich wechselten einen Blick.

»Sind die Kollegen schon da?«, wollte er mit glänzenden Augen wissen. »Mindestens drei Wagen, aber wir brauchen noch Kräfte für die Evakuierung und Absperrung.« Mit diesen Worten verließ der Kollege den Schreibraum und klemmte sich wieder hinter den Funktisch.

Ich sah in die Augen von Polizeihauptmeister Mattus und erkannte, dass etwas in diesem gemütlichen Menschen geweckt worden war. Seine Pupillen rasten, als wäre er auf Koks.

»Am Arsch Absperrung«, murmelte er und sprang auf. Schnell hatte er den Schlüssel vom Waffenschrank in der Hand, öffnete diesen und entnahm eine Maschinenpistole. Er lud die MP5 und überprüfte den Zustand der Waffe.

»Äh, Herr Mattus, was haben Sie …«

»Weißt du, was es kostet, wenn du in der freien Wildbahn einen Gorilla schießen willst? Ab in den Wagen. Jetzt!«

Seine Stimme ließ keinen Widerspruch zu und so nahm ich meine Mütze, das ungute Gefühl in meinem Magen und die Dienstwaffe an mich und klemmte mich hinters Steuer des Passats.

»Gib Gas, wir hab'n nicht den ganzen Tach Zeit.«

»Sonderrechte?«, wollte ich verunsichert wissen.

»Natürlich, is Gefahr im Verzug.«

Hätte das Auto einen Turbo-Boost wie KIT aus der Fernsehserie *Knight Rider* gehabt, ich bin mir sicher, dass Mattus ihn in diesem Augenblick gezündet hätte.

Einige Minuten später landeten wir vor dem Haupteingang des Zoos. Die Kollegen hatten bereits mit der Absperrung begonnen, der Einsatzleiter beriet sich mit dem Direktor und die letzten Gäste wurden gerade aus dem Zoo verwiesen. Blitzschnell bildete sich eine große Ansammlung Schaulustiger. Viele der Zoobesucher hatten ihre Fotokameras dabei und warteten gespannt darauf, dass irgendetwas passierte. Mattus konnte so etwas gar nicht haben und auch ich entwickelte im Laufe der Jahre eine gewisse Abneigung gegen diesen Voyeurismus. Doch während ich die Leute freundlich, aber bestimmt zur Seite drückte, pflügte Mattus wie ein Traktor durch die Reihen.

»Wo ist dat Viech?« Er schien kaum aufzuhalten zu sein und war bereits im vollen Spurt durch die Pforte des Zoos.

Zugegebenermaßen trug ein schwerbewaffneter Polizist mit einer geladenen MP5 und Terminator-Blick, der durch die Menge stürmte, nicht gerade zur Beruhigung der Besucher bei.

»Beim Gorillahaus, direkt hier um die Ecke«, erklärte ein anderer Kollege im Laufen, »aber die Veterinäre kommen gleich mit dem Betäubungsgewehr.«

»Schnick-Schnack! Wie heißt er denn?«

Der Kollege geleitete die letzten Besucher aus dem Areal, während Mattus kurz stehen blieb, um Luft zu holen.

»Araf«, schrie der Kollege uns noch hinterher. »Ein alter Silberrücken.«

Dann war er verschwunden und ich stand alleine mit dem zähnefletschenden Polizeihauptmeister Mattus vor dem Affengehege.

»Araf – dich häng ich mir übern Kamin.« Mattus Blick brannte sich in mich hinein und er lud die Waffe durch. »Geh du nach links, ich geh andersrum. Wenn du ihn siehst, rennst du einfach und lockst ihn in meine Richtung.«

Bitte was? Hatte ich gerade mit Anfang 20 meinen ersten Hörsturz?

»Ich soll was?«

»Ihn zu mir locken oder mir Bescheid geben, damit ich den Silberrücken vor die Flinte kriege.«

Mit einem ziemlich großen Kloß im Hals zog ich meine Dienstwaffe, die P6, ging ein wenig in die Knie und schlich langsam den mir vorgegebenen Weg entlang. Dies war das erste Mal, dass ich in einem richtigen Einsatz meine Waffe zog. Ich hatte eigentlich damit gerechnet, dass es bei einem Banküberfall oder etwas Ähnlichem sein würde. Es gab Kollegen, die in 30 Dienstjahren nicht ein einziges Mal ihre Waffe ziehen mussten. Und ich stand im ersten Halbjahr direkt einem 220 Kilo schweren Silberrücken gegenüber.

»Das Ding nützt dir nichts«, rief Mattus mir noch hinterher. »Der wundert sich höchstens über den Knall und wird dann sauer. Wenn der dich erwischt, ist das so, als ob du einem Zug bei voller Fahrt ein Küsschen gibst. Da brauchst du schon ein anderes Kaliber.«

Während Mattus die Gegend mit Adlerblick sondierte, tätschelte er liebevoll die Maschinenpistole. Er hätte mir ja auch eine in die Hand drücken können, aber dann wäre die Gefahr groß gewesen, dass er seinen Jagderfolg hätte teilen müssen.

Mein Kopfschütteln konnte keiner sehen, als ich mit gezückter Waffe durch den menschenleeren Zoo schritt. Ein beklemmendes Gefühl. Überall schrien Tiere, die Dämmerung legte sich langsam über die Wipfel der Bäume und ich schlich hier herum, um mit einer Kirmespistole auf Panzer zu schießen. Diese Szene hätte auch einem Horrorfilm entspringen können. Hoffentlich war ich der glückliche Protagonist und nicht einer der Komparsen, die meist in der ersten halben Stunde draufgehen.

Ich versuchte, meine Atmung zu beruhigen und die Waffe weiter hochzuhalten. Sollten gleich 400 Pfund Lebendgewicht auf mich zustürmen, würde ich ihm wenigstens eine Kugel verpassen. Plötzlich kam ein leichter Windstoß auf und es raschelte um mich herum. Hatte ich da gerade eine Bewegung im Dickicht gesehen? Dann noch eine. Das musste er sein!

»Das Ding nützt dir nichts«, rief Mattus mir noch hinterher. »Der wundert sich höchstens über den Knall und wird dann sauer.«

Der Griff um meine Waffe verfestigte sich. Doch wie sollte ich mich in so einem Fall verhalten? So etwas brachten sie einem auf der Polizeischule nicht bei.

Stehenbleiben, Polizei?

Ja, super Idee! Davon würde sich ein ausgewachsenes und ziemlich wütendes Gorillamännchen sicher beeindrucken lassen. Wenn es sich dann auch noch brav auf den Bauch legen würde, hätte ich gewonnen. Anschließend würde ich ihm ohne Probleme Handschellen um die großen Hände legen und es abführen. Ein schöner Gedanke und bestimmt eine gute Story. Doch irgendetwas sagte mir, dass es nicht so kommen würde. Tatsächlich war es die Realität, die wieder den Weg in meinen Verstand zurückgefunden hatte.

Ich näherte mich langsam dem Gestrüpp, um einen besseren Blick zu haben.

»Hallo?«, sagte ich erst zaghaft. Vielleicht war es auch nur ein verängstigtes Kind, das dort Schutz gesucht hatte. »Hallo«, versuchte ich es erneut.

Mein Herz schlug mir bis zum Hals, als die Blätter auseinandergedrückt wurden. Ich lud die Waffe durch und war bereit zum Schuss.

»Mensch, Brauner, steck das Ding weg.«

Wie ein Buschmensch ohne Machete kämpfte sich Polizeihauptmeister Mattus durch das Grün und ich war kurz vorm Kammerflimmern.

»Die haben ihn längst eingefangen«, erklärte er ohne Umschweife und zog sich die Blätter von der Uniform. »Drei Spritzen haben sie gebraucht, aber jetzt schläft Araf tief und fest. Ich wäre zu gern dabei gewesen.« Er klang ziemlich enttäuscht und ließ die Waffe sinken. »Hätte sich gut gemacht, über meinem Kamin.«

Ich war froh, dass niemandem etwas passiert war, auch dem Affen nicht. Lebewesen sollten nicht einfach so abgeknallt werden. Trotzdem ließ ich mich dazu hinreißen, ihm auf die Schulter zu klopfen.

»Beim nächsten Mal, Herr Mattus.«

»Ach weißt du wat, Brauner ... sag einfach Helmut.«

Wie mir später die Kollegen erzählten, war das angebotene »Du« von Helmut Mattus eine Art Ritterschlag, insbesondere nach so kurzer Zeit auf der Dienstgruppe.

Ich war angekommen und freute mich schon auf die nächste Schicht mit meinem Partner – dem Helmut.

\*

»11-22 für Christa.« Endlich hatte diese langweilige Nachtschicht ein Ende. Ein Einsatz. Gott sei Dank.

Nicht, dass ich mich über Menschen in Notlagen oder Streitigkeiten unter Nachbarn freute, aber es gab einfach Nächte, die endlos waren. Gerade unter der Woche fuhr man seine Route, überprüfte die einschlägigen Brennpunkte unter der väterlichen Obhut von Helmut Mattus, doch wenn sogar die Junkies lieber zu Hause blieben, statt mit trüb-lethargischem Blick am Hauptbahnhof zu stehen, dann war es wirklich eine langweilige Nacht. Selbst dem sonst so gemütlichen Polizeihauptmeister und derzeitigen Streifenführer Mattus schien diese Schicht entschieden zu ereignislos. Mittlerweile war er schon dazu übergegangen, die jungen Leute anzuweisen, ihren Müll in den dafür vorgesehen Behälter zu werfen, nachdem sie aus einem Schnellrestaurant gekommen waren.

Das sollte sich jetzt ändern.

»Christa für 11-22, wir hören«, raunte Helmut in den Funk und putzte sich gleichzeitig die Nase.

»Schlägerei in der Bunsenstraße. Gaststätte *Zum Eck*. Überprüft das mal.«

Noch bevor die knarzende Stimme der Leitstelle versiegt war, hatte ich meinen geliebten Vectra auf 120 Kilometer pro Stunde beschleunigt, die Rundumkennleuchte eingeschaltet und das Folgetonhorn aktiviert. Mit anderen Worten: Wir flogen mit Blaulicht und Martinshorn durch die Innenstadt.

»Ruhig, Brauner. Dat nützt alles nichts, wenn wir nicht lebend ankommen.« Mattus' Stimme schwankte irgendwo zwischen Anerkennung und purer Angst, während er sich auf dem Beifahrersitz festhielt.

Ich wollte diesen Einsatz. Noch immer konnte ich keine Festnahme auf meinem Konto verbuchen. Die älteren Kollegen sagten immer, dass man das erste Mal nie vergessen würde. Ich war schon vier Monate hier und war immer noch »Jungfrau«.

Heute Abend wollte ich das ändern. Irgendwie hatte es was von einem ersten Date. Nur dass ich noch aufgeregter war und meine Dienstwaffe zu unserer Verabredung mitbrachte.

»Kennste den Laden, Markus? Dat Eck?«

Beiläufig schüttelte ich den Kopf.

»Ziemlich runtergekommener Schuppen. Da kriegste aber die Frauen für 'nen Zehner.«

Ich schwieg weiterhin, blickte verdutzt zu meinem Kollegen.

»Hab ich gehört …«, setzte Helmut nach.

Verrauchte Kneipen, in denen es mittwochs das Bier für eine Mark gab und der Bodensatz der Gesellschaft ihre Nichtsnutzigkeit feierte, brauchte ich wirklich nicht, zumindest nicht in meiner Freizeit.

Als ich meinen Vectra-Jet nach wenigen Minuten Flugzeit vor der Eckkneipe landete, ertönte rechts von mir ein erleichterter Seufzer.

»Darüber reden wir aber noch mal«, hörte ich Helmut noch sagen, während ich schon halb aus der Tür hinaus war.

Die Kneipe sah genauso aus, wie ich sie mir vorgestellt hatte. Das Haus schien aus der Vorkriegszeit zu stammen, zumindest hatten sie sich bis heute an die Verdunkelung gehalten. Nur ein unbeleuchtetes Schild zeigte mir, dass ich hier richtig war. Dazu drohte es bei jedem Windstoß in sich zusammenzufallen. Der dunkle Albtraum eines jeden Statikers. Doch im Inneren dieser Bruchbude war mehr los als in der gesamten Innenstadt.

»Warte!«, schrie Mattus wie von Sinnen.

Doch das bekam ich nicht mehr mit. Ich war bereit, worauf sollte ich noch warten? Ich schoss durch die Tür und stand auf einmal mitten im Kriegsgebiet. Von den Gästen wurde ich herzlich begrüßt. Ein Barhocker landete krachend neben der Tür und zerfiel sofort in seine Bestandteile.

Da hatte aber jemand Wut im Bauch. Geschätzt 20 Personen schlugen auf sich ein, es krachten Gläser und ein noch blinkender Spielautomat lag am Boden. Vereinzelt feuerten die Damen der Kriegsparteien die Rädelsführer heftig an. Eine der Damen trug eine zerrissene Bluse, die definitiv zu viel von ihr zeigte, was sie aber nicht weiter zu stören schien.

Mich übrigens auch nicht, war ich doch anderweitig beschäftigt. Ich durfte nämlich als Erster die neuen 0,5-Liter-Gläser der Chefin ausprobieren, die sie versuchte, einem jungen Mann mit fragwürdiger Mundhygiene an den Kopf zu werfen. Leider war die beleibte Frau eine so schlechte Werferin, dass der Rand eines Glases meine Stirn traf. Ihr schien das nichts auszumachen, sie kramte einfach einen weiteren Karton unter ihrer Theke hervor, schrie ein paar hasserfüllte Worte und feuerte die nächste Salve, diesmal auf einen Typen, der näher bei ihr stand.

Interessanterweise sind es in solchen Situationen meist ganz bestimmte Details, die sich einem ins Gedächtnis prägen. Die schwarzen Zähne dieses jungen Mannes, die zerrissene Bluse der Frau oder der dumpfe Aufprall des Glasrandes. Details, die eigentlich nicht von Wert sind, einem aber trotzdem für ewig in Erinnerung bleiben.

Im Großen und Ganzen ließ sich die Meute von meiner Anwesenheit nicht wirklich stören. Bis dahin hatte ich die Vision, dass im ganzen Saloon Stille einkehren würde, wenn der Sheriff – also ich – durch die Schwenktür käme, aber an diesem Tag musste ich schmerzlich erfahren, dass Fernsehen nur Fiktion ist und die Realität schnell mal eine kleine Platzwunde am Kopf hat. Wenigstens eine Anzeige würde das der guten Frau aber einbringen ...

Die ganze Szene dauerte übrigens nur wenige Herzschläge und noch bevor ich an das Wort »Polizei« auch nur denken konnte, spürte ich Mattus' beherzten Griff an meiner Uniformjacke. Er zog mich zur Tür hinaus.

»Bist du denn von allen juten Jeistern verlassen?«, schnauzte er, als wir wieder draußen vor der Tür standen. »Du gehst da rein wie der Törminator. Bei einer Massenschlägerei musst du auf Verstärkung warten.« Kurz blickte er auf meine Kopfwunde, schüttelte dann den Kopf und lugte durch ein milchiges Fenster in die Kneipe hinein. »Ihr jungen Wilden habt noch viel zu lernen, gib das Ganze der Leitstelle durch und dann warten wir hier.«

»Aber sollten wir nicht ...«

»Nichts sollten wir. Gefahr für Leib und Leben. Eigensicherung und so. Paragraf haste-nicht-gesehen. Ruf Verstärkung und warte.«

Ich nickte nur noch und gab das Ganze der Leitstelle durch. Diese war aber bereits von einer Vielzahl besorgter Bewohner informiert worden, sodass ich rasch aus mehreren Richtungen die Martinshörner hören konnte. Innerhalb von wenigen Minuten waren sechs weitere Kollegen anwesend.

»So, jetzt können wir«, sagte Mattus ruhig und schritt als Erster durch die Tür. Ich ging als Zweiter und konnte sein gebrülltes »Polizei! Lassen Sie die Gegenstände fallen!« gut vernehmen.

Von acht Uniformierten ließen die Gäste sich anscheinend ein wenig mehr beeindrucken. Bis auf zwei Männer verzogen sich alle in ihre Ecken, einige packten routiniert ihre Jacken und wollten die Kneipe verlassen, weil sie natürlich mit alldem nichts zu tun hatten. »Nee, das war der andere ...«, hieß es dann immer.

Natürlich ließen wir niemanden gehen und gerade ich hatte großes Interesse daran, dass auch jeder der geschätzten Mitbürger an Ort und Stelle blieb.

Es stellte sich heraus, dass die meisten nur leichte Verletzungen hatten. Drei Rettungswagen, kurz RTW, sollten ausreichen, um die Wunden zu versorgen. Anscheinend waren hier zwei gleich starke Gruppen aneinandergeraten. Ein älterer Herr hatte der Freundin von Schwarzzahn wohl ein Alt zu viel ausgegeben, woraufhin Besagter seine Contenance verloren und ihn mit einem vollen Trinkgefäß darauf hingewiesen hatte, dass er sich doch bitte von seiner Geliebten fernzuhalten hatte. Schwarzzahn war also sofort ausgerastet und hatte dem älteren Herrn sein Glas über das Gesicht gezogen. Die Gruppen waren im *Braveheart*-Stil aufeinander zugestürmt und schon hatte die Geschichte ihren Lauf genommen.

Die Freundin von Schwarzzahn beteuerte übrigens vehement dessen Unschuld. Ihr Atem roch nach Nikotin und Bier und sie hielt sich mit festem Griff am Ärmel meiner Uniform fest, während sie ihre Aussage machte. Ich musste sie mehrmals bitten, ihre Jacke anzuziehen, um ihren Busen zu verdecken. Doch eins machte mich stutzig, als die Frau mir ihre Version des Abends erzählte. In ihrem Gesicht schimmerten etliche blaue Flecken, andere verfärbten sich bereits violett oder gelblich-grün. Nicht schwer zu erraten, dass diese Verletzungen schon ein paar Tage alt waren. Und ich hatte auch schon einen Verdächtigen.

Schwarzzahn tobte immer noch in der Ecke und konnte nur schwerlich von zwei Kollegen beruhigt werden. Mittlerweile waren weitere Uniformierte eingetroffen, die Verletzten wurden versorgt und alle Personalien aufgenommen, sodass ich die Frau etwas zur Seite nehmen konnte. Sie beteuerte weiterhin, dass ihr Freund ein ganz toller Kerl sei, sie ihn über alles liebe – und er sie nur ab und zu mit der flachen Hand schlagen würde. Mir blieb fast die Spucke weg, als sie mir das freimütig erzählte. Immer sei es ihre Schuld gewesen. Sie hätte ihn schließlich provoziert und sie würde ihn doch so unendlich lieben und so weiter und so fort.

All meine Versuche, sie zu einer Anzeigenerstattung zu bewegen, halfen nicht. Bei dem Wort »Frauenhaus« stieß sie mich sogar zur Seite, um sich auf den letzten noch funktionstüchtigen Barhocker zu setzen.

Mattus stellte sich neben mich.

»Die Liebe ist ein seltsames Spiel«, sagte er, nachdem ich ihm von dem Gespräch berichtet hatte.

Manchmal verstand ich dieses Spiel nicht.

Auch Mattus versuchte noch einmal, die Frau zu überreden. Vergebens. Er zuckte mit den Schultern, als er wieder zu mir kam und seine Notizen überflog. »Da kannste nichts machen, Kleiner. Jemanden zu einer Anzeige zwingen, das geht nicht. Auch das gehört zum Polizeiberuf dazu. Gewöhn dich lieber dran.«

Tja, leichter gesagt als getan. In mir kochte die Wut. Es reichte ein Blick, um zu wissen, dass Schwarzzahn ein notorischer Choleriker war. Ich hatte keine Ahnung, was ihn zu diesem Mann gemacht hatte, da ich seine Geschichte nicht kannte, aber eines wusste ich: Mir gefiel sie nicht.

Mit der Zeit lernt man, diese Gefühle zu verbergen, doch damals loderte der Hass in mir.

Die Kollegen und ich entschieden, dass Schwarzzahn mit auf die Wache genommen werden sollte. Mattus nickte mir aufmunternd zu. Wenigstens ein Teilerfolg. Wenige Sekunden später erkannte ich jedoch an seinem Blick, dass etwas nicht stimmte.

»Wo ist der Typ?«, brüllte Mattus die jüngeren Kollegen an, die seine Personalien aufgenommen hatten.

Diese nickten in Richtung Toilette. »Der musste mal kurz wohin. Es steht aber jemand vor der Tür.«

»Nein! Nein! Nein!«, schrie Polizeihauptmeister Mattus und schüttelte wutentbrannt den Kopf. »Das ist ein Anfängerfehler. Immer danebenstellen!«

Gemeinsam stürzten wir durch die anliegende Tür und erreichten die Kloake, die in dieser Kneipe tatsächlich als Toilette bezeichnet wurde. Der junge Kollege stand mit verschränkten Armen vor dem Klo.

»Immer danebenstellen!«, wiederholte Mattus und schoss durch die Tür.

Ich traute meinen Augen kaum. Er war weg. Schwarzzahn hatte sich wirklich durch das kleine Fenster gequetscht. Während mein Magen mit dem Salamibrötchen kämpfte, das ich vor einer Stunde gegessen hatte, starrten wir beide durch das offene Fenster. Wir sahen nur noch einen Schatten über den Hinterhof hetzen.

Mattus blickte an sich hinunter und deutete auf seinen Bauch. »Der Typ gehört dir.«

Ohne weiter nachzudenken, stieg ich auf die Pissrinne und drückte mich mit voller Ausrüstung durch das Fenster. Mein Gesicht zog dabei über die seit Äonen nicht mehr geputzte Scheibe und meine Hosenbeine wischten mal eben das Pinkelbecken aus. Ich landete in einem vermüllten Innenhof und für einen kurzen Moment war es wirklich wie in den Serien. Unzählige Gedanken schossen durch meinen Verstand.

Was ist, wenn der Typ jetzt ein Messer zieht und es mir einfach in den Bauch rammt? Eine kaputte Flasche würde bereits ausreichen. Es wäre eine kurze Polizeilaufbahn gewesen. Stichverletzungen in der Magengegend sagt man nicht gerade nach, dass sie glimpflich und schmerzfrei ablaufen. Angst vermischte sich mit Adrenalin in mir zu einem perversen Cocktail. Einerseits wollte ich nichts lieber, als den Typen kriegen, andererseits schrie da immer diese kleine Stimme in meinem Kopf, dass ich bloß vorsichtig sein sollte.

Polizisten sind halt auch nur Menschen.

Nach wenigen Metern hatte ich Schwarzzahn eingeholt. Nachdem er um die Ecke gelaufen war, hatte er sich in Sicherheit wiegend, schwer hechelnd an eine Wand gelehnt. Als er mich entdeckte, setzte er zum Spurt an. Der Typ hatte allerdings so getankt, dass ich nach wenigen Augenblicken zu ihm aufschließen konnte. Ich bekam ihn zu greifen, er ging laut fluchend zu Boden und ich konnte mich auf ihn werfen. Auch hier schlug mir eine Wolke von nicht definierbaren Gerüchen entgegen, auf die ich an dieser Stelle nicht weiter eingehen möchte. Schwarzzahn zappelte wie ein Fisch und trat um sich, sodass ich seinen Arm leicht verdrehen musste. Mit dem einen Knie musste ich mich zwar in einer Pfütze abstützen, doch das war mir in diesem Augenblick herzlich egal. Der Typ versuchte sogar, mich anzuspucken, besudelte sich aber glücklicherweise nur selbst. Endlich beruhigte er sich und ich konnte dem Mann die Acht anlegen. Es folgte ein nicht enden wollender Monolog von Schimpfwörtern. Nachdem ich nahezu alle Variationen des Wortes »Bulle« plus kreativer Beleidigung gehört hatte, konnte auch ich schließlich mal etwas sagen. »Polizei, Sie sind vorläufig festgenommen.«

Ich wollte eigentlich nicht lächeln, aber als ich den Mann zum Streifenwagen führte, waren nur noch meine Ohren im Weg, sonst hätte ich im Kreis gegrinst. Kleine Erfolge wollen gefeiert werden und auch uns Polizisten ist ein gewisser Stolz nicht fremd.

»Jut jemacht, Markus«, sagte Helmut anerkennend, während er am Wagen lehnte. »Bist jetzt keine Jungfrau mehr, oder?«

»Sieht so aus.«

Mattus verfrachtete den mittlerweile schweigenden Schwarzzahn in das hintere Abteil und schlug genussvoll die Tür zu.

»Und, wie war dein erstes Mal?«, feixte mein Streifenführer.

Jetzt musste ich laut loslachen. »Irre, ein wenig schmerzhaft und meine Hose ist nass.«

Auch Mattus lachte und winkte ab. »Das gehört dazu.«

## KAPITEL 4

# LEBENDE LEICHEN

Vor diesem Funkspruch hatte ich mich lange Zeit gefürchtet, aber irgendwann musste er ja kommen:

»11-23 für Christa, Person Ex, vermutlich Suizid. Eine Streife ist bereits vor Ort, ihr müsst den Leichenwagen einweisen. Wartet auf der Höhenstraße.«

Natürlich lernt man auf der Polizeischule, wie man mit solchen Fällen umzugehen hat. Es werden Seminare abgehalten, auf Wunsch auch Einzelgespräche geführt, Bilder gezeigt und Präsentationen vorgeführt. So weit die Theorie.

Nach 25 Jahren bei der Polizei sind solche Funksprüche traurige Routine geworden, doch beim ersten Mal wird einem ganz anders. Mein Mittagessen drückte sich gefährlich nach oben.

»Christa für 11-23, wir machen uns auf den Weg«, antwortete mein Kollege Hendrik der Leitstelle.

Er war Polizeimeister, hatte also zwei grüne Sterne auf der Schulter, und war ein wenig länger dabei als ich. Bereits in seiner Ausbildung war er mit mehreren Leichen konfrontiert worden. Bei mir stand auch hier die goldene Null. Und das mit mittlerweile 23 Jahren.

Nervös drehte ich mit dem Daumen an meinem Ehering herum, ich war gerade frisch verheiratet. Im Wach- und Wechseldienst hatte ich schon einige Dinge gesehen, allerdings noch keinen toten Menschen.

»Dann gib mal Gas, Markus.« Die Worte drangen beinahe gelangweilt über seine Lippen. »Deine erste, oder?«

Vielleicht hatte er an meinem Gesichtsausdruck bemerkt, dass sich ein mulmiges Gefühl in meiner Magengegend zusammenbraute. Ich beschleunigte und bekam erst nach einigen Herzschlägen ein Nicken zustande. »Die erste vergisst man nie, haben die Ausbilder in Essen gesagt.«

»Sie hatten recht«, entgegnete Hendrik wie aus der Pistole geschossen. »Einige sagen, dass ihnen das nicht nahe geht, aber glaub mir, sie lügen. Meine erste war eine Wasserleiche, die wir nachts aus dem Rhein ziehen mussten. Weiblich, circa 40, alles aufgedunsen. Kein schöner Anblick.«

Hendrik war fast 1,90 groß, hatte dazu die passende Statur und irgendwie hatte man das Gefühl, als könne ihn nichts auf dieser Welt aus der Ruhe bringen. Doch jetzt blickte er aus dem Fenster und war plötzlich ganz still. Ich wusste, wo er mit seinen Gedanken war. Damals, in dieser Nacht am Rhein …

Die kleine Stimme in meinem Kopf riet mir, jetzt am besten still zu sein und mich auf das Kommende vorzubereiten. Es ist wirklich kein schönes Gefühl zu wissen, dass man in wenigen Minuten einen toten Menschen sehen muss.

Es dauerte nicht lange, bis wir den Leichenwagen zum betagten Mehrfamilienhaus eskortierten. Ein Streifenwagen stand bereits vor der Tür. Die Kollegen versuchten, die zahlreichen Schaulustigen vom Ort des Geschehens fernzuhalten. Eine Frau, ich schätzte sie auf Mitte 40, stand weinend im Hauseingang. Es handelte sich offensichtlich um die Frau des Verstorbenen. In solchen Momenten sollte man sich respektvoll vorstellen und sein Beileid ausdrücken. Die Bestatter schienen mehr Erfahrung in solchen Dingen zu haben. Ruhig und mit fester Miene sorgten sie sich zunächst um die Frau, während ich gar nicht wusste, wie ich mich verhalten sollte.

Sollte ich lächeln, um sie aufzumuntern? Betroffen dreinschauen? Ein Drahtseilakt, den die Herren vom Bestattungsunternehmen perfekt beherrschten. Einige Nachbarn kamen hinzu. Ihr Entsetzen war augenscheinlich und vermischte sich schnell mit tiefem Mitgefühl. Aus ihren Worten sprach zunächst Unverständnis, gleich darauf schwang Sensationsgier mit und erzeugte so einen ganz eigenen Ton.

»Wie schrecklich das ist«, sagten die einen. »Damit hätte ich nie gerechnet«, die anderen.

Mittlerweile hatte sich die Lage beruhigt, die Nachbarn hatten wir in ihre Wohnungen geschickt und auch die Ehefrau konnte uns ein paar Fragen beantworten. Die Bestatter hatten ohnehin nach wie vor die Ruhe weg.

»Wollt ihr nicht mal nach unten gehen?«, fragte ich einen von ihnen, als er sich die zweite Zigarette ansteckte und der Frau danach das Feuer reichte.

Der Mann lehnte sich zu mir und legte mir die Hand auf die Schulter. »Keine Angst, die Toten haben alle Zeit der Welt.« Dabei zeigte sein Gesichtsausdruck dasselbe Verständnis, welches er auch der Frau geschenkt hatte.

Hendrik nahm mich zur Seite.

»Von denen kannst du eine ganze Menge lernen. Schau ihnen zu, dann weißt du, wie es gemacht wird.«

Er hatte recht. Wenn der Tod das tägliche Geschäft ist, fällt es leichter, ihn anzunehmen.

Nachdem die beiden Männer in Schwarz die Frau beruhigt hatten, konnte Hendrik ihr weitere Fragen stellen. Jeder vermeintliche Suizid wird von der Polizei erst einmal als mögliches Tötungsdelikt bearbeitet. Ausnahmslos.

Deshalb sind die Angaben der Angehörigen so wichtig, selbst wenn die Situation wie in diesem Moment an Tragik kaum zu überbieten ist. Es stellte sich heraus, dass sie zwei erwachsene Kinder hatten und der Mann vor Kurzem arbeitslos geworden war. Eigentlich hatte er in seinem Leben nicht viel falsch gemacht. Er war Facharbeiter, hatte ein gutes Einkommen, bis auf einmal die Firma dichtgemacht hatte und er auf der Straße stand. Dazu kamen noch ein paar falsche Abbiegungen im Leben und plötzlich sah er keinen Ausweg mehr. Seine Ehefrau erzählte etwas von Spielschulden, die sich über Monate angehäuft hatten. Das fehlende Geld wollte er mit Pferdewetten wieder in die Familienkasse spülen und so nahm das Drama seinen Lauf. Natürlich misslang dieser Befreiungsschlag, weiteres Geld wurde benötigt und geliehen und auch dieses wurde dann verzockt. Nach Aussage der Frau hatten sich bis zu diesem Tag circa 80.000 DM an Schulden angesammelt. Doch dass er sich deshalb umbringen würde, damit hätte sie im Leben nicht gerechnet. Schon wieder dieser Satz. Die Kollegen fanden tatsächlich einen Abschiedsbrief auf der Kellertreppe, die Tür des Verschlags war von innen verriegelt und musste aufgebrochen werden. Sie erzählten mir, dass der unter der Leiche aufgefundene kleine Hocker umgekippt war. Keine Spuren von fremder Gewalteinwirkung. Alles deutete auf eine Selbsttötung hin, doch das endgültige Ergebnis würden erst die weiteren Ermittlungen der Kriminalwache bringen.

»Ich hätte ihm das niemals zugetraut«, wisperte die Frau weiterhin ein ums andere Mal in ihr Taschentuch.

Hendrik klappte seinen Notizblock zu, nickte noch einmal verständnisvoll und wandte sich dann an mich. »Ich geh kurz in die Wohnung, schau mich mal um, ob Medikamente im Spiel waren. Du kannst ja schon mal nach unten gehen, die K-Wache kommt gleich und die Kollegen sind auch unten.«

Wie in Trance nickte ich. Ich hatte schon vermutet, dass der Kelch an mir vorübergehen würde, doch jetzt passierte mit mir etwas Merkwürdiges. Waren es vorher noch Abscheu und Ekel, die meine Gemütslage bestimmten, wollte ich nun diese Leiche sehen.

Vielleicht war es einfach die Tatsache, dass ich es hinter mich bringen wollte. Ich musste diesen toten Menschen mit eigenen Augen sehen. Also ging ich mit einer Art von morbider Faszination in den Keller. Hier war alles still. Es war nicht wie oben, wo die Autos vorbeifuhren und Menschen tuschelten. Es war, als hätte der Tod das dunkle Tuch des Schweigens über diesen Ort gelegt. Augenblicklich wurde es ein paar Grad kühler. Dazu legte sich schummriges Licht von einzelnen Glühbirnen in die Kellerräume und warf Schatten an die Wände. Vom Flur gingen mehrere Verschläge ab, in denen die einzelnen Mietparteien ihr Hab und Gut lagerten.

Bereits von Weitem erkannte ich die aufgebrochene Tür des Kellerverschlages. Jetzt wollte ich es wissen.

Mit festem Schritt näherte ich mich. Es war sehr dunkel. Meine Augen mussten sich erst einmal an die Lichtverhältnisse gewöhnen. Offensichtlich lag dahinter noch ein Raum. Dort hatte der Mann allem Anschein nach sein Leben beendet. Da musste ich nun hin. Meine Kehle wurde staubtrocken, als ich leicht geduckt versuchte, die andere Tür zu erreichen. Mein Schritt war noch immer entschlossen und schnell, bis ich plötzlich gegen etwas Festes stieß.

Erst konnte ich die Umrisse nur schwerlich erkennen, bis die Silhouette einer Gestalt nachgab und vor meinen Augen hin und her schwankte. Mit einem Mal entwich dieser Gestalt ein Geräusch und es stank bestialisch. Noch heute könnte ich schwören, dass sich sein Kopf bewegt hatte. Mein Puls hämmerte auf Hochtouren, beinahe hätte ich die Waffe gezogen und den leblosen Mann mit Blei vollgepumpt.

Mir blieb die Luft weg. Trotzdem fand ich endlich den Lichtschalter. Es dauerte mehrere Sekunden, bis sich das Licht in den Raum legte. Warum zum Teufel hatten die Kollegen hier das Licht ausgeschaltet?

Na großartig! Ich war direkt in die Leiche gelaufen. Die Augen des Mannes waren geschlossen, er trug ein kariertes Hemd und ausgewaschene Jeans. Diesen Anblick werde ich nie vergessen. Die Schlinge eines Seils hatte sich fest um seinen Hals gezogen. Sein Gesicht war blau-rötlich angelaufen, Speichel und andere Sekrete liefen ihm aus Mund und Nase. Die Flüssigkeiten legten sich auf den massigen Bauch des Mannes und hatten bereits einen dunk-

*Erst konnte ich die Umrisse nur schwerlich erkennen, bis die Silhouette einer Gestalt nachgab und vor meinen Augen hin und her schwankte.*

len Fleck dort hinterlassen, wo die Gürtelschnalle abschloss. Dazu dieser Gestank. Mir drehte sich fast der Magen um.

Seine Arme und Beine hingen schlaff am Körper herunter und mir kam unvermittelt die Erinnerung an eine Hinrichtungsszene in einem Westernfilm. Nur war das hier die Realität. Es gab hier im Keller keinen Regisseur, der die Kameras schließlich wegschwenkte, keine schreienden Frauen, von Trauer übermannt, keine Geier, die ihre Bahnen zogen. Hier waren nur dieser tote Mann und ich, ansonsten Stille. Zumindest dachte ich das ...

»Das machen die Leichen hin und wieder.«

Zum zweiten Mal an diesem Tag erschrak ich mich beinahe zu Tode. Hastig drehte ich mich um. Die Hände tief in den Hosentaschen vergraben, blickte ein älterer Kollege der Kriminalwache an mir vorbei und fixierte das Gesicht des Mannes.

»Wenn die einen Stups kriegen, kommen aus allen möglichen Körperöffnungen Gase heraus. Es sind die letzten Geräusche der Toten.« Unsere Blicke trafen sich und er zuckte mit den Schultern. »Man gewöhnt sich dran.«

Gemeinsam sahen wir uns den Mann an. Er wirkte nicht wie jemand, der keine Lust mehr auf das Leben gehabt hatte.

»Bin bis jetzt immer drum herumgekommen«, gab ich zu.

Der Kriminalhauptkommissar gesellte sich, ohne eine Miene zu verziehen, zu mir. »Das wird sich ändern. Irgendwie habe ich das Gefühl, dass die Selbstmordrate gestiegen ist. Früher mussten wir nicht so oft zu Suiziden raus, heute alle paar Tage. Der Tod verliert seinen Schrecken, wenn er ein ständiger Begleiter ist. Ist das nicht auch ein Thema auf der Polizeischule?«

Ich wartete einen Moment mit meiner Antwort. »Doch, aber das hier ist irgendwie ...«

»Anders als auf den Lehrfotos?«

Ich nickte. Es war tragischer, irgendwie traurig und doch konnte ich nichts Schreckliches erkennen. Obwohl ein toter Mensch nur wenige Armlängen vor mir hing und ich eben noch die trauernde

Frau getröstet hatte, war es meine Arbeit, mein Job, und irgendwer musste ihn schließlich erledigen.

»Du solltest das nicht allzu sehr in dich hineinfressen. Glaub mir, den Toten ist Ekel gleichgültig.«

Noch immer war mein Blick gebannt auf das Gesicht des Mannes gerichtet, selbst als meine Kollegen und der zweite Kommissar der Kriminalwache mit einer Leiter in den Händen die Kellergewölbe betraten. Eigentlich wird die Leiche nie allein gelassen. Die beiden Kollegen des anderen Streifenwagens wollten nur kurz die Außentreppe checken, ob es Auffälligkeiten gab. Nichts Auffälliges.

Routiniert erledigten die beiden Kommissare ihre Arbeit.

»Das Schwierigste ist, die Typen herunterzukriegen«, fuhr der Kollege fort, stieg auf die Leiter und öffnete ein Klappmesser. »Versucht ihn mal ein wenig anzuheben, dann kann ich ihn vom Seil schneiden. Und passt auf die Ausscheidungen auf.«

Was er damit meinte, sollte ich wenige Sekunden später erfahren. Hendrik konnte aufgrund seiner Körperlänge den Mann beinahe an der Brust anheben, ich nahm mir die Beine vor und drückte ihn nach oben. Es war Schwerstarbeit, diesen leblosen Körper in der Luft zu halten, damit das Seil durchtrennt werden konnte. Mit aller Kraft hob ich die Leiche nach oben, dabei hätte ich um ein Haar mein Gesicht an die feuchte Stelle seines Bauchs gedrückt.

»Ein Stück noch«, ächzte der Kriminalhauptkommissar.

Ich ging in die Knie, fasste den Mann noch einmal fester und auch Hendrik gab alles, als plötzlich ein unangenehmes Geräusch ertönte. Diesmal allerdings mit flüssiger Beilage. Im kleinen Kellerraum stand sofort ein bestialischer Gestank. Ich musste die Luft anhalten, als uns der Kommissar endlich zu verstehen gab, dass wir den Mann jetzt herunterzunehmen sollten.

»Aber nicht direkt unter dem Seil, da liegen zu viele Ausscheidungen. Genau, legt ihn in die Nähe der Tür.«

Ein Blick auf meine Schuhe erklärte, warum er das sagte. Während wir mit aller Macht versucht hatten, den Körper hochzuhalten, hatten wir so an der Leiche herumgedrückt, dass sich sein Magen, die Blase und der Inhalt seines Darms entleerten. Natürlich konnte seine Jeans nur einen geringen Teil der Flüssigkeit aufsaugen, sodass sich diese Komposition nun auf meinen Schuhen wiederfand. Auch Hendrik war nicht besser dran.

»Was ist das denn für ein verfluchter Mist?« Er kriegte sich gar nicht mehr ein, versuchte, mit einem Lappen, den er auf dem Kellerboden fand, seine Schuhe zu reinigen. Und über allem schwebte dieser ekelhafte Gestank, den ich mehrere Tage nicht mehr aus der Nase bekommen sollte.

»Läuft das immer so bei euch?«

Der Kommissar kniete sich zu dem Toten und lächelte mich traurig an. »Leider ja. Was meint ihr, was mit den Leichen geschieht? Wir sind hier nicht in Hollywood, wo alle schön sterben. Es ist nicht so, dass sie in den Armen des Liebsten mit einem Lächeln von uns gehen. Die meisten Tode sind einsam. Alte Menschen auf ihrer Couch oder halt so etwas wie hier. Dabei entfleucht das ein oder andere Geräusch oder Sekret.« Fachmännisch nahm der Kollege dem Mann die Schlinge ab. »Kein Genickbruch. Also, wenn ich so was tun würde, ich würde sichergehen, dass ich es richtig mache. Dieser arme Tropf hat die Schlinge verkehrt um den Hals gelegt. Da ist ein Würgetod praktisch vorprogrammiert. Und das kann lange dauern. Sehr qualvoll.« Er strich die roten Linien am Hals des Mannes mit den Fingern nach. »Mit viel Glück wird die Blutzufuhr zum Gehirn abgeschnitten. Dann wird man schnell bewusstlos, der Rest sind nur noch Zuckungen der Nerven.« Dann wies uns der Mann an, an die Decke zu leuchten. »Bei vielen setzt instinktiv der Selbsterhaltungstrieb ein. Im Todeskampf versucht der Körper sich noch irgendwie zu retten. Sie zerren am Seil, sie kratzen an der Decke und am Hals, versuchen alles, um doch noch der Schlinge zu entkommen. Je länger der Todeskampf dauert, desto stärker sind die Wunden, die sie sich selbst zufügen. Dabei spielt es keine Rolle, wie entschlossen man zuvor noch war, am Ende übernimmt der Körper die Kontrolle.«

Angestrengt blickte ich an die Decke. Ich konnte keine Kratzspuren erkennen. Am Hals des Selbstmörders waren zwar ein paar rote Striemen, aber die hätten auch vom heutigen Rasieren stammen können.

»Ich sehe nichts«, sagte ich und kniete mich über den Mann.

»Vielleicht hatte er Glück und die Blutversorgung war sofort abgeschnitten. Dann bekam er nichts mehr von seinem Tod mit. Im Mittelalter, als Verurteilte noch gehängt wurden, durften die Angehörigen in manchen Fällen an den Beinen ziehen, damit es schneller vorbei war. Das galt als Gnadenakt.«

Vielen Dank für diese Information. Ein weiteres Detail, das ich bestimmt nie vergessen werde. Als Nächstes besah der Kommissar die Fingernägel.

»Die sehen sauber aus. Hat sich anscheinend nicht den Hals blutig gekratzt. Vielleicht ging es wirklich schnell.« Der Mann blickte mir fest in die Augen, als würde er mich auf etwas einschwören wollen. »Das hat leider nicht mehr viel mit Würde zu tun, oder?« Er schüttelte den Kopf.

»Nicht wirklich«, sagte Hendrik, der weiterhin damit beschäftigt war, den alten Lappen wie von Sinnen über seine Schuhe zu ziehen.

»Tja, so ist das«, fuhr der Kriminalkommissar fort. »Man möchte gar nicht glauben, dass die Nase läuft, sich die Blase entleert und man sich einkackt, oder? Unser Job ist es, mögliches Fremdverschulden auszuschließen und, so blöd es sich auch anhören mag, das Beste daraus zu machen. Das ist zwar kein schöner Tod, aber die Realität. So sterben wir Menschen eben auch manchmal.«

»Man gewöhnt sich dran«, ergänzte der zweite Kommissar.

Dass sein Kollege diese Worte ein paar Minuten vorher gebraucht hatte, ging mir einfach nicht mehr aus dem Kopf.

Bestimmt war dies einer der intensivsten Momente meiner Polizeilaufbahn. Damals hätte ich nicht gedacht, dass die beiden recht behalten würden, doch ihre Worte sollten sich tatsächlich als Wahrheit herausstellen. Man gewöhnt sich tatsächlich an alles. Sogar an den Tod.

»Ganz schön harter Tag, oder?«

Nach zwei Stunden waren Hendrik und ich wieder im Wagen. Unsere Schuhe stanken noch immer wie Misthaufen, die bei 42 Grad in der Sonne schmorten, dazu hatte sich der Geruch tief in unsere Kleidung gefressen.

»Irgendwie hab ich es mir schlimmer vorgestellt«, sagte ich und nahm einen großen Schluck Wasser. »Trotzdem, das muss ich nicht jeden Tag haben. Leichenbestatter, das wäre nichts für mich.«

Hendrik nickte und blickte auf die Uhr. »Aber trotzdem möchtest du Kriminalkommissar werden.«

Ich winkte ab. »Das ist etwas anderes. Das reizt mich. Hast du die Jungs eben nicht gehört? Man gewöhnt sich an alles.«

»Du willst unbedingt den Silbernen und die Marke, oder?«

»Klar, warum nicht.«

Hendrik lachte auf. »Ruhig, Brauner.«

Wenn Blicke töten könnten …

»So, wir sind schon drüber«, fuhr er grinsend fort. »Damit ist unsere Spätschicht vorbei. Melde den Einsatz bitte ab und dann fahren wir zur Wache. Ich brauch jetzt ein Bier.«

Jetzt war ich derjenige, der nickend zustimmte. »Ich könnte auch eins vertragen.«

Nachdem wir den Wagen abgegeben, geduscht hatten und wieder Zivilkleidung trugen, lehnten wir uns gegen Hendriks Passat und schlürften lauwarmes Bier aus der Dose. Ich hatte keine Ahnung warum, aber Hendrik wusste, dass mich die Sache immer noch beschäftigte. Vielleicht, weil es ihm genauso ergangen war.

»Sobald du die Uniform auszieshst, solltest du nicht mehr an den Dienst denken«, sagte Hendrik und nahm einen tiefen Schluck.

»Wenn du ständig über all das Erlebte nachdenkst, hast du schon verloren. Stell dir am besten selbst keine Fragen, sonst hängst du irgendwann selber da. Manche Sachen muss man einfach als gegeben hinnehmen, sonst bist du kein guter Bulle und machst keinen guten Job.«

Ich mochte dieses Wort nicht.

Bulle.

Doch in diesem Zusammenhang klang es richtig. Wir sprachen über seinen ersten Toten, wie er sich gefühlt hatte und dass es dann bei ihm irgendwie auch gar nicht so schlimm war. Es war halt ein Teil des Lebens. Ärzte, Krankenschwestern und Sanitäter sehen Tag für Tag tote Menschen, wir Polizisten glücklicherweise nicht so häufig.

Nachdem ich nach Hause gefahren war und die Geschichte meiner Frau erzählt hatte, konnte ich schlafen wie ein Stein. Sie allerdings lag die ganze Nacht wach.

**KAPITEL 5**

# SIEG UND NIEDERLAGE

„Ein Fortbildungslehrgang der Kollegen ist ausgefallen. Wir haben Überstärke. Ihr fahrt heute in Z, haltet die Augen offen."

Ich liebte es, wenn mein Chef diesen Satz sagte. Er kam dann meist in die Schreibräume gerauscht, knurrte diese paar Worte und wir durften den ganzen restlichen Tag in unseren bequemen Klamotten rumlaufen. Dies konnte vorkommen, wenn die Wache eine Überstärke hatte. Also, niemand war krank, es gab keine Sondereinsätze, kein Beamter musste einem Lehrgang beiwohnen und alle Dienstwagen waren besetzt auf der Straße. Dienste in ziviler Kleidung standen wie alles andere auch auf dem Dienstplan, aber Ausnahmen gab es immer, zum Beispiel eben dann, wenn mehr Kollegen da waren, als man für die Streifen brauchte. Zwei Polizisten durften sich daher heute normale Klamotten anziehen, die Dienstpistole an den Gürtel klemmen und ab in die 80er. Die 11-80er waren die zivilen Dienstwagen, ausgestattet mit mobilem Blaulicht, Martinshorn und Funkgerät.

Auch wenn insgesamt der gefühlte Respekt gegenüber der Polizei abgenommen hat, so verhalten sich die meisten Menschen doch anders, wenn Uniformierte zugegen sind. Zivilstreifen haben, was das angeht, einen Vorteil. Sie sehen die Menschen, wie sie sich wirklich verhalten. Und das ist nicht immer schön.

Hendrik und ich gingen in die Umkleide, legten die Polizeiuniformen ab und unsere Zivilkleidung an. Wir suchten uns den saubersten der 80er aus, meldeten uns bei der Leitstelle an und schon ging es in die Innenstadt. Der erste Einsatz ließ nicht lange auf sich warten.

»11-82 für Christa.«

Eigentlich hatte ich mich darauf gefreut, ein paar Drogendealer oder pöbelnde Jugendliche auf frischer Tat zu erwischen. Ihre Gesichter, wenn man den Dienstausweis zeigte, waren einfach herrlich anzusehen und zaubern mir noch heute ein Lächeln auf die Lippen. Es ist dieser Herzschlag, nur dieser eine kurze Moment, in dem ihnen bewusst wird, dass sie die Drogenkohle heute nicht in der Disco verprassen können, sondern die Nacht auf dem Revier verbringen würden, ohne das Geld natürlich. An diesem Tag sollte es jedoch anders kommen.

»Christa für 11-82, kommen.«

»Interessante Geschichte«, knarzte es aus dem Funkgerät. »Eine ältere Dame hat gerade bei uns angerufen. Sie meldet einen Verstoß gegen das BTM-Gesetz. Bettina Vollmer heißt sie. Sie hat durch den Türspion beobachtet, dass kleine Bubbles in ihrem Hausflur gedealt wurden.«

Hendrik und ich wechselten fragende Blicke. Natürlich war uns das Wort »Bubbles« sehr wohl bekannt. Heroin, fest eingepackt in kleine Plastiktütchen. Dabei wurde die Cellophanfolie so fest verdreht, dass es aussah wie eine Blase.

Meistens war die Menge genau für einen Schuss abgepackt. Es sei denn, sie fummelten die Verpackung wieder auf, streckten den Stoff mit Ascorbinsäure oder zermahlenen Aspirin-Tabletten und verkauften es weiter. Einige Dealer, die nicht so helle Kunden hatten, versuchten es auch schon mal mit Backpulver, Rattengift oder Waschpulver.

Alles, was der Farbe des Stoffs ähnelt, wurde und wird immer noch reingemixt. Dabei geht es nur darum, die Masse und das Gewicht zu vergrößern. Was der Junkie sich schließlich spritzt, ist dann fast nur Dreck, mit ein paar Anteilen Heroin.

Eine alte Dame, die dieses Vokabular benutzte, war ungewöhnlich und machte uns beide sofort stutzig. Immerhin schrieben wir das Jahr 1993, es gab noch keine Dokumentationen über den Polizeialltag im Fernsehen und auch Wikipedia wurde erst acht Jahre später gegründet.

Ich hakte nach. »Christa, hat die Dame wirklich dieses Wort benutzt? Bubbles?«

»Ja, 11-82, hat sie. Ich musste auch mehrmals nachfragen. Die Dame ist Krankenschwester und hat wohl schon mehrere dieser Dinger in den Hosentaschen ihrer Patienten gefunden. Sie sagt, im Hausflur gehen wohl etliche Gestalten ein und aus und es wechselt Geld den Besitzer. Fahrt mal zur Binsenstraße 30 und überprüft das.«

»Verstanden, Christa.« Ich hängte das Funkgerät wieder in die Halterung. »Wer ist denn so blöd und dealt im Hausflur? In der Wohnung ist es doch viel unauffälliger. Da könnte man genauso gut Leuchtreklame an der Tür befestigen mit den Tagesangeboten.«

Hendrik zuckte mit den Schultern und konnte sich ein Lächeln nicht verkneifen. »Gut für uns, dass die meisten kleinen Dealer nicht gerade für ihren herausragenden Intellekt bekannt sind. Heute Einstiegswochen, zwei Bubbles zum Preis von einem. Und das alles mit roter Farbe an die Hauswand geschrieben. Das würde uns fast überflüssig machen, dann wären wir arbeitslos«, scherzte er.

»Na, das wollen wir ja nicht, ich wäre ein schlechter Bauzeichner.«

Keine fünf Minuten später parkten wir etwas abseits des dreieinhalbgeschossigen Mehrfamilienhauses und blickten uns um. Eigentlich war das hier keine schlechte Gegend.

Das Klingelschild verriet, dass acht Parteien das Gebäude bewohnten. Keine Graffiti, keine Spritzen oder Plastikkügelchen auf dem Boden, alles recht gepflegt. »Trautes Heim, Glück allein. Halt deinen Stall schön sauber.« Alte Junkie-Weisheit.

Wir klingelten zuerst bei Frau Vollmer. Über die Sprechanlage stellten wir uns als Polizei vor und wurden hochgebeten. Frau Vollmer wohnte im ersten Obergeschoss. Als die Tür geöffnet wurde, ernteten wir erst einmal den skeptischen Blick einer Mittsechzigerin. »Meine Herren, Sie sind von der Polizei?«

»Ja, wir sind von der Polizei.«

Aus dem skeptischen wurde ein beunruhigend-fragender Blick, als hätten wir mit einer Flasche Bier und Zigaretten in der Hand an ihrer Tür geklingelt.

Bestimmt hatte sie mit älteren Herrschaften in Uniform gerechnet. Dass zwei junge Typen in Freizeitkleidung und Sportschuhen vor ihr standen, schien sie zu verunsichern. Nachdem wir unsere Ausweise vorgezeigt hatten und sie offensichtlich auch die Dienstpistolen an unseren Gürteln bemerkt hatte, ließ sie uns sichtlich beruhigt eintreten.

Schnell merkte ich, dass sie nicht zu den älteren Damen gehörte, die die Polizei riefen, weil der Goldfisch des Nachbarn zu laut geblubbert hatte. Sie beschrieb die Leute, die hier ein und aus gingen, im Detail, als wären wir Ärzte und die jungen Männer Patienten, die mit einer Schussverletzung eingeliefert wurden. »Also meine Herren, ich glaube ja, dass der Herr Klein aus dem Dachgeschoss mit Drogen handelt. Ständig die fremden Menschen im Flur, bis spät in die Nacht hinein ist das hier ein Kommen und Gehen.« Auf unsere Frage nach den nächtlichen Besuchern lieferte Frau Vollmer detaillierte Beschreibungen wie aus dem Lehrbuch: »Männlich, circa 30, raspelkurze Haare, ein altes, schwarzes Sweatshirt und ausgewaschene Jeans. Dazu hatte einer ein auffälliges Tattoo auf der rechten Handaußenfläche und eine kleine Narbe an der Stirn.«

In allen Einzelheiten führte sie aus, wer sonst noch in den Flur kam, wer ging und was die Leute trugen. Wenn alle meine Berichte so genau wären wie der von der älteren Dame, dann wäre die Quote der Festgenommenen um einiges höher und ich würde drei Tage die Woche nur mit Papierkram verbringen.

»Ja, meine Herren«, fuhr sie fort, »die Besucher klingeln dann bei Herrn Klein, manche pfeifen aber auch einfach nur mit den Fingern vom Gehweg vor dem Haus. Dann höre ich die Wohnungstür des Herrn Klein, wie sie geöffnet wird. Er drückt die Haustür mit dem Türöffner auf und lässt die Besucher herein. Direkt vor meiner Wohnungstür trifft man sich dann. Ich sehe es durch den Türspion. Herr Klein holt die kleinen Bubbles aus seiner Bauchtasche. Das ist so eine olivfarbene Tasche. Das Geschäft dauert höchstens 30 Sekunden. Dann ist alles vorbei. Ich habe gerade Herrn Klein im Flur getroffen. Er hatte wieder die Bauchtasche umgeschnallt. Es sah so aus, als sei sie prall gefüllt. Dann habe ich Sie angerufen. Herr Klein wohnt allein, er ist sicher in seiner Wohnung. Wahrscheinlich hat er sich eben mit Nachschub eingedeckt.«

»Gut, wir schauen uns das mal an«, sagte Hendrik schließlich und wir machten uns auf den Weg ins Dachgeschoss. Herr Klein war zwar schon wegen Ladendiebstahls in Erscheinung getreten, mit Rauschgift war er aber bislang nicht aufgefallen.

Im Dachgeschoss angekommen, bemerkte ich sofort etwas, was mir gar nicht gefiel. Zu seiner Wohnung führte nur eine schmale Holztreppe. Anscheinend war dies einmal der Speicher des Hauses gewesen, welcher offensichtlich mit minimalem Aufwand zur Wohnung umgebaut worden war. Mal schauen, ob Herr Klein die Tür öffnen würde. Immerhin waren wir für ihn nicht direkt als Polizeibeamte zu erkennen.

Die Klingel benutzte ich erst gar nicht, sondern klopfte mehrmals gegen die Holztür. »Herr Klein, bitte öffnen Sie die Tür.«

Hendrik und ich lauschten angestrengt. Wir hörten Schritte, dann eine nervöse Stimme. »Wer sind Sie, was wollen Sie?«

Hendrik rief: »Wir sind hier, weil Ihre Nachbarn sich über Sie beschwert haben. Machen Sie doch bitte die Tür auf.«

»Ich komme gleich.« Nach diesen Worten wurden die Schritte schneller, dazu waren deutliche Schimpfworte zu hören.

Das anschließende Geräusch trieb Hendrik und mir das Blut in den Kopf: »So ein Mist, das ist die Toilettenspülung.«

»Der säubert die Wohnung«, schoss es aus Hendrik hervor.

Wir hatten nun grundsätzlich zwei Möglichkeiten.

Entweder einer von uns lief runter zum Wagen und informierte die Kriminalwache über den Vorfall. Der Kollege der K-Wache rief dann den Bereitschaftsdienst der Staatsanwaltschaft zu Hause an. Dem Staatsanwalt musste der Sachverhalt erklärt werden und der würde anschließend den zuständigen Bereitschaftsrichter anrufen und nach Sachvortrag eine Durchsuchungsanordnung beantragen. Diese Anordnung könnte der Richter dann fernmündlich erlassen und sie würde daraufhin den ganzen Dienstweg zurück nehmen. Mit etwas Glück könnten wir dann in einer Stunde mit der Wohnungsdurchsuchung beginnen. Während dieser Zeit hätte der gute Herr Klein nicht nur die Zeit, alle Drogen durch den Abfluss zu spülen, sondern könnte auch noch das Wohnzimmer tapezieren und die Wohnung anschließend grundreinigen.

Wir entschieden uns natürlich für die zweite Variante.

Hendrik sah mich an. »Gefahr im Verzug?«

»Aber so was von«, entgegnete ich.

Es musste alles schnell gehen. Da Herr Klein tatsächlich etwas mit Drogen zu tun zu haben schien, ging es bei einer Durchsuchung seiner Wohnung nur darum, Beweise für das Vorliegen der Straftat zu finden, nämlich die Betäubungsmittel. Klingt kompliziert, hieß aber nichts anderes als: »Tritt die Tür ein, Brauner!«

Ich machte einen Schritt nach hinten.

Leider gestaltete es sich mit dem Anlauf ein wenig schwierig. Die Holztreppe mündete direkt an der Tür, sodass ich mit der Stirn schon auf Höhe Türklinke war, noch bevor ich überhaupt die letzte Stufe erreicht hatte. Ich ging also zwei Stufen nach unten, schoss die Treppe wieder hoch und trat mit dem rechten Fuß so heftig wie möglich gegen das Türblatt.

Die Tür sprang nicht wie erwartet auf, nein, stattdessen sprang ich. Ich hatte vergessen, dass ich mir brandneue Joggingschuhe gegönnt hatte, mit dicker Schaumgummisohle. Zwar fand meine Frau die Dinger hässlich, ich liebte sie dafür jedoch umso mehr und fühlte mich darin supercool. Das alles nützte leider nichts, denn meine aufgebrachte Kraft und mein gesamtes Gewicht, welches ich in diesen Tritt gelegt hatte, hinterließen an der Tür nicht den geringsten Kratzer. Es kam, wie es kommen musste.

Durch den Tritt verlor ich das Gleichgewicht, ruderte mit den Armen und wäre Hendrik nicht da gewesen, hätte die alte Dame ihren nächsten Patienten gehabt. »Männlich, 24 Jahre, kurze Haare, hat Hämatome am gesamten Körper, weil er eine Tür eintreten wollte und dabei die Treppe heruntergeflogen ist. Dazu trägt er neue, glänzende Sportschuhe.«

Wäre das passiert, hätte ich die Dinger leider verbrennen müssen. Zum Glück konnte Hendrik mich auffangen und nach einer Schrecksekunde stand ich wieder vor der Tür.

Seit damals achte ich übrigens immer auf festes Schuhwerk im Spind.

»Lass mich mal«, drängte sich Hendrik an mir vorbei.

Zwar brauchte er zwei Anläufe, doch schließlich gab die Tür nach. Wir zogen unsere P6 und betraten behutsam die Wohnung. Vor uns lag ein kleiner Flur, von dem nach links ein Bad und nach rechts eine kleine Küche abgingen. Geradeaus gelangte man ins kleine Wohn- und Schlafzimmer. Hier saß ein junger Mann. Es war Herr Klein, der in aller Ruhe eine Zigarette rauchte und auf der Couch saß. Er war allein und sein süffisantes Lächeln verriet mir alles, was ich wissen musste.

Hier würden wir nichts mehr finden. Die Klospülung zog gerade noch Wasser nach, das Spiel war verloren, die Toilette sauber.

Auch nachdem wir Verstärkung gerufen und zu viert die Wohnung durchsucht hatten, konnten wir nichts finden, was auch nur annähernd illegal gewesen wäre. Nicht mal ein kleines Tütchen Marihuana. Auch eine Überprüfung der Personalien des Herrn Klein ergab nichts, was wir nicht schon gewusst hätten. Der junge Mann war zweimal beim Ladendiebstahl erwischt worden, Drogen nahm er aber augenscheinlich selbst nicht. Zumindest diese Art

*Er war allein und sein süffisantes Lächeln verriet mir alles, was ich wissen musste.*

von Klugheit mussten wir ihm zusprechen. Gilt bei Wirten und bei Dealern: Sei niemals dein bester Kunde.

»Kann ich noch etwas für Sie tun, die Herren?«

Eigentlich kann ich ganz gut mit Niederlagen umgehen. Daran gewöhnt man sich schnell bei der Polizei. Sie gehören nun mal dazu. Was ich aber überhaupt nicht leiden kann, ist das Nachtreten des Gegners.

»Warum haben Sie vorhin die Spülung betätigt?«, wollte ich von dem Mann wissen, während Hendrik und die anderen beiden Kollegen immer noch die Wohnung durchsuchten.

»Ich musste mal pissen.«

Wir hatten sogar einen Kollegen von der Hundestaffel gerufen. Es war wirklich Glück, dass die beiden gerade verfügbar waren. Bald schon sauste die Schäferhündin Leika mit ihrem Hundeführer durch die Wohnung. Wenn es hier noch etwas zu finden gab, dann würde sie es aufspüren.

Doch das Grinsen des Herrn Klein wurde nur noch breiter.

Kopfschüttelnd setzte ich mich ihm gegenüber auf die abgewetzte Couch. Der Typ war bestimmt nicht dumm, aber versuchen konnte man es ja mal.

»Wenn die Polizei vor der Tür steht, gehen Sie erst einmal aufs Klo? Das sollen wir glauben?«

»Ich musste dringend.«

Nachdem er seine Zigarette ausgedrückt hatte, steckte er sich sofort die nächste an. Mittlerweile konnte man die Luft in der kleinen Wohnung schneiden. Ich sah mich um. Vielleicht hatte er noch einen nicht gemeldeten Zweitwohnsitz, eine teure Freundin oder er hortete das Geld irgendwo anders. In seine Bude steckte er es zumindest nicht rein. Sogar das Bettgestell fehlte. Nur eine Matratze kündete davon, dass er hier zumindest ab und an mal schlief.

»Heute sind hier eine ganze Menge Menschen ein und aus gegangen«, sagte ich mit fester Stimme und fixierte den Mann mit eisigem Blick.

»Wer sagt das?«

Kein Wort drang über meine Lippen. Jetzt war es wichtig, die Nachbarin zu schützen. »Ein Zeuge.«

Herr Klein nahm einen tiefen Zug und blies den Rauch genüsslich gegen die Decke. »Ah, verstehe, die Alte von unten war das sicher, die regt sich immer so schnell auf. Ich bin halt ein geselliger Typ.«

»Gab es auch Gastgeschenke, vielleicht ein paar Drogen?«, versuchte ich mein Glück.

Ein paar Sekunden saß Herr Klein nur so da, schließlich zog er die Augenbrauen hoch. »Ich weiß nicht, wovon Sie reden.«

Keine Frage, dies war nicht seine erste polizeiliche Befragung. Hier war nichts zu holen.

In diesem Moment schlug Leika an. Aufgeregt wedelte sie mit dem Schwanz und bellte. Dabei kratzte sie an einer kleinen Vase, und legte sich schließlich davor ab.

Gemeinsam untersuchten wir die Vase. Natürlich war sie leer, aber immerhin wussten wir jetzt, wo der Typ sein Zeug aufbewahrt hatte.

»Und das hier? Der Hund schlägt wohl ganz umsonst an?«

Als wäre ich Luft und meine Frage nur ein Wispern im Wind, zuckte Herr Klein mit den Schultern und ließ sich tiefer in die Couch sinken.

»Ich rede mit Ihnen«, fuhr ich den Mann an.

»Da hat ein Kumpel irgendwann mal eine Tasche draufgestellt. Wenn ich es mir recht überlege, war er mehr ein Bekannter. Keine Ahnung, was da drin war.«

»Und wie heißt der Bekannte? Name, Anschrift?«

»Keine Ahnung, war nur auf der Durchreise, hab ich wohl vergessen.«

»Natürlich …«, stöhnte ich schmerzlich und klappte den Notizblock zu. Mein Ton wurde hörbar aggressiver. »Und was war mit den Leuten, die Sie heute im Flur getroffen haben? Waren das auch nur flüchtige Bekannte?«

»Wir haben uns nur die Hände geschüttelt«, fuhr er im selben süffisanten Ton fort. »Machen Sie das denn nicht mit Ihren Bekannten? In meine Wohnung darf ich einladen, wen ich will, oder, Herr Wachtmeister?« Vom letzten Wort betonte er jede Silbe.

In mir kochte die Wut. Hendrik lehnte mittlerweile am Türrahmen, er hatte einen Teil des Gespräches mit angehört.

»Hier ist nichts zu holen, lass uns abhauen.«

Der Typ erhob sich, brachte uns sogar zur Tür und lächelte uns weiter an. »Einen schönen Tag noch, die Herren.«

Dann fiel die Tür ins Schloss. Interessanterweise schloss diese, als wäre nichts gewesen. Herr Klein hatte sich nicht einmal nach Entschädigungszahlungen bezüglich der Tür erkundigt. Wahrscheinlich kannte er das Spielchen schon oder es war ihm egal, weil er sowieso bald in eine andere Wohnung ziehen würde, finanziert durch Drogengeld natürlich.

Bei dieser Anzeige würde ich mir besonders Mühe geben. Die Wahrheit war leider: Ohne den Stoff waren mir die Hände gebunden. Natürlich würde seine vermeintliche Dealerei von uns zur Anzeige gebracht werden und irgendwann würde er Post von der Staatsanwaltschaft bekommen. Aber über diesen Brief würde er nur müde lächeln. Herr Klein hatte gute Chancen darauf, dass das Ermittlungsverfahren gegen ihn irgendwann eingestellt werden würde. Übrig blieb lediglich der Eintrag in unseren Akten.

Hendrik informierte Frau Vollmer noch kurz über das weitere Vorgehen in der Sache. Ich ging zum Wagen zurück und setzte mich hinein. Dabei kaute ich auf meiner Lippe herum.

Waren es wirklich die paar Sekunden, die den Unterschied gemacht hatten? Immerhin hatten wir die Toilettenspülung schon gehört, als ich den ersten Anlauf nahm. Wenn ich heute Morgen auf meine Frau gehört und andere Schuhe angezogen hätte, würde der Typ jetzt bei uns in der Zelle sitzen?

Später wurde mir klar, dass diese Gedankenspielchen nur hinderlich waren. Es war halt dumm gelaufen und der junge Mann hatte vielleicht nicht zum ersten Mal spontanen Besuch von der Polizei bekommen. Definitiv gehörte er zu der klügeren Sorte, die ihre Drogen in der Nähe des Bades aufbewahrten. Die Zeugenaussage der Krankenschwester war zwar belastend, der letzte Beweis, nämlich die Drogen, fehlte jedoch und jeder halbwegs gute Anwalt könnte sicher erklären, wie die Witterung von Betäubungsmitteln in die Wohnung des Herrn Klein gelangt war. Es gab Einsätze, die waren mir völlig egal, dieser hier wurmte mich.

Wenige Minuten nach mir kam Hendrik zum Wagen zurück und klemmte sich hinters Steuer. Auch er schien reichlich angefressen.

»Man kann nicht immer gewinnen«, sagte er und drehte den Zündschlüssel um. »Den Idioten hätte ich schon gern eingeliefert.«

»Ich auch. Ich melde den Einsatz ab.«

Doch man kam mir zuvor.

»11-82 für Christa!«, knarzte es aus dem Funkgerät.

»Christa für 11-82, kommen.«

»Wie lange braucht ihr noch?«, kam die Frage an uns.

»Sind gerade fertig geworden. Es wird eine Anzeige.«

»Gut, dann geht es auch schon weiter. Hier wurde ein Fall von häuslicher Gewalt in der Eberstraße 14 gemeldet. Macht euch mal auf den Weg. Lautes Geschrei aus der Nachbarwohnung. Weitere Infos folgen.«

Wir hatten also nicht viel Zeit, noch einen weiteren Gedanken an den Typen zu verschwenden, der nächste Einsatz wartete schon. Trotzdem. Manche Niederlagen schmecken bitterer als andere.

\*

Es war ein wunderschöner Sommerabend. Die Ferien hatten begonnen und die Urlaubsstimmung war in der ganzen Innenstadt spürbar. Die Leute flanierten in kurzen Hosen oder Sommerkleidern durch die Fußgängerzone. Alles schien harmonisch und friedlich zu sein. Doch das schöne Wetter hatte für uns auch eine Kehrseite. Zahlreiche Ruhestörungen wurden gemeldet. Ob Geburtstagsparty, Einweihungsfete oder der Spieleabend auf der Dachterrasse – wann immer möglich, werden solche Events im Freien veranstaltet. Gute Stimmung, laute Musik und Gelächter der Feiernden stören natürlich nicht selten die Nachtruhe der anderen. Dann kommen wir ins Spiel.

Ruhestörungen fuhr ich eigentlich gerne. Man lernte dort auch fast immer normale Menschen kennen. Zahlreiche Male wurde ich tatsächlich von den Feiernden herzlich begrüßt, nicht selten wurde Grillgut angeboten. Das lehnte ich natürlich stets ab. Aber etwas, was ich häufig mitnahm, waren Einrichtungsideen. Mich interessierten vor allem die Wohnzimmereinrichtungen, da meine Frau neue Wohnzimmermöbel haben wollte und wir uns nicht auf den Stil einigen konnten. Viele gute Ideen sammelte ich bei den »Ruhestörern«. Immerhin waren es meist ganz gewöhnliche Leute, die einfach nur feierten. Es gab natürlich auch Ausnahmen. Aber meistens schafften wir es problemlos, die Nachtruhe wiederherzustellen.

Es war ein herrlicher Abend, nur noch eine Stunde Dienst, dann würde ich mich auf den Balkon setzen und mir ein Weißbier gönnen.

»11-22 für Christa.«

Das war es dann wohl mit dem ruhigen Abend.

»Christa für 11-22, wir hören«, entgegnete Hendrik und pustete sich Luft in das Hemd.

»Auf der Randomstraße haben wir eine verletzte Person. So wie wir es verstanden haben, gab es da eine Messerstecherei.«

Das Funkgerät knarzte und ich versuchte, mich daran zu erinnern, wo die Randomstraße war. Damals war es für mich nicht immer einfach, als Fahrer den direkten Weg zu finden. Natürlich kannte man sein Revier, aber jeden einzelnen Feldweg zu kennen war unmöglich. Es gab noch keine Navigationsgeräte, also musste die gute alte Karte herhalten. Allerdings gewann man auch im Kartenlesen mit der Zeit eine gewisse Routine.

»Es gab dazu eine ganze Menge Anrufe«, ergänzte die Leitstelle. »Wir konnten aber nicht alles verstehen, da wurde im Hintergrund geschrien und geheult, haben deshalb direkt mal Verstärkung mitgeschickt. RTW rollt. Schaut euch das mal an.«

Und das alles kurz vor Feierabend. Das Ärgerliche war, dass Einsätze dieser Kategorie auch mal ein paar Stunden dauern konnten. Und um drei Uhr morgens setze ich mich bestimmt nicht allein auf den Balkon. Tja, das war es wohl mit meinem Feierabendbier.

»Haben verstanden, Christa.« An Hendriks Miene erkannte ich, dass auch er seine Abendplanung innerlich gerade über den Haufen geworfen hatte. »Machen uns sofort auf den Weg, sind in ein paar Minuten da.«

Blaulicht und Martinshorn wurden eingeschaltet, schließlich gab ich Gas. Nachdem ich den Passat durch die aufgeheizte Innenstadt gejagt hatte, erreichten wir als Erste den Einsatzort. Leider war auch der Rettungswagen noch nicht vor Ort.

Was wir in der Randomstraße vorfanden, war ein groteskes Schauspiel menschlicher Emotionen. Vor dem Haus Nummer 21 hatten sich mindestens 40 Menschen versammelt. Einige Frauen weinten. Manche schrien sich die Seele aus dem Leib, Männer gestikulierten in Rage hin und her. Kleine Kinder standen bei den Frauen. Manche hatten sich fest an die Erwachsenen geklammert, andere schienen von diesem Spektakel ebenso beeindruckt zu sein, wie ich es war.

Bereits als ich die Tür des Wagens öffnete, schlug mir ein Wirrwarr aus Sprachen entgegen. Auf der Straße lebten die Kulturen Tür an Tür. Die Menschen brüllten durcheinander, zerrten am Uniformhemd, sodass ich mit Gesten erst einmal verdeutlichen musste, dass ich so etwas für mehr als unangebracht hielt. Es war für uns zunächst unmöglich, brauchbare Informationen zu bekommen. Ich hatte das Gefühl, dass die Passanten hier vor dem

Haus selbst nicht wussten, was eigentlich los war. Ob es der Sprachbarriere geschuldet war? Ab und zu waren deutsche Vokabeln zu hören: Messer, Blut, Doktor und Tod.

Jetzt wusste ich, wie der Kollege auf der Leitstelle sich gefühlt haben musste.

Hendrik hatte sich bereits ans Funkgerät geklemmt und schilderte Christa die Lage hier vor Ort. Anschließend stellte er sich neben mich und versuchte ebenfalls, irgendeine brauchbare Information zu erlangen. Gleichzeitig zupften die kleineren Kinder mit großen Augen und strahlendem Lächeln an uns und waren von den Dienstwaffen ganz fasziniert.

Nun, in diesem Moment von Reizüberflutung zu reden wäre so, als ob man sagen würde, dass der Untergang der Titanic nur ein kleiner maritimer Zwischenfall gewesen sei.

Wir pressten unsere Hände fest auf die Dienstwaffen. Die Kinder sollten diese Geste wohl verstehen und ich rief noch ins Gedränge hinein: »Finger weg!« Ich hatte wirklich keine Lust, mit einer Hundertschaft mitten in der Nacht an jeder Tür des Bezirks zu klingeln, um zu fragen, ob der Sohnemann des Hauses vielleicht ein neues Spielzeug sein Eigen nannte.

So einen Fall hatte es tatsächlich mal in einer der größten deutschen Städte gegeben. Fast schon eine legendäre Geschichte. Während eines Handgemenges hatte sich ein Beamter von einem Kind die Waffe aus dem Holster ziehen lassen und den Verlust bis zum Ende seiner Schicht nicht bemerkt. Nach Schichtende wollte er die Waffe ins Waffenfach schließen, griff aber ins Leere. Natürlich war das Geschrei groß, alle verfügbaren Polizeieinheiten wurden zusammengezogen und gemeinsam wurden seine letzten Einsatzorte systematisch abgesucht. Die Waffe wurde nicht gefunden.

Ein paar Tage später kam angeblich ein Jugendlicher in die Wache und fragte, ob er auch so eine tolle Attrappe kaufen könnte. Die verdutzten Polizisten erklärten ihm, dass eine Wache kein Kiosk sei, hakten aber trotzdem nach. Der Nachbarsjunge hätte eine ganz tolle Attrappe von der Polizei bekommen und prahlte nun damit herum. Natürlich wollte der Halbstarke auf der Polizeistation auch so ein Ding erwerben, um Eindruck zu schinden. Bei den Beamten schrillte mittlerweile der Alarm in hellen Tönen. Schnell war Verstärkung gerufen und gemeinsam mit drei anderen Wagen ließen sie sich von dem Jugendlichen zu einem Spielplatz führen, wo der Junge mit der Waffe angeben sollte. Als die Polizisten das Gelände erreicht hatten, spielten die Kinder gerade Räuber und Gendarm. Alle hatten einen Stock in der Hand und ahmten Schussgeräusche mit dem Mund nach, nur ein Junge, er mag vielleicht elf Jahre alt gewesen sein, hatte eine gut gepflegte P6 aus dem Hause SIG Sauer in der Hand. Die Kollegen trauten ihren Augen kaum. Sie nahmen dem Kind die Pistole ab und zählten die Patronen im Magazin nach. Zur ihrer Erleichterung waren noch alle vollzählig. Die P6 ist nämlich nach dem Laden direkt schussbereit und besitzt lediglich einen innenliegenden Sicherungshebel. Gott sei Dank war die Pistole unterladen. Hätte der Junge einmal am Schlitten gezogen und die P6 somit durchgeladen ... das Unglück kann man sich vorstellen.

Was übrigens mit dem Kollegen geschehen ist, kann ich nicht sagen, da geht die Legendenbildung zu weit auseinander. Für eine Beförderung wird es aber nicht gerade gereicht haben. So etwas sollte mir auf keinen Fall passieren.

Unter Einsatz unserer Hände und Füße versuchten wir zu erfahren, ob jemand verletzt worden war und wenn ja, wo sich der Verletzte aufhielt. Von mehreren Frauen wurden wir daraufhin in den Hausflur gezogen. Hendrik und ich mussten die Leute aus dem Weg drücken, dann sahen wir jemanden am Boden liegen. Ein junger Mann hielt sich den Bauch. Um ihn herum knieten vier Frauen, die weinend seinen Kopf hielten und mit nassen Tüchern über seine Stirn strichen, offensichtlich um ihn zu kühlen. Auch hier mussten wir die Damen beinahe aus dem Weg schubsen, um an ihn heranzukommen. Auf seinem Shirt waren etliche Blutflecken zu sehen. Der Mann stammelte etwas, was wir nicht verstehen konnten, sein Blick war glasig und er atmete in Stößen. In diesem Moment dachte ich, dass ich heute meinen ersten sterbenden Menschen im Arm halten würde.

Als wir sein Shirt hochzogen, kam ich jedoch aus dem Staunen nicht mehr raus. Er hatte zwei oberflächliche Schnittverletzungen auf der Brust, die kaum noch bluteten. Um ganz ehrlich zu sein, hatte ich mich schon heftiger bei der Gartenarbeit geschnitten. Okay, natürlich nicht auf der Brust. Vielleicht war es mehr der Schock aufgrund der Schnittverletzung, als die tatsächliche Wunde, die ihm das Trübe in die Augen trieb.

Hendrik und ich untersuchten den Mann notdürftig.

»Also so schlimm sieht das gar nicht aus. Ist das tatsächlich die einzige Verletzung?«, sagte ich leise zu meinem Kollegen.

Er nickte, hielt weiterhin ein Tuch auf die Verletzung. »Da hätte auch ein Taxi zum Krankenhaus genügt. Vielleicht sogar ein Verband und eine Tetanusauffrischung.«

Die Frauen schrien weiterhin Unverständliches und deuteten dabei auf eine Wohnungstür etwas weiter die Treppe hoch.

»Bleibst du hier und wartest auf den RTW? Ich gucke mal, was die von mir wollen.«

»Mach das und sei vorsichtig.«

Wer Täter und wer Opfer war, würde in diesem Fall nicht einfach zu bestimmen sein. Es bedurfte gewiss mehrerer Zeugenbefragungen, um den Sachverhalt zu erfassen. Die Verstärkung war ja bereits unterwegs. Jetzt war ich allerdings erst einmal allein und versuchte, etwas Licht ins Dunkel zu bringen.

Mit reichlich Sicherheitsabstand warteten die Frauen mit den Kindern an der Hand am oberen Ende der Treppe, während ich an die Tür der beschriebenen Wohnung klopfte. Sie war nur angelehnt.

»Polizei. Kommen Sie bitte raus«, rief ich und hoffte, dass die Bewohner wenigstens das erste Wort verstanden hatten. Keine Reaktion. Mit zwei Fingern stieß ich gegen die Tür. Sie ging nach innen auf.

»Hier ist die Polizei! Kommen Sie bitte raus.«
Wieder kein Mucks.

Was hatte ich auch erwartet? Dass ein Messerstecher mir entgegenkam, die Tatwaffe überreichte und den ganzen Vorfall in wenigen Worten erklärte? Das wäre zu einfach.

Da viele Leute ziemlich nervös werden, wenn man mit gezogener Waffe ihre Wohnung betritt, ließ ich die Hand an der P6 und machte die ersten Schritte hinein.

»Ich komme jetzt herein, geben Sie sich zu erkennen!«

Diese Altbauwohnung hatte keinen Flur, ich stand also direkt im Wohnzimmer. Irgendjemand hatte die Jalousien heruntergezogen, das Abendlicht fiel nur spärlich in den Raum. Es duftete nach frischem Gebäck und Tee, eigentlich ganz heimelig. Und doch wurde ich das Gefühl nicht los, dass jetzt der richtige Zeitpunkt wäre, wieder zu Hendrik zu gehen. Ich sollte besser auch beim Opfer warten, bis die Rettungssanitäter eintrafen, um anschließend mit ihm gemeinsam die Räumlichkeiten zu durchsuchen. Andererseits, was, wenn der Täter selbst verletzt war?

Noch einmal gab ich mich zu erkennen und machte weitere Schritte. Als ich gerade vor dem Schlafzimmer stand, hörte ich ein Rascheln, das mir den Schreck in die Glieder jagte. Mein Kopf fuhr herum.

Neben der Wohnungstür wurde ein kleiner Vorhang zur Seite geschoben. Eigentlich dachte ich, dass dort nur ein Regal Platz hätte, aber aus dieser kleinen Nische trat ein Mann heraus. Er hatte sich dort versteckt. Auch sein Blick war trüb, seine Unterlippe zitterte. Offensichtlich verschreckt über seine eigene Tat, fuchtelte er mit einem langen Küchenmesser in meine Richtung und gab der Wohnungstür einen Stoß. Sie schloss zwar nicht, dennoch drangen die Geräusche vom Hausflur nun nur noch gedämpft an meine Ohren. Der Mann redete auf mich ein, es schien, als stünde auch er unter Schock. Ich konnte nicht eine einzige Silbe von diesem Wortschwall verstehen.

»Legen Sie das Messer weg und zwar ganz ruhig«, brüllte ich und machte mit der flachen Hand beruhigende Gesten.

Der Mann redete einfach weiter, als wäre ich gar nicht da.

»Das Messer weg, habe ich gesagt!«

Er nahm mich nicht wahr, schwang weiterhin das Messer, als wäre es sein Dirigentenstab. Im nächsten Augenblick sah er mir fordernd in die Augen.

Was will der?, dachte ich. Will der Typ festgenommen werden? Hatte er vielleicht psychische Probleme? Oder war es wirklich nur ein Streit unter Freunden, der eskaliert war?

»Das Messer weg, verdammt!«

Doch anstatt einzulenken, kam er auf mich zu. Ganz langsam, Schritt für Schritt. Ich deutete es zunächst nicht direkt als Angriff, aber seine Stimmfarbe wurde um einige Nuancen höher. Fluchte der etwa? Was wollte der Mann?

Ich zog meine Waffe und richtete sie auf seine Beine.

»Bleiben Sie sofort stehen oder ich schieße!«

»Schieß ... Messer ... Blut«, stammelte der Mann.

»Stehen bleiben oder ich schieße!«, schrie ich weiter.

»Messer ... Blut«, antwortete der Mann, schüttelte mit dem Kopf und kam noch einen Schritt näher.

Was für eine tolle Konversation. Das hätte wahrscheinlich den ganzen Abend so weitergehen können, wenn er nicht mittlerweile bedrohlich nahe vor mir gestanden hätte und mir gehörig der Stift ging.

Staubflocken tanzten in den letzten einfallenden Lichtstrahlen des endenden Tages. Der Lauf meiner Waffe zitterte und in mir rasten die Gedanken. Mir gingen die Optionen aus. Noch ein paar Sekunden, dann würde vielleicht ein Messer in meinem Bauch stecken und diese Verletzung wäre bestimmt nicht so glimpflich wie die Kratzer des ersten Opfers.

In meinem Kopf blitzten zahlreiche Gedanken auf, die im gleichen Moment wieder verschwanden. Hinter der Wand befanden sich unschuldige Frauen und Kinder, das wusste ich. Sollte der Schuss durch die Wand gehen, dann hätte die BILD-Zeitung morgen eine Schlagzeile mehr. Wenn ich beim ersten Schuss direkt das Bein oder die Schulter des Mannes treffen würde, könnte die Kugel trotzdem noch durch die dünne Wand schlagen. Andererseits befand ich mich in einem Altbau, waren die Wände hier nicht grundsätzlich etwas dicker?

Zu dieser Zeit trugen wir beim Einsatz noch keine Schutzweste, ich stand dem Typen also im olivgrünen Sommerhemdchen gegenüber. Sollte ich versuchen, den Mann einfach zu überwältigen? Ganz blöde Idee. Er hatte ein Messer und meine Fähigkeiten im Nahkampf waren doch recht limitiert. Klar, in den Filmen teilt der Held kurz aus, macht einen Roundhouse-Kick und schon liegen fünf schwerbewaffnete Gegner am Boden. Aber vor mir stand ein nervöser Tatverdächtiger mit einer 30-Zentimeter-Klinge und in dieser Situation verlor der Heldenepos der Kinofilme ganz schnell an Bedeutung. Pfefferspray wäre an dieser Stelle die ideale Lösung gewesen, nur leider schrieben wir das Jahr 1993 und Pfefferspray gehörte noch nicht zur Mannausstattung.

Vor einer Stunde war ich gedanklich schon auf meinem Balkon gewesen, jetzt musste ich Entscheidungen über Leben und Tod treffen.

»Bleiben Sie stehen«, schrie ich erneut. Ein letzter Versuch.

Er kam weiter auf mich zu.

»Legen Sie das Messer auf den Boden.«

Der Lauf meiner Waffe war auf seine Schulter gerichtet. Die Sätze meiner Ausbilder fanden tatsächlich wieder den Weg in meinen Verstand. Einen Fuß nach vorn, sicheren Stand schaffen, tief durchatmen, konzentrieren. Mein Finger war am Abzug.

»Was zum …«

Hendrik reagierte blitzschnell. Noch bevor der Tatverdächtige sich drehen konnte, trat mein Kollege mit voller Wucht gegen den Unterarm des Mannes. Das Messer flog erst an die Decke, schließlich hinter das Sofa. Hendrik legte sein gesamtes Gewicht in den Sprung und begrub den Mann unsanft unter sich am Boden.

Es fühlte sich an, als würden Tonnen von mir abfallen. Endlich konnte ich meine Dienstwaffe wieder in das Holster stecken. Das Blut pumpte wie verrückt in meinen Adern, während ich auf den Mann zustürzte, mein Knie in seinen Rücken bohrte und wir die Handschellen anlegen konnten.

»Hast du nichts gehört?«, war das Erste, was ich von Hendrik wissen wollte. »Ich hab mir hier die Kehle aus dem Leib geschrien.«

»Weißt du, was da draußen für ein Lärm ist? Die Sanis kamen kaum durch und jeder schreit durcheinander, obwohl der Mann nur einen Kratzer hat.«

Gemeinsam hievten wir den Tatverdächtigen auf die Beine. Jetzt konnte ich endlich durchatmen. »Egal, war perfektes Timing. Die Rechte kriegt er auf dem Revier. Der versteht uns hier sowieso nicht.«

Auch Hendrik holte tief Luft. »Besser zu spät als nie. Du weißt, was jetzt kommt?«

Sofort war mir klar, was er meinte. Uns stand noch ein Spießrutenlauf bevor.

»Ist Verstärkung da?«

»Vier Wagen.«

»Gut, dann schnell durch, auf nichts einlassen und den Kunden hier zur Wache bringen.«

Der Lärmpegel nahm kaum aushaltbare Ausmaße an, als wir mit dem Mann durch die Wohnungstür traten. Nur ein paar Tropfen Blut kündeten noch von dem Drama, welches vor nicht allzu langer Zeit hier stattgefunden hatte. Übrig blieben offensichtlich die Familien der beiden, welche sich beschimpften. Die Kollegen versuchten, die Parteien im Zaum zu halten, wählten je nach Lage klare oder besänftigende Worte, doch als die unzähligen Familienmitglieder des Opfers uns erblickten, war es aus mit der Deeskalation. Während wir so schnell wie möglich mit dem Verdächtigen durch den Hausflur gingen, verwandelte sich das Areal in ein Tollhaus. Der junge Mann wurde bespuckt, an uns wurde gezogen und alles in einer Lautstärke, die mir einen gehörigen Tinnitus verpasste. Die Familie des jungen Mannes hielt dem Protest natürlich entgegen. Es kam zum Handgemenge, welches die Kollegen schnell auflösen konnten. Wir hatten währenddessen zumindest Gelegenheit, den Verdächtigen abzuführen.

Endlich hatten wir den Mann auf die Rückbank fixiert und ich konnte Gas geben. Zwar flogen uns noch eine Vielzahl an unverständlichen scharf gesprochenen Worten hinterher, jedoch hatten wir die Meute schnell hinter uns gebracht.

Ich meldete den aktuellen Sachstand bei der Leitstelle. Sie schickte sicherheitshalber noch zwei weitere Wagen zum Tatort. Die Masse beruhigte sich erst, als die Angehörigen erfuhren, dass weder Opfer noch Täter schwer verletzt waren.

Nach dem Einsatz war ich schweißgebadet.

Ein paar Tage später erfuhr ich, warum es zu dem Streit gekommen war. Keine Frauengeschichte, keine verletzte Ehre oder sonstige heroische Gefühle hatten die beiden angetrieben. Nein, es war ein Mixtape, eine einfache Kassette, zusammengestellt vom Messerstecher. Er hatte es seinem Kumpel ausgeliehen, dieser wollte es im heimischen Kassettenrecorder abspielen und hatte einen Bandsalat verursacht. Natürlich war die Kassette hin, worauf der Streit eskalierte. Ich habe keine Ahnung, mit welchen Liedern die Kassette bespielt war, aber sie waren ihm anscheinend so wichtig, dass er in die Wohnung seiner Eltern gelaufen war, ein Messer zur Hand nahm und ihm drohen wollte. Ein Wort ergab das andere, die beiden schaukelten sich hoch und schließlich hob der eine das Messer und zog es seinem Kontrahenten einmal über das Shirt. Geschockt über seine eigene Tat, hatte er sich daraufhin in die Wohnung seiner Eltern geflüchtet. Leider traf er dort auf mich und das hätte ihn beinahe die Kniescheibe gekostet.

Der ganze Stress wegen eines Mixtapes …

Zwei Wochen später fuhren Hendrik und ich unsere übliche Runde.

»Das gibt es doch nicht!« Hendrik war am Steuer und lenkte den Wagen etwas näher an zwei Jungs heran, die auf einer Parkbank saßen und Zigaretten rauchten.

Erst konnte ich nicht erkennen, was er meinte, doch als wir nur noch 20 Meter entfernt waren, traute auch ich meinen Augen nicht. Die beiden Streithähne saßen in trauter Zweisamkeit auf einer Bank vor einer Spielothek, ihr Kopf wippte im gleichmäßigen Takt, während der eine einen Walkman in den Händen hielt und sie sich die Kopfhörer teilten.

»Die wollen uns doch verarschen«, schoss es Hendrik über die Lippen, als er den Motor ausstellte.

»Manchmal habe ich auch das Gefühl.« Ich zuckte mit den Schultern. »Verdammt, ich hätte den einen fast über den Haufen geschossen und jetzt sitzen die hier, als wäre nichts gewesen.«

Plötzlich erblickten uns die beiden. Ein kurzes Tuscheln untereinander, schließlich schnippten sie ihre Kippen weg und gingen, ohne uns eines weiteren Blickes zu würdigen, in die Spielothek.

Hendrik schnaubte vor Zorn. »Sollen wir die deswegen anhalten?«

»Wegen der Zigaretten? Eine Ordnungswidrigkeit … nein danke, ich hab genug von den beiden. Lass uns hier abhauen.«

**KAPITEL 6**

# DIE DUNKLE SEITE

»Hier ist ja mal gar nichts los.« Hendrik ließ eine Hand in die Hosentasche gleiten und fummelte mit der anderen an seinem Hawaiihemd herum. »Vielleicht haben die Junkies einen neuen Treffpunkt?«

»Eigentlich nicht. Zumindest keinen, von dem wir wüssten«, antwortete ich und gähnte.

Der Wach- und Wechseldienst ist anstrengend und nicht jeder kam damit klar.

Wir hatten die ganze Woche in der nächtlichen Dunkelheit gearbeitet. Die Nachtdienstwoche endete dann mit dem Dienst ab Sonntagabend. Feierabend war dann am Montagmorgen gegen 6:30 Uhr. Einige von uns hatten an dem gleichen Montag aber wieder Spätdienst, das heißt, am Mittag ging es wieder frisch ans Werk. Uniform anziehen und weiter. Diese konkrete Schichtfolge nennen wir den »kurzen Wechsel«. Nicht gerade heiß begehrt, aber Realität.

Ich redete mir ein, dass ich den kurzen Wechsel problemlos wegstecken könne, nur an manchen Tagen bewies der Blick in den Spiegel das Gegenteil. Augenringe so groß wie Wagenräder zierten mein Gesicht. Die letzten Wochen waren hart gewesen, Sondereinsätze mit vielen Nachtschichten hatten den Schichtplan unterbrochen. Natürlich fiel dabei die ein oder andere Überstunde an. Häufig kamen Festnahmen erst kurz vor Dienstende rein. Auch das gehört zum Polizeiberuf dazu. Man kann im Einsatz nicht einfach den Stift fallen lassen und den Rest auf morgen verschieben.

Gemeinsam trabten Hendrik und ich weiter über den Platz hinter dem Hauptbahnhof und hielten die Augen offen. Dieser Treffpunkt der Drogenszene wurde vom Klientel als die »Platte« bezeichnet und die Polizei hatte den Begriff übernommen. Hendrik und ich waren erneut in »Z« unterwegs und hofften, zumindest ein paar Kleindealer zu erwischen. Leider war hier nicht viel los. Unsere Erfolgsaussichten schwanden von Minute zu Minute. Wer konnte es den Kunden schon übel nehmen. Bei diesem wunderschönen Spätsommerwetter säße ich auch viel lieber in der Eisdiele oder im Biergarten. Ich begann mich zu fragen, ob es bei Heroindealern auch »schlechte Monate« gab, Monate, in denen der Absatz nachließ, ein »Drogensommerloch«, in dem tendenziell weniger konsumiert wurde.

»Hey Jungs, alles gut bei euch?«

Hendrik und ich drehten uns gleichzeitig um.

Neben uns stand ein junger, drahtiger Mann mit wachem Blick. Er wirkte entspannt, ausgeruht und definitiv fitter, als wir beiden Nachtschicht-Geschädigten.

»Ja, danke. Und selbst?« Keine Ahnung warum, aber das war das Erste, was mir einfiel.

»Fein, fein. Seid ihr beiden auf der Suche nach etwas?«

Wäre die Situation ein Comic gewesen, so würden genau an dieser Stelle jetzt etliche Fragezeichen über meinem Kopf aufleuchten. Das Schwulenmilieu lag doch in einem ganz anderen Stadtteil, wenn man den Kollegen von der Sitte glauben konnte.

»Ja, sind wir.« Meine Antwort kam blitzschnell über meine Lippen. Vielleicht sprang hier tatsächlich eine Festnahme wegen Prostitution heraus. Andererseits war der Junge nicht gerade der Stricher-Typ.

»Kannst du uns da weiterhelfen?«, ergänzte Hendrik und lächelte.

Mehrmals blickte der Mann sich um und zog seine Kappe tief ins Gesicht. »Was sucht ihr denn genau?«

Hendrik lächelte mich an und rieb sich kurz die Nase, das weltweit universelle Zeichen für Koks.

»Hab ich nicht«, schoss es aus dem Mann hervor. »Wie wäre es mit Schore?«

Das konnte doch nicht wahr sein! Hier auf der dünn besiedelten Platte sprach der Mann ausgerechnet die einzigen beiden Polizisten an, die heute in Zivil unterwegs waren. Er hätte auch direkt in die Wache kommen können, das wäre einfacher für uns alle gewesen. Was mir allerdings ein wenig zu denken gab: Sahen wir gerade wirklich wie Junkies aus?

Unmerklich sah ich an mir herunter. Klar, dass ich heute nicht meinen wachsten Tag hatte, aber die Jeans war gerade neu und immerhin war das blaue mein Lieblingshemd. Ich machte mir eine Gedankennotiz, es zu entsorgen.

»›Schore‹ klingt gut, nehmen wir auch«, sagte ich und hatte Mühe, dabei ernst und glaubhaft zu wirken. Stoff, Braunes, Brown Sugar, Dope, das Zeug hatte viele Namen. »Schore« galt gerade wohl als angesagt. Einbrecher nannten ihre Beute umgangssprachlich ebenfalls so. Ich musste mir auf die Lippen beißen, dabei spürte ich, wie mein Zwerchfell sich schon gefährlich zusammenzog. Hoffentlich war der Deal gleich beendet, mir schossen jetzt schon die Tränen in die Augen.

Auch Hendrik hatte mit sich zu kämpfen. Er trieb es jetzt auf die Spitze. »Wir wollen gleich noch eine Fete schmeißen, haben ein paar Kumpels da. Wie viel hast du denn?«

Wieder blickte der Mann sich um. Bestimmt hielt er nach der Polizei Ausschau. Tja, manchmal ist die Gefahr näher, als man denkt.

»Kohle«, wisperte er und nickte mehrmals hintereinander in unsere Richtung.

In meinem Leben hatte ich noch nie Drogen gekauft und auch während der Ausbildung wurde so etwas nicht wirklich vermittelt.

*Der Mann sprach ausgerechnet die einzigen beiden Polizisten an, die heute in Zivil unterwegs waren.*

Wir wissen, wie das Zeug aussieht, es genannt wird, wie man es herstellt, wo es versteckt wird und wie man es konsumieren kann. Aber wie man finanzielle Verhandlungen mit Dealern führte – keine Ahnung. Vielleicht ist es ja mittlerweile in den Lehrplan mit aufgenommen worden, aber an diesem Sommerabend verstanden Hendrik und ich nur Bahnhof und unser tüchtiger Geschäftspartner wurde nervös.

»Mann, ich will sehen, wie viel Kohle ihr dabeihabt, damit ich nicht umsonst renne.«

Ein weiteres Problem. Als ich heute in die Wache kam, hatte ich nicht damit gerechnet, Drogendeals im großen Stil beizuwohnen. Also holte ich meine private Geldbörse heraus und begann zu zählen.

»20 Mark, hier habe ich noch einen Heiermann, also 25 ...« So ein Mist, ich hätte den anderen Zehner nicht eben in der Pommesbude anbrechen sollen. »26 Mark, 26 Mark und 75 Pfennig.«

Der Typ starrte mich so ungläubig an, als würde ich vor seinen Augen kleinen Kätzchen den Kopf umdrehen und versuchen, mit ihnen zu bezahlen. »Sag mal, willst du mich verarschen? Du zählst deine Pfennige?«

Zugegeben, kein guter Gedanke.

»Warte, mein Kolle... Kumpel macht nur Spaß«, schoss es aus Hendrik heraus.

Oh, das wäre beinah schiefgegangen. Fehlte nur noch, dass er mich mit »Polizeimeister« ansprach. Innerlich atmete ich erleichtert auf, als Hendrik aus seiner Börse zwei braune Scheine zog.

Vielleicht einen Tick zu auffällig wedelte er damit vor dem Gesicht des Mannes herum. Zugegeben, unsere Junkie-Vorstellung war alles andere als bühnenreif, aber es schien doch zu funktionieren.

»Hier, siehst du, wir haben Kohle. Insgesamt 120 Mark.«

Zufrieden lehnte sich der Mann zurück und ich sah die bloße Gier in seinen Augen aufflackern. Ein Schuss kostete circa 20 Mark. Mit den 120 auf einmal konnte er zufrieden sein.

»Gut, für das ganze Geld?«

»Ja klar«, entfuhr es mir und erneut musste ich mich zusammenreißen.

»Dann wartet hier.«

Wir taten genau das, warten. Währenddessen wandte ich mich verwundert meinem Kollegen zu. »Warum hast du denn so viel Geld dabei?«

Hendrik musste lächeln. »Ich wollte mir morgen vielleicht eine neue Stereoanlage kaufen und hab eben schon das Geld abgeholt.« Er konnte sich fast nicht mehr halten. »Wenn ich gewusst hätte, dass uns Drogen angeboten würden, hätte ich mehr abgehoben.«

Wir hatten beide keine Chance. Wir lachten los, es ging nicht anders, warum auch nicht. Wir beide waren mittlerweile rot angelaufen und prusteten.

»Achtung, da kommt er«, flüsterte ich Hendrik zu. Irgendwie schafften wir es wieder, das Lachen einzustellen.

»Was ist denn mit euch beiden los? Ihr seht nicht gesund aus.«

Oh Gott, ein Dealer, der uns gerade Gift verkaufte, machte sich Sorgen um unsere Gesundheit. Unfassbar!

»Nichts ist los, wir haben nur lange kein Zeug mehr gehabt«, warf Hendrik ein.

»Ihr seid schon zwei komische Vögel.«

Ich zog die Nase hoch. »Schore ist nicht das Einzige, was wir uns reinziehen.«

»Ihr kriegt aber jetzt was, Freunde, das haut euch aus den Socken.«

Gerade, als der junge Mann in die Hosentasche greifen wollte, gesellte sich ein anderer hinzu. Er schien unseren Geschäftspartner gut zu kennen. Schlagartig war mein Lachkrampf verflogen. Der Neuankömmling hielt zunächst Abstand und musterte uns argwöhnisch, dann steckte er sich eine Kippe an und beugte sich zu unserem Dealer rüber.

»Rieke, warum quatschst du denn mit den Bullen?«

Mit weit aufgerissenen Augen starrte er uns an. Mist, der Typ kannte uns. Vielleicht hatte er uns schon einmal hier gesehen, vielleicht sogar in Uniform. Die Kennzeichen der zivilen Fahrzeuge waren austauschbar, wir natürlich nicht.

Man kannte sich in der Szene.

In den nächsten zehn Sekunden schien die Welt wie in Zeitlupe an mir vorbeizugleiten, dann ging alles ganz schnell. Rieke stieß mich zur Seite und spurtete über den Platz. Nach einer Schrecksekunde hetzten wir hinterher. Er hatte zunächst nur wenige Meter Vorsprung, doch mit seinen langen Beinen konnte er diesen schnell ausbauen, sprang über eine Absperrung, flitzte um die nächste Ecke und das in einem Tempo, welches mich an den Road Runner erinnerte. Angst verleiht den Menschen Flügel.

Wir kamen nur schwerlich hinterher, hatten aber ständig Blickkontakt. Hätte er in dem Tempo weitergemacht, vielleicht wäre er uns sogar entwischt, doch er machte einen Fehler.

Als er gerade um die Ecke war, schwang er sich auf sein Fahrrad. Plötzlich schrie er laut auf, genau in dem Moment, als sein Allerwertester auf dem Fahrradsitz landete. Panisch trat er in die Pedale, doch irgendwie kam er ins Schlingern. Er hielt kurz an, musste sich dabei mit den Füßen abstützen und das Ganze dauerte einfach zu lange.

Hendrik und ich kamen gleichzeitig an ihn heran. Gemeinsam zogen wir den Mann vom Fahrrad und fixierten ihn am Boden. Der Drahtesel landete im Gebüsch und wir legten ihm die Acht an. Noch immer wimmerte der Mann vor Schmerzen und verkniff das Gesicht zu einer Maske aus Pein und Wut.

»Was ist denn mit dir los?«, zischte Hendrik noch völlig außer Atem. »Hast du dir wehgetan?«

»Halt die Fresse, Scheiß-Bulle!«

Okay, die Vorstellungsrunde konnten wir uns ersparen. Er wusste, mit wem er es zu tun hatte. Rieke ließ sich ohne Widerstand festnehmen. Über Funk teilten wir der Leitstelle unseren Erfolg mit. Mittels des Handsprechfunkgerätes FuG 10a übermittelten wir die Einsatzdaten, Ort, Zeit und Delikt. Der Kollege auf der Leitstelle fragte ungläubig nach: »Euch hat ein Dealer angesprochen? Er wollte euch beiden Drogen verkaufen?«

Jetzt kehrte das Grinsen auf unsere Gesichter zurück. Rieke bekam zwar die ganze Kommunikation mit, aber das war uns egal. Wir brachten ihn zum Z-Wagen und stellten ihn zunächst an die Beifahrerseite.

»Ja, Christa. Wir wurden wirklich angesprochen. Der wollte uns *Schore* verkaufen. Leider wurden wir erkannt. Nach kurzer Flucht konnten wir den Beschuldigten festnehmen. Fahren jetzt zur Wache.«

Im Funk hörten wir, wie die Kollegen auf der Leitstelle in schallendes Gelächter ausbrachen.

»Okay, 11-82, fahrt erst mal rein. Ich brauche gleich den Bericht per Fax.«

»Christa für 11-82, verstanden«, schloss ich das Gespräch für den Augenblick.

Rieke sagte kein Wort mehr, verzog die Lippen zu einem dünnen Strich und hätte sich wahrscheinlich für seine Heldentat am liebsten selbst gegeißelt. Ich belehrte ihn über seine Rechte im Strafverfahren, doch Rieke schien das gar nicht richtig wahrzunehmen.

Bevor er im Fahrzeug Platz nehmen sollte, musste er nach gefährlichen Gegenständen und Identitätspapieren durchsucht werden. Eigensicherung ist bei der Polizei das oberste Gebot. Bereitwillig ließ Rieke die Prozedur über sich ergehen. Hendrik übernahm die Personendurchsuchung. Dabei fand er eine ziemlich prall gefüllte Geldbörse und vier Bubbles in der Jackeninnentasche. In der Geldbörse befanden sich auffallend viele 10- und 20-Markscheine. Während Hendrik den Dealer unseres Vertrauens nach hinten verfrachtete, funkte ich erneut die Leitstelle an.

»Christa 09 ADV und EMA für 11-82.«

*ADV* ist ein Allgemeiner Datenabgleich mit den polizeilichen Daten- und Fahndungssystemen. Hier wird abgeklärt, inwieweit der Betroffene polizeilich bekannt ist und ob er gesucht wird. Als *EMA* wird eine Einwohnermeldeamtsanfrage bezeichnet. Wir wollten wissen, mit wem wir es tatsächlich zu tun haben. Insbesondere, ob die auf dem Ausweis angegebene Anschrift noch aktuell ist. Es kommt durchaus vor, dass Personen von Amtswegen abgemeldet werden und dann faktisch »ohne festen Wohnsitz« sind. Ich gab der Leitstelle die Daten des Personalausweises weiter.

Kurz darauf erhielt ich folgende Informationen: »Der ist hier bekannt.«

»Wie bekannt?«

»Person Leidner, Rieke, geboren 15-04-69«, knarzte es aus dem Funkgerät, »… bekannt wegen BTM-Konsums.«

»Wer hätte das gedacht. Ein Betäubungsmittelkonsument, mal was ganz anderes«, erwiderte ich lächelnd. »Gut, wir nehmen den Kunden in Gewahrsam.«

Rieke Leidner saß nun auf dem Rücksitz der Beifahrerseite. Hendrik hatte ihn dort angeschnallt. Ich setzte mich neben ihn und Hendrik startete den Motor.

»Sie sind vorläufig festgenommen, weil Sie freundlicherweise Polizisten Drogen angebo…«

Die letzten Worte konnte ich nicht mehr aussprechen. Hendrik und ich schüttelten uns vor Lachen. Der Mann schwieg weiterhin und war mit seinen Gedanken ganz woanders. Hendrik fuhr los. In der ersten Kurve verzog Rieke schmerzverzerrt das Gesicht. In mir reifte ein Verdacht.

»Da stimmt doch was nicht. Der transportiert noch mehr und zwar woanders, was sagst du?«, fragte ich Hendrik.

Ein kurzer Blick in den Rückspiegel, dann nickte er mir zu. »Aber nicht nur eine Einheit, ich denke mal ein ganzes Paket. Deine Festnahme, du bist dran.«

»Hast du den Typen nicht vom Rad gerissen?«

Hendrik sah zu mir rüber. Er hob die Augenbrauen. »Keine Chance, das warst du.«

Das könnte interessant werden.

In der Wache angekommen, führten wir Rieke in den Untersuchungsraum. Dieser befand sich in unmittelbarer Nähe zu den Gewahrsamszellen. Hendrik veranlasste, dass der diensthabende Arzt gerufen wurde. Wir streiften die Latexhandschuhe über, um eine gründliche Personendurchsuchung durchzuführen. Ich leuchtete in Riekes Mund. Vielleicht hat er noch kleine Bubbles in der Mundhöhle versteckt. Das kam schon hin und wieder vor. Ganz gründlich schauten wir auch noch einmal in seiner Bekleidung nach. Wir zogen sämtliche Taschen auf links. »Nichts«, deutete ich zu Hendrik.

»Herr Leidner, ziehen Sie bitte Ihre Bekleidung aus«, wies ich Rieke an.

Widerwillig begann er, sich auszuziehen. Dabei fixierten Hendrik und ich jede Bewegung genau. Er sollte keine Möglichkeit bekommen, irgendetwas vor unseren Augen verschwinden zu lassen. Mal ehrlich, es gibt nicht viele Verstecke am menschlichen Körper, aber alle, die man sich irgendwie vorstellen kann, werden auch genutzt. Mehr will ich dazu gar nicht sagen.

Heftig ist in der Regel der Duft, der entsteht, wenn die Socken gelüftet werden. So war es auch jetzt. Rieke hatte es in den letzten Tagen offensichtlich mit der Körperhygiene nicht so genau genommen.

»Wahnsinn«, würgte Hendrik. »Wann hast du zuletzt Wasser gesehen?«

Rieke antwortete nicht. Stattdessen schien seine Mimik auf Schmerzen zu reagieren.

Die Strümpfe waren unauffällig.

»Und jetzt bitte einmal bücken und die Beine spreizen«, sagte ich zu ihm. Die Taschenlampe hatte ich bereits in der Hand.

Rieke Leidner bückte sich vornüber und spannte dabei die Pobacken so hart an, als wolle er auf diese Weise eine Kokosnuss knacken.

Hendrik hatte die Arme verschränkt und lehnte am Türrahmen.

»Das ist deine Festnahme, Markus«, wiederholte er und lächelte verschlagen.

»Ja, vielen Dank auch.« Ich trat einen Schritt näher an den Probanten. »Nicht so stark verkrampfen und weit nach vorne lehnen. Einfach an etwas Schönes denken.« Noch einmal ließ ich den Latexhandschuh an meiner Hand knallen. »Vielleicht wirst du das im Knast auch machen müssen. Also kannst du gleich mal anfangen zu üben.«

Anscheinend hatte Rieke endlich begriffen, dass er keine Chance mehr hatte. Der Arzt würde sowieso bald eintreffen und ihn dann gründlicher untersuchen. Keine schöne Prozedur. Sollte der Verdacht bestehen, dass Rieke sein Drogendepot im Magen trug, war es durchaus geboten, schnellstmöglich Brechmittel zu verabreichen. Wenn die Verpackungsfolie sich nämlich auflösen sollte, konnte das Rauschgift im Magen eine verheerende Wirkung haben. Rieke könnte dabei zu Tode kommen. Aber so weit waren wir zum Glück noch nicht. Ich hatte tatsächlich den Eindruck, dass der nackte Mann vor mir die gleichen Gedankengänge hatte. Er lehnte sich also brav nach vorne und ließ locker.

Tatsächlich entdeckte ich ein Stück Cellophanfolie, welches dem guten Rieke aus dem Allerwertesten lugte. Jetzt wurde es ein wenig kompliziert. Laut § 81a Strafprozessordnung durfte eine körperliche Untersuchung des Beschuldigten zur Feststellung von Tatsachen angeordnet werden, die für das Verfahren von Bedeutung sind, allerdings nur von offensichtlichen und frei zugänglichen Körperöffnungen. Die Polizei darf also in den Mund leuchten und das herausholen, was sie findet, allerdings nur bis zum Rachen. Darüber hinausgehende Untersuchungen waren Sache eines Arztes.

Mein Glück oder Unglück war, dass ich diesen Fetzen Plastik mit der Hand greifen konnte.

»Und jetzt entspann dich mal, das wird vielleicht etwas unangenehm, vielleicht auch nicht.« Ich konnte ein Grinsen nur schwer unterdrücken.

Der Dealer biss die Zähne zusammen und ohne viel Gegenwehr landete ein größerer Plastikbeutel auf dem Boden. Natürlich mit dem dazugehörigen Geräusch und dem entsprechenden Geruch.

»Na, das ist ja mal ein schönes Paket«, sagte Hendrik und hielt sich die Nase zu.

Auch mein Magen drehte sich um. Die Folie war mit Gleitgel bearbeitet worden, sodass der Mann sich diese am Anfang des Tages in den Hintern hatte schieben können. Jetzt lag dieser Klumpen aus Gleitgel, angerissener Folie, Heroin und Ausscheidungen vor mir und alles, was ich zustande brachte, war ein: »Puuuhhhh!«

»Wie schafft man so etwas?«

Bei genauerer Betrachtung stellten wir fest, dass die ersten beiden Schichten der Folie bereits gerissen waren. Ich hatte keine Ahnung, wie Heroin, Rattengift und Waschpulver im Enddarm zusammen reagieren würden, konnte mir aber durchaus vorstellen, dass diese Mischung nicht unbedingt beruhigend auf die Schleimhäute wirkte.

Zwölf weitere Bubbles kamen so zum Vorschein. Zusammen mit den vier, die er uns angeboten hatte, kamen wir so auf einen Gesamtwert von ungefähr 400 Mark.

Rieke gestand später, dass dies seine übliche Vorgehensweise war. Morgens machte er sich sein Paket fertig, benutzte normalerweise kleinere Portionen, schmierte sie mit Gleitgel ein und je nach Kundenbedarf verschwand er kurz auf einer öffentlichen Toilette. Dort presste er die erforderliche Menge heraus und verkaufte sie den Kunden. Allein das Portionieren empfand ich dabei als Meisterleistung der Selbstbeherrschung. Und dann noch den ganzen Tag mit den Drogen im Körper herumzurennen, was die Leute alles machten.

»Das tut gut«, stöhnte Rieke schließlich, als er sich die Hose wieder anzog und der Arzt den Raum betrat. Während Herrn Leidner Blut abgenommen wurde, hing er mit seligem Blick auf dem Stuhl und ein Lächeln umspielte seine Lippen. Er schien fast erleichtert.

Hendrik war wieder kurz davor, laut loszulachen. »Befreiend, oder?«

Ich musste in dieser Situation an einen Spruch vom Kollegen Mattus denken. Er sagte bei einer meiner ersten Streifen zu mir: »Ja, Brauner, du wirst es erleben. Der liebe Gott hat einen bunten Garten.« Ich verstand von Tag zu Tag mehr, was er damit meinte. Heute war ich wieder um eine Erfahrung reicher geworden. Ich tat sie in die Gedankenkiste in meinem Kopf mit der Aufschrift: »Bloß nicht zu Hause öffnen.«

Es sollten noch viele Erlebnisse mehr hinzukommen.

**KAPITEL 7**

# GURKE MIT BEILAGE

Es war ein kalter Frühlingstag im Jahr 1994, als ich in Geilenkirchen durch die Pforte der Selfkant-Kaserne der Bundeswehr ging. Vor mir lag der Auswahltest zum gehobenen Polizeivollzugsdienst, zum Kommissar.

Alle Kommissarsbewerber waren bereits ausgelernte Polizeibeamte mit reichlich Diensterfahrung. Jeder hatte eine Menge Einsätze auf dem Buckel und jeder hier wollte den ersten silbernen Stern auf der Schulter tragen.

Das Auswahlverfahren war gegliedert in zwei Wochen Lernen und zwei Wochen Klausuren. Strafrecht, Polizeirecht, Einsatzlehre, Staatsrecht, ich fühlte mich wieder in die Zeit auf der Polizeischule zurückversetzt.

Nach den Prüfungen wurden die Noten der Einzelfächer aufaddiert und zu einer Rangliste zusammengefasst. Danach wurden die freien Kommissarsstellen bekannt gegeben und die Bewerber mit den besten Noten genommen.

Ich gehörte tatsächlich zu ihnen und durfte von nun an in Duisburg an der Fachhochschule für öffentliche Verwaltung »studieren«.

Bereits bei der ersten Vorlesung machte der Dozent seinen Standpunkt klar, indem er sagte, dass einige Mitbürger den Respekt vor der Polizei verloren hätten. Es wäre auch an uns, dies zu ändern, indem rechtmäßige Maßnahmen der Polizei konsequent und nachhaltig umgesetzt werden würden. Ganz klar, der Mann war von der ganz alten Schule. Aber seine Worte hatten damals schon und auch heute noch eine besondere Bedeutung für mich.

Die Ausbildung zum Kommissar würde nach drei Jahren mit dem bestandenen Diplom enden. Offiziell wurde einem dann der Titel »Diplom Verwaltungswirt« verliehen. »Kommissar« hörte sich aber für mich viel besser an. Nicht nur für mich. Zwei mir gut bekannte Gesichter hatten ebenfalls die Idee mit dem Laufbahnaufstieg.

»Das ist ein Witz!« Während ich im Vorlesungssaal meine Unterlagen sortierte, traf mich plötzlich eine Pranke auf der Schulter.

»Michael? Richard? Was macht ihr denn hier?«

»Wie, ist das hier nicht der örtliche Puff?«

Es dauerte genau zwei Sekunden, da war alles wieder wie früher auf der Polizeischule. Nach Münster hatten wir uns noch zweimal gesehen, schließlich aber aus den Augen verloren und jetzt setzten sich die beiden neben mich, als wäre nichts passiert. Beide hatten sich kaum verändert, aber es gab eine Menge zu erzählen.

Deshalb bekamen wir von der Einführungsveranstaltung kaum etwas mit. Zu viele Geschichten mussten ausgetauscht werden und anscheinend hatte Richard sein Witz-Repertoire noch gehörig erweitert. Michael indes war immer noch derselbe, nur war er meiner Meinung nach noch kräftiger geworden. Keine Ahnung, ob er als Kind in einen Zaubertrank gefallen war oder in seiner Freizeit Doppel-T-Träger verbog, auf jeden Fall glich sein Arm meinem Oberschenkel. Er riss schweinische Witze und der Dozent ermahnte uns nicht nur einmal.

Auch auf der Fachhochschule hieß es wieder lernen. Teile des Unterrichts waren dabei so staubtrocken, dass mich nicht einmal Michaels Witze aufmuntern konnten, bei anderen Themen allerdings hingen wir an den Lippen der Dozenten.

Während einige meiner Kollegen nach dem Studium wieder zurück zur Schutzpolizei gingen, dies waren die Polizeikommissars-

Bewerber (PKB), entschieden wir drei uns für die Kriminalpolizei und wurden während der Ausbildung entsprechend Kriminalkommissars-Bewerber (KKB) genannt. Eine für uns goldrichtige Entscheidung, wie sich herausstellte. Fast alles, was man heute in diversen CSI-Serien sieht, wurde dort vermittelt. Gut, natürlich nicht so reißerisch, futuristisch und schön aufbereitet, aber im Grunde war es dasselbe. Kriminalistik, Kriminologie, Phänomenologie, alles Themen, die wir drei aufsogen wie ein Schwamm das Wasser und von denen ich zugegebenermaßen heute noch fasziniert bin.

Die Kriminalistik ist die Lehre von den Mitteln und Methoden der Bekämpfung einzelner Straftaten und des Verbrechertums. Dabei umfasst sie alle rechtlich zulässigen taktischen und technischen Maßnahmen, Möglichkeiten und Methoden der Verbrechensverhütung und der Strafverfolgung. Das Handwerkszeug sozusagen.

Die Kriminologie ist die Erforschung des Verbrechens in seiner äußeren Erscheinung und seiner inneren Ursachen. Man versucht, mit wissenschaftlichen Methoden die unterschiedlichen Erscheinungsformen von Straftaten zu analysieren und die persönlichen und gesellschaftlichen Ursachen kriminellen Verhaltens zu ermitteln. Es ist der Versuch, das Phänomen Kriminalität theoretisch zu erklären.

Die Phänomenologie faszinierte mich am meisten. Wie der Name schon sagt, geht es hier um bestimmte Phänomene. Warum werden Serienmörder zu Serienmördern? Gibt es Muster in der Kindheit, vielleicht auf eine bestimmte Region beschränkt? Welche Voraussetzungen müssen vorliegen, damit jemand moralisch dazu in der Lage ist, eine Frau zu vergewaltigen? Dabei werden bekannte Theorien durchaus kritisch hinterfragt.

Eine Vorlesung ist mir besonders in Erinnerung geblieben. Der Dozent referierte erst eine Viertelstunde über Moral und Anstand, bevor er zum eigentlichen Thema kam.

Als Kriminalbeamte würden wir in die tiefsten Abgründe der menschlichen Seele blicken müssen. Wir hätten zu verstehen, warum die Menschen eine Tat begingen. Nur so könne man ein Muster erkennen, eventuell Prävention betreiben und das Ereignis restlos aufklären.

Menschen wurden nicht einfach so zu Mördern, Dieben oder Vergewaltigern. Es gab immer Gründe, warum sie ihre moralischen Werte über Bord warfen. Bei Einbrüchen oder Diebstählen war das Motiv oft schnell geklärt. Meistens war es Geldnot oder Neid. Doch gerade bei dem Kapitalverbrechen Mord hatte man keine andere Möglichkeit, als genauer hinzusehen.

Er nannte als Beispiel einen bekannten Serienmörder aus Deutschland. Heute kennt kaum jemand mehr seinen Namen, doch im Jahr 1976 sprach die gesamte Republik über den Mann, der gemeinhin nur als der »Menschenfresser von Duisburg« bekannt war.

Sein richtiger Name lautete Joachim Kroll. Eine hagere, schlaksige Gestalt mit einem braunen Kranz aus Haaren. Er war unauffällig, beinahe schon bieder, und mein erster Gedanke, als ich ein Bild von ihm sah, war, dass er seinen Lebensunterhalt bei der Post verdiente. Wobei ich nichts gegen die Kollegen der Deutschen Post gesagt haben möchte. Ich hätte hier auch andere ehrenwerte Berufe nennen können. Es waren nicht immer die schillerndsten Figuren, die solche Morde begingen, sondern die Unauffälligen, die Einzelgänger, bei denen sich Hass und Ablehnung über Jahrzehnte hinweg anstauten.

So könnte es auch bei Joachim Kroll gewesen sein. Als sechstes von acht Kindern kam er in Oberschlesien zur Welt und besuchte nur wenige Jahre die Schule. Der stets als schwächlich geltende Junge verdiente sein Geld als Knecht bei verschiedenen Bauern. Schon früh begann er, sich an den geschlachteten Tieren zu vergehen. Nach dem Tod der Mutter zog Kroll, Anfang der 60er-Jahre, zu seinem Vater nach Bottrop. Dort begann er zu morden. Schließlich zog es ihn nach Duisburg. Bei seinen Arbeitskollegen galt der Waschraumwärter als unscheinbar.

Natürlich, der Tod der Mutter und wichtigsten Bezugsperson kann ein Auslöser für solche Taten sein, doch Mütter sterben leider täglich, so der Dozent, und der größte Teil der Menschen werde nicht zu Serienkillern. Es sei die Aufgabe der Kriminalpolizei, so meinte der Dozent weiter, herauszufinden, was den Menschen schließlich dazu brachte, sämtliche Werte und Normen zu vergessen und diese bestialischen Taten zu begehen.

Der Dozent sprach leise. Er musste allerdings auch keine Nuance lauter reden, denn im Hörsaal herrschte Totenstille.

Joachim Kroll mordete zwischen acht und zwölf Mal. Den letzten Mord verübte er an der erst vierjährigen Marion K., die die Polizei mit Hunden und Hubschraubern vergeblich suchte. Nach ihrem Verschwinden gab es eine kleine Auffälligkeit in der Nähe des Ortes, wo das Mädchen zuletzt gesehen wurde. Seit Tagen war eines der Etagenklos im Hause Kroll verstopft. Er hatte darum gebeten, es nicht zu benutzen, da er angeblich versucht hatte, Eingeweide eines ausgenommenen Kaninchens herunterzuspülen. Zwei Ermittlungsbeamte sahen sich die Situation vor Ort genauer an und stellten schnell fest, dass es sich bei den angeblich tierischen Eingeweiden tatsächlich um menschliche Innereien handelte. Darauf angesprochen, lud Joachim Kroll die beiden Polizisten mit folgenden Worten in seine Wohnung ein: »Sehen Se doch mal in der Tiefkühltruhe nach.«

Mir läuft noch immer ein Schauer über den Rücken, wenn ich daran denke, wie der Dozent diese Worte sagte.

Tatsächlich fanden die Beamten in der Dachgeschosswohnung des Mannes Stücke von gefrorenem Menschenfleisch, abgepackt in Plastiktüten. Zusätzlich köchelte auf dem Herd ein Topf mit einer Brühe aus Möhren und Kartoffeln, in dem auch eine kleine Menschenhand garte.

Joachim Kroll wurde unverzüglich festgenommen. In der Vernehmung gestand er schließlich ruhig und sachlich seine Tat. Der Schrecken in der Bevölkerung saß tief. Viele Menschen belagerten

Krolls Wohnhaus. Man versuchte offensichtlich so, das Unfassbare zu verarbeiten.

Der Dozent machte eine lange Pause, reinigte seine Brille und blickte uns dabei eindringlich an. Er erklärte uns, dass wir nicht nur hinterfragen sollten, warum Kroll seine Taten begangen hatte, sondern auch, wie er zu dem Menschen geworden war. Gab es Auslöser bereits in seiner Kindheit? Waren es sexuelle Übergriffe? War er eine fehlgeleitete Persönlichkeit, gab es Rituale, die auf irgendetwas schließen ließen?

Unser Dozent warnte uns auch, nicht allzu schnell zu urteilen. Zur Person Joachim Kroll gehörte auch das Kind »Joachim« oder der Heranwachsende »Kroll«. Ohne die Betrachtung der einzelnen Entwicklungsphasen würden relevante Aspekte ignoriert. Für die Ermittlungsarbeit sei es wichtig, die umfassende Geschichte des Beschuldigten in allen Facetten zu kennen. Diese analytischen Fähigkeiten ließen aus einem guten Ermittler einen sehr guten Ermittler werden.

Rückblickend war dies bestimmt eine meiner interessantesten Vorlesungen. Das Lernpensum an der Fachhochschule war riesig. Trotzdem kam ich gut damit klar, da mir die Inhalte viele Einblicke in meine zukünftige Tätigkeit als Kriminalkommissar offenbarten. Es mag andere Jahrgänge gegeben haben, doch zumindest bei uns sah ich nur flitzende Stifte, wenn der Dozent über die psychischen Vorerkrankungen eines Serienmörders referierte. Vielleicht war es das interessante Aufgabenfeld, der silberne Stern, der uns winkte, oder die Kriminaldienstmarke. Ich hatte keine Ahnung warum, aber alle waren auf diese ovale Messingmarke scharf, die uns endgültig als Kriminalkommissare kennzeichnen würde.

Inwieweit die Marke heute noch die Kollegen motiviert, kann ich nicht sagen. Mitte der 90er war das Ding für mich das Größte.

Neben dem theoretischen Teil an der Fachhochschule mussten wir natürlich auch unsere Praktika in den Kommissariaten durchführen. Mein Weg führte mich so auch auf die Kriminalwache einer Großstadtbehörde. Ich nenne die Kriminalwache, auch K-Wache genannt, die »Feuerwehr der Kripo«.

Wenn nachts ein Einbruch stattfindet, ist es die K-Wache, welche rausfährt und den Vorgang aufnimmt. Wechselnde Arbeitszeiten im Schichtdienst, aber dafür hervorragend und unverzichtbar für das praktische Wissen.

Der *Tatort* war nur noch ein paar Lernaufgaben entfernt und genau wie die Ermittler im öffentlichen Fernsehen wollten wir die Fälle am Fließband lösen.

Ich hätte wissen sollen, dass die Realität auch hier anders aussah.

Im Spätsommer bekamen wir den Auftrag, die Spurensicherung nach einem Einbruch zu übernehmen. Michael hob den Spurensicherungskoffer mit zwei Fingern, unser Ausbilder, Kriminalkommissar Ruven Ottrik, warf etwas angenervt sein Brötchen auf den Tisch und schon waren wir auf dem Weg in die besseren Gegenden der Stadt. Hier waren die Häuser nicht dicht an dicht gebaut, sondern durch liebevoll angelegte Gärten getrennt. Unser Zivilwagen hielt an der angegebenen Adresse, obwohl wir bereits von Weitem sehen konnten, welches Haus gemeint war. Die Anruferin hatte anscheinend nach dem ersten Schreck jede Beleuchtungseinrichtung eingeschaltet, die sie finden konnte. Sogar der Gartenfluter und die Springbrunnenlampen erhellten das Anwesen. Die Finsternis hatte sich bereits über die Stadt gelegt, sodass dieses Haus aus der Dunkelheit herausstach und selbst dem Christbaum vor dem Rockefeller Center Konkurrenz machen dürfte.

»Was die wohl heute an Strom verbraucht?«, murmelte ich mehr zu mir selbst als zu den beiden anderen, als wir unsere Sachen aus dem Auto luden.

Michael schnaubte. »Damit kann die den halben Sudan eine Woche lang beleuchten. Und hinterher wundert die sich, dass jeder nachfragt, was denn gestern Abend bei ihr passiert ist.«

»Die Leute haben halt Angst«, warf Kommissar Ottrik ein. »Sie leben ganz allein in so einem großen Haus. Nach einem erschreckenden Ereignis, wie zum Beispiel einem Einbruch, schalten sie dann das ganze Licht an. Das gibt ihnen ein Gefühl von Sicherheit.«

Obwohl er nur ein paar Jahre älter war als wir, hatte Ottrik eine echte *Dozentenstimme*. Etwas altklug und belehrend, aber wir hörten ihm zu, wenn er einmal in Fahrt war.

»So sind die Menschen. Sie fühlen sich nicht mehr wohl, nicht mehr sicher in ihren Häusern, wenn ein Einbrecher alles durchwühlt hat«, fuhr er fort, als wir den Vorgarten durchquerten. »Das ist ein ganz interessantes Phänomen. Nach einer Party, wenn Dutzende von Leuten zum Beispiel die Toilette benutzt haben und im Haus gewesen sind, ist das kein Problem. Doch sobald jemand Fremdes sich unberechtigt Zutritt zur Wohnung verschafft hat, ändert sich die Gefühlslage. Das hat mit dem Eingriff in die Privatsphäre zu tun und der Ohnmacht, der man ausgeliefert ist.« Kommissar Ottrik klingelte an der Tür und atmete tief durch. »Die Einbrecher treffen die Menschen an ihrer empfindlichsten und intimsten Stelle, dort wo sie glauben, dass sie am sichersten sind. Nach einem Einbruch, und besonders, wenn alles durchwühlt und von Eindringlingen angefasst wurde, geht unser Verstand mit uns durch. Alles fühlt sich fremd an, man möchte die ganze Wäsche am liebsten neu kaufen und das Gefühl von Sicherheit ist dann völlig abhandengekommen.«

Ich drehte mich zu meinem Vorgesetzten um. »Aber nur temporär, oder?«

Sein zerknirschter Gesichtsausdruck war eigentlich schon eine klare Antwort. »Manchmal schon, aber einige halten es nicht aus. Sie ziehen wenige Wochen nach dem Einbruch um oder die ganzen Klamotten landen in der Altkleidersammlung. Die Menschen ticken halt manchmal sehr seltsam.«

Die Tür wurde einen Spalt breit geöffnet.

»Sind Sie von der Polizei?«, wollte die Dame mit zittriger Stimme wissen. »Kann ich Ihre Ausweise sehen?«

Interessanterweise fragt einen niemand nach Ausweisen, wenn man eine Uniform trägt. Dabei waren nachgemachte Jacken bei jedem Karnevalsausstatter günstig zu besorgen.

Nachdem wir uns ausgewiesen hatten, erklärte uns die Frau, was geschehen war. Oder vielmehr, was sie glaubte, das geschehen war.

Sie sei nur einkaufen gewesen, beim Friseur und bei ihrer Schwester. In dieser Zeit hätten sich Einbrecher Zugang zum Haus verschafft und so ziemlich alles mitgenommen, was von Wert war. Die ältere Dame führte uns durch die Räume. Es roch etwas muffig, die Einrichtung hatte ihre besten Tage auch schon hinter sich, doch nicht nur ich wusste, dass hinter solchen Fassaden noch kleinere oder größere Schätze verborgen waren … und bei älteren Menschen zusätzlich eine ganze Menge Bargeld.

Natürlich sah das Haus aus, als hätte jemand eine Wildschweinhorde hier spielen lassen. Glas war zu Bruch gegangen, Schubladen waren wahllos herausgerissen worden und selbst vor der Küche hatte man nicht haltgemacht. Wir mussten aufpassen, wo wir hintraten, damit unsere Füße nicht in den Edelstahlmessern landeten.

Kommissar Ottrik fielen sofort etliche Kleinigkeiten auf. Noch bevor Michael den Koffer abgestellt hatte, flitzten seine Augen von der einen Seite des Wohnzimmers zur nächsten.

»Haben Sie einige Schubladen schon wieder geschlossen?«, wollte er an die Dame gewandt wissen.

»Nein, ich habe direkt die Polizei gerufen.«

»Und danach?«

»Nichts danach«, antwortete die Frau ungehalten und entfernte sich ein paar Schritte.

»Ganz natürlich, wenn eingebrochen wurde«, flüsterte er uns Frischlingen zu. »Viele Leute reagieren irrational.« Die nächsten Worte sagte er wieder zu der Dame. »Und warum brennt hier überall das Licht?«

Ein paar Sekunden der Stille, in der sich die Frau zu sammeln versuchte.

»Oh … nun … anscheinend muss ich das Licht im Haus angemacht haben, nachdem ich das Telefonat beendet hatte.«

Ottrik nickte zufrieden und sah sich weiter um.

»Warum die Frage mit den Schubladen?«, wollte ich von ihm wissen.

Er ging ein Stück näher an den Schrank. »Wenn du ein Einbrecher bist und einen Schrank durchsuchst, dann ziehst du doch nicht nur die erste und letzte Schublade heraus und lässt die anderen vier aber drin.« Sein Blick brannte sich in mich hinein. »Also, was heißt das?«

»Er war in Eile? Ein Amateur, der selbst überrascht war, dass es so einfach ging?«

Ottrik nickte kurz. »Könnte sein. Vielleicht waren sie auch zu zweit und haben gefunden, was sie suchten. Das würde erklären, warum sie nicht auch die anderen Schubladen aufgezogen haben. Eventuell wurden sie aber auch gestört und haben dann kalte Füße bekommen. Das sind alles mögliche Tatabläufe, die wir untersuchen müssen.«

»Und dann kriegen wir die Typen«, warf Michael ein.

Ich war schon kurz davor zuzustimmen, bis Kommissar Ottrik abwinkte. »Nicht mal acht Prozent *der Typen* werden geschnappt.«

Traurige Realität. Mittlerweile dürfte sich die Quote ein wenig erhöht haben, das verdanken wir aber vor allem dem sogenannten genetischen Fingerabdruck, also den DNA-Beweisen. Auch die Zunahme von Überwachungssystemen, vor allem Videoüberwachung, wirkt sich positiv auf die Aufklärungsquote aus.

»Also, zunächst müssen wir uns überlegen, wie der oder die Täter hier hereingekommen sind«, sagte Ottrik und ging zu einem Fenster, das zum Garten führte. »Haben Sie das offen gelassen?« fragte er die Geschädigte.

Die arme Frau saß mittlerweile auf der Couch und nestelte an einem Taschentuch. Nur kurz sah sie hoch. »Ich wollte doch nur lüften«, entgegnete sie weinerlich.

An beiden Seiten des Fensterrahmens waren Hebelspuren festzustellen. Die Breite der Hebelmarke sprach für den Einsatz eines handelsüblichen Schraubenziehers. Der oder die Täter hatten anscheinend leichtes Spiel. Statistisch gesehen, gibt jeder Einbrecher nach fünf erfolglosen Minuten auf. Hier hatte man nicht einmal 20 Sekunden gebraucht. Schnell über den Gartenzaun, die Veranda entlang, durch das offene Fenster greifen, mit dem Schraubendreher nachhelfen und im Handumdrehen waren sie im Haus.

»Keine Kameras, keine Bewegungsmelder?«

Die Frau schüttelte den Kopf.

Während Ottrik und Michael den Spurensicherungskoffer aufstellten, bat ich die Dame, doch einen Verwandten anzurufen. Vielleicht könne sie heute Nacht bei ihrer Schwester schlafen. Sie verneinte dies. Das hier sei ihr Haus und sie würde sich nicht von ein paar gottlosen Dieben in die Flucht schlagen lassen. In diesem Moment funkelten ihre Augen, als würde das Feuer der Hölle selbst in ihnen brennen.

Zähe alte Dame.

Sie bot uns gerade einen Tee an, als Ottriks Stimme durch das Haus hallte. »Markus, mach mal das Fenster.«

Mit einem feinen Pinsel und Rußpulver bewaffnet, ging ich den Rahmen ab. Tatsächlich konnte ich drei vermeintlich verschiedene Fingerabdrücke sichtbar machen. Sicher gehörte ein Abdruck zur Geschädigten. Das würde ein späterer Abgleich ergeben. Die anderen könnten von dem oder den Tätern stammen. Das wiederum würde ein Abgleich mit der Datenbank zeigen.

»Wahrscheinlich zwei Täter«, flüsterte Ottrik, als er einen Blick auf die Terrasse warf. »Profis waren das nicht«, erklärte der Kommissar und machte weiter seine Arbeit. »Nicht bei dem Spurenchaos. Überall Fingerabdrücke und die Schuhe haben auf der Veranda eine schöne Spur hinterlassen.«

Unter seiner Anleitung erkannte ich auf den hellen Fliesen dreckige Schuhabdrücke.

Als wir die Dame in die erste Etage geleiteten, erfassten wir das ganze Ausmaß des Schadens.

»Hier hatte ich meine Ohrringe auf den Tisch gelegt – weg. Und hier stand mal mein Fernseher, so ein neuer, ganz flach war der – weg. Und hier waren 2000 Mark versteckt – weg. Und hier noch mal 1000. Für den Notfall, wissen Sie. Weg.«

Es stellte sich heraus, dass die Frau etliche Verstecke hatte, die die Diebe auch fast alle gefunden hatten. Jedoch nur fast, denn aus einem Zahnputzbecher im Badezimmer holte die Frau Scheingeld und legte mal eben 2000 Mark auf den Tisch. Dafür müsste ich einige Nachtschichten machen.

Während wir noch mit der Spurensicherung beschäftigt waren, füllte die Frau bereits die Schadensliste aus. Und diese wurde länger und länger.

Nach zwei Stunden hatten wir zahlreiche Finger- und Schuhspuren gesichert. Acht Prozent, nur so viele Einbrüche wurden aufgeklärt. Das war hier nicht *Tatort*, sondern Ernüchterung in großen Dosen. Während Ottrik noch ein paar Worte mit der Frau wechselte, stand ich mit Michael am Wagen.

»Ist ein lukratives Geschäft.«

»Mit einer Quote von eins zu zehn«, stimmt er mir zu. »Wenn man es nur einmal macht, mal eben 20.000 Mark erbeutet und dann stillhält, ist es schon ein guter Job.«

»Und genau da ist das Problem«, rief Ottrik laut, ging an uns vorbei und knallte den Koffer in den Wagen. »Man macht es nicht nur einmal und man erbeutet nicht immer 20.000 Mark. Das Einbrechen ist wie eine Droge. Die Täter können nicht aufhören. Und wir sammeln derweil ihre Fingerabdrücke, Schuhspuren und halten die Augen auf, ob nicht in den nächsten Tagen Hehlerware über den Ladentisch geht. Vielleicht nicht beim ersten oder zweiten Mal, aber irgendwann kriegen wir die Jungs.« Seinen kleinen Vortrag beendete er, indem er die Heckklappe des Wagens zuschlug. »Und meine Herren, wie ist Ihr Resümee?«

Erneut fühlte ich mich wie ein Anfänger.

»Sieht so aus, als ob die Täter wussten, dass hier viel Geld liegt.«

»Das lässt worauf schließen?«, wollte Ottrik wissen und wippte dabei auf den Zehen.

»Bekanntenkreis? Vielleicht hat die Dame auch zu viel mit ihrem Geld geprahlt?«

Ottrik nickte zufrieden. »Geplant oder nicht?«

»Definitiv geplant«, antwortete Michael. »Der Einbruch muss zwischen 17 und 21 Uhr passiert sein. Die Täter wussten, wann die Frau nicht zu Hause sein würde und wonach sie suchen mussten.«

»Gut. Und wonach müssen wir jetzt suchen?«

»Nach der Hehlerware und einem größeren Lieferwagen?«, schoss ich ins Blaue.

»Genau das. Lasst uns mal ein wenig herumfahren. Vielleicht finden wir ja etwas. Heute Nacht noch füttern wir die Datenbank, machen unseren Bericht fertig und morgen befragen wir mal die Nachbarn und hören uns im Bekanntenkreis um. Vielleicht kriegen wir noch irgendetwas heraus.«

Damit war diese kleine Lehrstunde beendet und wir stiegen ins Auto. Ich hatte nicht damit gerechnet, irgendetwas zu finden, und auch Michael ging es so. Ottrik lenkte den Wagen an die üblichen Orte, wo sich entsprechendes Klientel aufhielt, und schließlich kamen wir auch am Hauptbahnhof an. Aus dem Funkgerät hörten wir den Spruch der Einsatzleitstelle:

»11-22 für Egon«, knarzte es aus dem Funkgerät. »Wir haben hier mehrere Anrufer, die sich über Obdachlose beschweren. Angeblich schreien die auf dem historischen Markt hinter dem Bahnhof wild herum. Es gibt auch Anrufer, die sittenwidriges Verhalten melden. Guckt euch das mal an. Wie schnell könnt ihr da sein?«

Noch bevor der 11-22 geantwortet hatte, wussten wir, dass wir schneller sein würden, denn wir standen näher.

»Egon für 11-22«, knarzte es aus dem Funkgerät. »Wir sind gerade noch in der Neustadt unterwegs. Könnte noch etwas dauern.«

Ottrik schüttelte den Kopf und griff die Sprechgarnitur des Funkgeräts: »Egon für 90-41, wir sind in der Nähe des Hauptbahnhofs und übernehmen die Sache. Wie viele Personen sollen denn vor Ort sein?«

»Gerade mal drei, höchstens vier, alle offensichtlich alkoholisiert.«

Hätte mich auch gewundert, wenn es nicht so wäre.

Ottrik warf mir das Funkgerät zu und gab Gas. »Sag denen mal, dass wir übernehmen, und dann haltet euch fest.«

Meine Funker-Stimme schwankte auffallend, so schnell schoss der Kriminalkommissar zum historischen Markt. Vielleicht vermisste er den Wach- und Wechseldienst oder er wollte mal wieder einen handfesten Einsatz miterleben, auf jeden Fall waren wir hinter dem Hauptbahnhof, noch bevor ich mit der Leitstelle alles abklären konnte.

»So, dann wollen wir doch mal sehen.«

Ottriks Augen glänzten, als er aus dem Wagen stieg und mit beinahe federndem Schritt auf den historischen Marktplatz marschierte. Es folgte ein Griff an die Dienstwaffe an seinem Gürtel, dann stemmte er die Hände in die Hüften.

»Und wo sind die jetzt?«

Michael und ich standen ein wenig ratlos hinter ihm und blickten uns um. Ein Ehepaar ging Händchen haltend an uns vorbei, grüßte sogar freundlich.

Es gab natürlich immer mal Beschwerdeführer, die anrufen, wenn sich zwei Jugendliche laut unterhalten oder wenn ein Hund bellt. Michael war der Erste, der sich an das Paar wandte und seinen Ausweis vorzeigte. »Haben Sie vielleicht irgendwelche Obdachlose gesehen, die hier rumvögeln?«

Fast automatisch legte sich meine Stirn in Falten und ich musste mich zwingen, meine Kinnlade oben zu behalten. Michael besaß das Feingefühl eines Leopard-2-Panzers und daran hatte sich seit unserer Ausbildung nichts geändert. Gar nichts.

Der angesprochene Mann schien erst ein wenig verwirrt, dann begann er augenscheinlich zu verstehen. »Da drüben vor dem Parkplatz war eben ein ziemliches Geschrei.«

Ottrik schien zufrieden. »Na, das hört sich doch schon eher nach unserer Kundschaft an. Im Laufschritt …« Und schon hetzte er davon.

Michael und ich blickten uns an, zuckten mit den Schultern und joggten ihm hinterher. Zurück blieb das verdutzte Pärchen.

Eine Minute später entdeckten wir die ominösen Obdachlosen. Zwei betrunkene Mitbürger schrien sich mehr oder weniger geistreiche Bemerkungen an den Kopf, während eine noch betrunkenere Frau breitbeinig auf einem Blumenkübel saß. Sie schaffte es tatsächlich, das Niveau der Unterhaltung mit ihren Bemerkungen noch ein wenig herunterzuziehen.

»Rainer, du Aschloch! Hast es mit meiner Frau getrieben!«

Wir kamen gerade vor dem illustren Trio zu stehen, als diese Worte fielen, und mit diesem Satz war alles klar. Wir waren jetzt im Bilde. Jedenfalls dachten wir das. Es ist generell ausgesprochen problematisch, von Betrunkenen eine verständliche Sachverhaltsdarstellung zu bekommen. Ganz abgesehen davon, dass die Sinne im Vollrausch schon mal ein wenig getrübt sind, brauchte man in bestimmten Fällen wichtige Minuten, um das Geschehen richtig einzuordnen. Im Großen und Ganzen war die Sache hier aber klar.

»Du Aschloch kannst die doch nicht einfach fingern«, wiederholte einer der Männer.

»Sie wollte es doch«, antwortete Rainer und tänzelte wie ein betrunkener Mike Tyson herum. »Du besorgst es der Regina ja nicht richtig. Deshalb muss ich das machen.«

»Nie besorgst du es mir! Horst, du bist ein Schlappschwanz«, schrie die Regina. Sie hielt eine Zigarette und eine Bierdose in der einen Hand, in der anderen einen vollgesogenen Tampon. »Immer muss mich wer anders ficken.«

Auch dies gehört in die Kategorie: Dialoge, die ich nie vergessen werde. Leider.

Bei dem Anblick, der sich uns bot, zogen wir drei sofort die Handschuhe an.

Schnaufend wie eine alte Dampflock erhoben Rainer und Horst ihre Fäuste und ließen sie schwankend im nächsten Moment auch schon wieder sinken.

»Du Aschloch hast mit meiner Frau gevögelt!«

»Gut, wir legen jetzt mal eine andere Schallplatte auf«, brüllte Ottrik und ging dazwischen. Er hatte nicht viel Mühe, die Streithähne kurz zur Seite zu drücken.

Wir zeigten unsere Ausweise vor und damit war erst einmal Ruhe eingekehrt. Der Gehörnte setzte sich auf eine nahe gelegene Bank, Rainer begab sich zu seiner neuen Eroberung und stolperte dabei fast über ein altes Fahrrad, das mit zahlreichen Plastiktüten und Decken bepackt war. In den Tüten konnte ich Flaschen und einen Korb voller Obst erkennen. Interessante Mischung. Wenigstens ernährten sie sich gesund.

Der Horst auf der Bank war immer noch sehr ungehalten. Mehrmals atmete er tief durch, schließlich stand er auf und hielt die Rede seines Lebens. Er schrie und fuchtelte mit einer Bierflasche herum, als würde er vor dem ausverkauften Olympiapark sprechen, zitierte irgendwelche antiken Herrscher, ballte die Hand zur Faust, donnerte mit den Füßen auf den Boden und sprang im Kreis. Sogar Ottrik war für einen Herzschlag beeindruckt, als Horst die Bierflasche zum Himmel reckte und inbrünstig aufschrie: »Den Frieden will ich, daher rüste ich zum Krieg!«

Als er den beiden Frevlern ein Zitat nach dem anderen entgegenspie und gleichzeitig einen Regentanz aufführte, kam ich nicht umhin, darüber nachzudenken, was diesen Mann zu der Kreatur gemacht haben konnte, die nun vor mir stand. Was war Horst nur widerfahren? Welchen Beruf hatte er erlernt? Was war seine Geschichte? Die Gründe, aufgrund derer er an diesem Abend zu einer Mischung aus Rumpelstilzchen und einem römischen Senator wurde, hätten mich zu sehr interessiert. Leider fehlte uns wie immer die Zeit, sich damit auseinanderzusetzen.

Nachdem die beiden anderen Beteiligten in den Austausch von Hasstiraden einstiegen, platzte Ottrik der Kragen. »Markus, Michael, ihr kümmert euch um die Turteltauben, ich nehm mir den Hitzkopf vor.«

Wir brauchten nicht viele Worte, um auf dem Marktplatz für Ruhe zu sorgen. Die Geschichte der drei war denkbar einfach, doch in diesem alkoholisierten Zustand brauchten sie etwas länger, um diese wiederzugeben. Sie waren schon mehrere Jahre obdachlos, streiften täglich gemeinsam durch die Gegend. Jegliche Heime oder Hilfen hatten sie rigoros abgelehnt, denn sie kamen auch so ganz gut klar. Eigentlich war Regina mit Horst, dem Mann auf der Bank, zusammen, doch für das heutige Liebesspiel fiel ihre Wahl auf den Dritten im Bunde, Rainer. Beide lebten ihre Lust auf einem öffentlichen Blumenkübel aus, als plötzlich Horst unerwartet früh vom Bierholen zurückkehrte und das Treiben im Blumenkübel entdeckte. Alle drei waren allerdings so betrunken, dass es bis auf ein paar Ohrfeigen zu keiner weiteren Handgreiflichkeit gekommen war.

Nachdem Regina noch mehrmals lautstark beteuert hatte, wie winzig das Glied von Horst sei und dass sie jetzt mit Rainer viel glücklicher sei, wurde die nächste Zigarette gedreht.

»Hast du mal Feuer?«, wollte sie an ihren neuen Liebhaber gewandt wissen.

Rainer nickte, stellte das Fahrrad wieder auf und kramte mit schlafwandlerischer Sicherheit in einer der Tüten herum. Zum Vorschein kamen ein paar Streichhölzer sowie ein Gurkenglas, welches er mit einem lauten Knacken öffnete. Zufrieden rauchte die Frau, während Rainer herzhaft in eine Gurke biss. In diesem Moment gab er die Sicht auf seine rechte Hand frei.

»Was haben Sie denn da gemacht?«, wollte ich sofort wissen und deutete auf die Hand des Mannes.

Bis zum Handgelenk war die Haut mit geronnenem Blut überzogen. So eine Verletzung durch eine Ohrfeige?

Michael und ich leuchteten mit den Taschenlampen fast gleichzeitig auf den vollgesogenen Tampon auf dem Boden.

Regina lehnte sich nach vorne und begann zu lachen. »Oh, das ist wohl von mir. Da fällt mir was ein.«

Sie rammte ihre Bierdose in die aufgeweichte Blumenerde, erhob sich schwerfällig und suchte aus den Taschen einen frischen Tampon heraus. Anschließend setzte sie sich breitbeinig auf den Kübel und versuchte, sich diesen einzuführen.

Aus Reflex drehten wir beide uns weg, während Rainer interessiert zusah und seine Gurke mit lautem Knacken vertilgte.

»Das ist doch wohl ein Witz«, flüsterte Michael, immer noch von der Frau abgewandt. »Das glaubt uns niemand. Ich hab das Gefühl, mir wird schlecht …«

Leider war dies weder das erste noch das letzte Mal, dass ich gehörig mit meinem Magen zu kämpfen hatte. Michael ging es nicht besser; obwohl der baumlange Hüne vor nichts Angst hatte, schien er heute etwas zarter besaitet.

»Sollen wir Ihnen einen Krankenwagen rufen?«, schlug ich laut vor.

»Auf keinen Fall«, antworte Regina. »Ich bin doch nicht krank, nur betrunken.«

»Vielleicht zum Frauenhaus fahren?«

»Im Leben nicht.«

»Ein Obdachlosenheim?«

»Damit kannst du mich jagen.«

Michael riskierte einen Blick, nur um sich im nächsten Moment sofort wieder umzudrehen. Anscheinend brauchte Regina noch ein paar Sekunden länger für sich. »Im Obdachlosenheim könnten Sie zumindest Hygieneartikel holen und würden eine saubere Toilette vorfinden«, ergänzte er.

»Ich will aber nicht, ihr Scheiß-Bu…«

Das letzte Wort verkniff sie sich oder sagte es zumindest so leise, dass wir es nicht mitbekamen. Michael hatte immer noch schwer mit sich zu kämpfen und würgte bereits, während Ottrik und ich uns berieten, was jetzt zu tun sei. Die drei waren eigentlich nicht auffällig, hatten ein paar Platzverweise kassiert, aber ansonsten nichts Großes. Der Mann auf der Bank, der Horst, wollte sich bereits auf den Weg machen und lehnte ebenfalls jegliche Hilfe ab.

»Da kann man nicht viel machen«, resümierte Ottrik und verschränkte die Arme vor der Brust. »Gut, das Blumenbeet ist durcheinander, die Ohrfeigen könnten wir aufnehmen, aber am Ende will es wieder keiner gewesen sein und sie gegen ihren Willen in ein Heim bringen können wir nicht.«

»Was ist mit Krankenhaus?«

Das hatte ich wohl etwas zu laut gesagt.

»Ich will nicht in ein Krankenhaus«, schrie Regina.

»Auch das ginge nur, wenn einer verletzt wäre oder Gesundheitsgefahr zum Beispiel durch Unterkühlung bestehen würde.«

Die drei hatten sich mit Jacken und Decken gut versorgt. Zwar hatte dieser Spätsommer die besten Tage bereits hinter sich, aber auch hier bestand keine Gefahr für Leib oder Leben. Mit anderen Worten: Wenn wir die drei nicht wegen Sachbeschädigung festnehmen wollten, mussten wir sie ziehen lassen.

Noch einmal redete Ottrik auf die drei ein. Natürlich ohne Erfolg. Der Betrogene rief seiner Exfrau noch ein, zwei Beleidigungen zu und war dann verschwunden. Übrig blieb das neue Paar, Rainer und Regina. Sie hatten es sich auf einer Bank gemütlich gemacht und kuschelten. Dabei naschten sie aus dem Gurkenglas.

Es blieb mir nicht mehr viel übrig, aber hier sollten sie zumindest nicht bleiben. »Sie verlassen jetzt bitte den Platz und suchen sich einen Ort zum Schlafen. Ich möchte Ihnen noch einmal das Obdachlosenheim in der Reinestraße ans Herz legen.«

»Auf keinen Fall, da wirst du nur bestohlen«, antworteten beide im Chor.

Wer nicht will …

»Gut, dann erteile ich Ihnen hiermit einen Platzverweis. Nehmen sie bitte all den Müll mit.«

Rainer nickte. »Ist ja gut.«

Als die beiden einfach sitzen blieben, ging Michael einen Schritt auf sie zu. »Das geht auch schneller, wir haben noch andere Sachen zu tun.«

»Ist ja gut«, antwortete Rainer lang gezogen und griff mit den blutverschmierten Fingern in das Gurkenglas. Im fahlen Licht der Lampen streckte der Arm sich uns entgegen. Das Gurkenwasser lief ganz langsam an seinen dreckigen Fingern entlang und tropfte schließlich vom Handgelenk. »Wollt ihr auch noch eine für den Heimweg?«

Wieder würgte Michael und antworte tief atmend: »Ich muss mal kurz pinkeln.«

Im Laufschritt war er verschwunden und ich konnte nur noch seine Silhouette an den Bäumen des Parkplatzes ausmachen.

Währenddessen halfen Ottrik und ich den beiden, aufzustehen und ihre Fahrräder zu bepacken.

»Da hinten ist ein Brunnen. Vielleicht wollen Sie sich das zumindest mit Wasser abwischen.«

Die beiden bedankten sich artig und schoben ihre Fahrräder endlich vom Platz. Nur ein zerwühltes Beet kündete noch von der nächtlichen Störung. Aber auch das würde wieder nachwachsen.

»Guck mal, was dein Kollege macht«, sagte Ottrik schließlich und nickte in Richtung des Parkplatzes.

»Nicht nötig, da kommt er schon.«

Eigentlich waren wir bereits im Begriff, den Rückweg zum Fahrzeug anzutreten, doch Michael deutete uns, stehen zu bleiben. Im Spurt lief er zu uns.

»Und? Hast du dir dein Essen noch mal durch den Kopf gehen lassen?«, wollte ich scherzhaft wissen.

»Quatsch«, er wischte den Gedanken sofort beiseite. »Hab nur Luft geholt, dabei aber was Interessantes gesehen. Kommt mal mit.«

*Das Gurkenwasser lief ganz langsam an seinen dreckigen Fingern entlang und tropfte schließlich vom Handgelenk. »Wollt ihr auch noch eine für den Heimweg?«*

Noch bevor wir etwas entgegnen konnten, joggte Michael wieder zu den Bäumen. Er deutete auf ein nahe gelegenes Gebüsch. Ottrik und ich folgten.

»Und wo ist jetzt das *Interessante*?«, wollte unser Chef wissen, als wir uns im Dickicht versteckten.

Michael deutete nach vorn. »Guckt mal da.«

Auf dem recht leeren Parkplatz war der weiße Lieferwagen schnell auszumachen. An der offenen Heckklappe parkten zwei weitere Autos. Insgesamt drei Männer waren damit beschäftigt, den Lieferwagen leerzuräumen und die beiden Pkw zu beladen.

»Da schau mal einer an«, murmelte Ottrik. »So eine allgemeine Verkehrskontrolle könnte hier nicht schaden.« Wir wechselten Blicke. »Ihr beide nähert euch von hinten, ich nehme die Front.«

Gesagt, getan. Um einiges weniger unauffällig, als ich es mir gewünscht hätte, schlichen wir zu dem Lkw. 20 Meter bevor wir das Gefährt erreichten, gaben wir uns zu erkennen.

»Guten Abend, die Polizei. Darf ich fragen, was Sie zu so später Stunde noch hier machen?« Ottriks Ton war schneidend, unsere Hände waren an die Dienstwaffen gelegt.

Keine Antwort. Und plötzlich erkannte ich etwas in den Augen der jungen Männer: Angst. Einer der Männer griff in seine Innentasche.

»Polizei!«, schrien Michael und ich, während wir uns von der anderen Seite aus näherten. »Keine Bewegung und ich will die Hände sehen.«

Zu Salzsäulen erstarrt, brachten die Männer kein Wort heraus. Man konnte beinahe spüren, wie ihre Gedanken wie Billardkugeln durch ihre Köpfe schossen. Flucht oder nicht? Was waren die Alternativen?

Schließlich waren sie von unserem Erscheinen so geschockt, dass sie einfach nur erstarrt dastanden. Mühelos konnten wir die drei vor dem Lieferwagen festnehmen. Eine anschließende Personendurchsuchung verlief problemlos. Die Männer hatten keine

Waffen oder andere gefährliche Gegenstände dabei und ein Blick in den Lkw zauberte ein breites Grinsen auf unsere Gesichter.

Fein säuberlich aufgereiht stand dort die halbe Einrichtung der Geschädigten des Einbruches von zuvor. Fernseher, Videorekorder, sogar einen Mixer konnten wir ausmachen.

»Ja, wenn das nicht mal ein Glücksgriff ist«, jubilierte Michael, sichtlich stolz auf seine Entdeckung.

Die drei Jungs waren allesamt nicht älter als Anfang 20. Schnell wurde Verstärkung angefordert und als wir mit den Kollegen den Lieferwagen durchsuchten, fanden sich auch Handschuhe, Taschenlampen, Schraubenzieher und schwarze Mützen. Alles, was man für einen Einbruch brauchte. Zusätzlich auch das erbeutete Geld, abgepackt in drei Briefumschläge. Die Jungs hatten noch nicht einmal die Zeit gehabt, auch nur eine müde Mark auszugeben.

Als die Kollegen mit der Inventur fertig waren, stellte sich Michael neben mich und Ottrik. »Wie kann man nur so blöd sein und den Lieferwagen unter einer Laterne auf einem leeren Parkplatz umladen.«

Auch Ottrik lachte auf. Immerhin hatte er seine Dosis Adrenalin bekommen. »Profis waren das nicht.«

Es stellte sich später heraus, dass einer der Jungs beim Friseur der Geschädigten aushalf. Er kehrte dort die Haare der Kunden zusammen. Bestimmt nicht gerade ein Job, der gut bezahlt wurde. Als eine der Stammkundinnen, nämlich die geschädigte Dame, ihrem Coiffeur dann von dem vielen Geld und den teuren Geräten im Haus erzählte, hatte es bei dem jungen Mann geklingelt. Sie hatte offensichtlich auch erzählt, dass die Kinder und Enkelkinder sie nie besuchten und sie ganz allein in diesem riesigen Haus wohne.

Sätze, die man besser nicht sagt, wenn die falschen Ohren zuhören.

Vielleicht hätten wir die drei auch am nächsten Tag durch Hinweise auf den Lieferwagen bekommen, vielleicht hätte sich einer von ihnen auch verquatscht oder mit zu viel Geld geprahlt. In diesem Moment aber dachte ich nur an die drei Obdachlosen und an die blutverschmierten Gurken. Ohne sie hätten wir die Jungs hier nicht erwischt. Zumindest nicht heute.

»Wie schaut es aus, Jungs? Wollt ihr der Dame jetzt noch Bescheid geben?« Mit diesen Worten entfernte sich Ottrik.

Ich drehte mich zu Michael. »Und? Wollen wir?«

»Bist du bekloppt? Das machen wir morgen. Oder besser die Fachdienststelle macht das morgen. Sonst dürfen wir die halbe Einrichtung noch in dieser Nacht einräumen.«

Damit hatte er recht.

»Weißt du, dass wir die nie bekommen hätten, wenn du nicht gekotzt hättest?«

Michael beharrte auf seiner Aussage und hustete laut. »Ich habe nur frische Luft geschnappt ... Irgendwie müssen die Fälle ja gelöst werden.« Noch ein letzter Blick auf den Lieferwagen, dann drehten wir uns um. »Lass uns reinfahren, der Schreibkram wartet.« Michael lachte. »Jetzt kann ich nie wieder Gurken essen.«

## KAPITEL 8

# ROSA ELEFANTEN

Ländliche Behörden haben im Vergleich mit den Großbehörden einen Vorteil: Auf dem Lande bearbeiten wenige Beamte so ziemlich alles, was an Straftaten reinkommt. Ob es um Leichensachen, Sitte, Brandermittlung oder Umweltstraftaten geht, alles wird nach regionalen Zuständigkeiten verteilt. Das heißt konkret, dass in den Kriminalkommissariaten der Landbehörden die ganze Palette verschiedenster Delikte bearbeitet wird. Für einen unerfahrenen Ermittler, wie ich es damals war, ist das natürlich besonders reizvoll.

Der Wechsel in das Kriminalkommissariat einer Flächenbehörde war für mich deshalb erstrebenswert. Mich reizten die verschiedenen Aufgabengebiete und damals wie heute empfinde ich es als wichtig, möglichst viele unterschiedliche Vorgehensweisen in der Sachbearbeitung kennenzulernen. So kam es dann auch, dass ich mein zweites Praktikum auf dem Lande absolvierte, im heiß begehrten »KK 11«. Dort wurden Todesermittlungen durchgeführt, aber auch Sitten-, Waffen- und Umweltdelikte bearbeitet. Nicht einmal ein Dutzend Beamte im Kommissariat teilten sich die Ermittlungsarbeit. So kam man natürlich um den Wochenendbereitschaftsdienst nicht herum und auch ich sollte am ersten Wochenende des Praktikums »bereit« sein. Eigentlich freute ich mich gerade auf frisch gegrilltes Fleisch, als am Sonntag gegen 13:45 Uhr das Telefon klingelte.

»Wir haben eine Leichensache«, war der erste Satz, den ich von Kriminalhauptkommissar Hervorder hörte.

Seine sonore Stimme erinnerte mich immer an einen Opernsänger. Er sah auch irgendwie wie Luciano Pavarotti aus und wären seine Haare nicht blond gewesen und hätte sein Bart keinen Rotstich gehabt, Kriminalhauptkommissar Hervorder hätte tatsächlich der verschwundene Zwilling des Italieners sein können.

»Aha«, war das Einzige, was ich im ersten Moment über die Lippen brachte.

»Älterer Herr – Ex in Wohnung. Die Nachbarin hat ihn gefunden. Wie schnell können Sie an der Wache sein?«

»Zehn Minuten.«

»Gut, dann geben Sie Gas. Ich habe Theaterkarten für den heutigen Abend. Jede Minute zählt.«

Kriminalhauptkommissar Hervorder war ein absoluter Perfektionist. Überkorrekt, pünktlich, unnachgiebig. Sein Schreibtisch wirkte so steril, als könne man darauf Operationen durchführen. Man hatte mich vor diesem Mann gewarnt. Es hieß, dass keiner der Praktikanten es je geschafft hätte, Aufgaben, die Hervorder stellte, zu seiner Zufriedenheit zu erfüllen. Er fand immer ein Haar in der Suppe und ich hinterließ meist ganze Büschel – konnte das gut gehen?

Es gab Gerüchte, dass Hervorder sich unerledigte Akten sogar mit nach Hause nehmen würde. Dort arbeitete er dann weiter und studierte die Akten in der Nacht, wenn er nicht schlafen konnte. Er lebte den Job und zwar mit Haut und Haar. Seine überdurchschnittliche Aufklärungsquote sprach dabei eine deutliche Sprache: Hervorder hasste Niederlagen. Der Mythos um ihn ging so weit, dass sich an den Wänden in seiner Wohnung angeblich unzählige Fahndungsplakate befinden sollten. Ungeklärte Fälle, das war die Welt von Hervorder. Angeblich hatte er sogar einmal beim LKA angefragt, ob sie ihm nicht »ein paar alte Fälle rüberschanzen könnten«.

Den krassen Gegensatz zu diesen Gerüchten bildete jedoch Hervorders Äußeres, auf das er nicht viel Wert legte. Er trug vier Tage lang dasselbe Hemd und ich konnte definitiv ausschließen, dass er mehrere davon im Schrank hatte, denn der Ketchupfleck auf dem Rücken war eindeutig individuell. Wie der Fleck dahin gekommen war, weiß ich bis heute nicht.

Hervorder war am Morgen der Erste im Büro und am Abend brannte bei ihm immer noch das Licht, während die Reinigungskräfte längst mit der Raumpflege fertig waren. Überstunden waren für den Kriminalhauptkommissar ein Geschenk, dabei schrieb er sich viele Stunden nicht einmal auf. Er war dafür bekannt, dass er Berichte, in denen er mehr als drei Fehler fand, vor den Augen aller zerriss. Ohne große Ansprache erschallte dann das eine Wort, welches ich nicht nur einmal verfluchte, aus seinem Mund: »Neu!«

Den unangenehmen Seiten an der Arbeit mit ihm stand jedoch auch ein anderer Aspekt gegenüber. Er war ein »Superbulle«, von ihm konnte man das Handwerk in Perfektion lernen. Zudem verschlang er Veröffentlichungen und die neusten Erkenntnisse aus der Kriminalistik, als ob sein Leben davon abhinge, interessierte sich für Geschichte, Archäologie und auch in der Literatur kannte er sich aus.

Hätte es damals schon *Wer wird Millionär?* gegeben, ich bin mir sicher, dass Herr Hervorder es bis zur Million geschafft hätte. Und das ohne Joker.

Warum die ganze Erklärung?

Auf seinem Schreibtisch stand ein uraltes Foto. Es zeigte ein Hochzeitspaar. Die Frau war hübsch, der Mann wirkte durchtrainiert und sah auch sehr gut aus. Beide wirkten glücklich. Dieses Foto durfte niemand anfassen, selbst die Reinigungskraft wurde mehrmals von Hervorder persönlich abgehalten. Und so lagerte Staubschicht um Staubschicht auf dem goldenen Bilderrahmen. Mit viel Fantasie konnte man den Mann erkennen. Es war Hervorder in sehr jungen Jahren. Die blonden Haare waren dieselben, ansonsten hatte der Ermittlungsbeamte Hervorder mit dem Mann auf dem Foto nichts mehr gemeinsam. Wer war die Frau? Was war aus ihr geworden? Waren die beiden noch ein Paar? Niemand konnte etwas darüber sagen. Das Privatleben des Kriminalhauptkommissars blieb für die Kollegen ein Mythos, so auch für mich.

»Okay, ich komme, so schnell ich kann«, versprach ich. Als ich den Telefonhörer auflegte, wusste ich, dass bei ihm die zehn Minuten tatsächlich nur neun Minuten bedeuten. Für ihn war das nämlich so: »Ein guter Polizist ist immer ein wenig früher vor Ort, merk dir das, Markus.«

Also doch nicht grillen, sondern ermitteln und lernen. Ich hatte mir meinen Sonntag eigentlich anders vorgestellt, aber gestorben wurde schließlich immer. Auch an Sonn- und Feiertagen, auch zu Weihnachten und Silvester.

Mit quietschenden Reifen bog ich auf den Parkplatz der Wache ein und sah bereits von Weitem Hervorder, der unruhig auf die Uhr linste. So schnell ich konnte, joggte ich zu ihm.

»Haben wir uns auch an die Verkehrsregeln gehalten?«
»Natürlich, Herr Kriminalhauptkommissar.«
»Angeschnallt?«
»Ja.«

Hervorder hatte einen kurzen Weg zur Dienststelle, er wohnte nur wenige Hundert Meter von der Wache entfernt. Einige sagten, er wäre nur aus diesem Grund umgezogen. In seinem Revier hier kannte er alle Straßen mit den Tempolimits und Baustellen. Ich hätte schwören können, dass er in den Herzschlägen, in denen ich seinem Blick standhalten musste, ausgerechnete, ob es überhaupt möglich war, in neun Minuten von meinem Wohnort zur Wache zu kommen, ohne die zulässigen Höchstgeschwindigkeiten zu überschreiten. Offensichtlich kam er zu dem Schluss, dass es tatsächlich ging, und nickte. Wir betraten beide das Polizeigebäude.

»Gut, dann aufrüsten und ab zum Einsatzort.«

»Aufrüsten« bedeutete, dass wir den Spurensicherungskoffer, die Waffen und alle anderen Utensilien an uns nahmen, beziehungsweise in den Zivilwagen packten. Bei Hervorder war es natürlich immer ein wenig mehr als bei allen anderen Ermittlern. So hatte er in einem Aktenkoffer alle möglichen polizeilichen Vordrucke und Bescheinigungen eingeheftet. Diese waren im konkreten Einzelfall sicherlich nützlich, aber ich halte den Antrag auf Reisekosten durchaus im Einsatz für verzichtbar. Der Kollege Hervorder hasste es, Zeit zu verlieren, also gab es die Details auf dem Weg.

»Ältere Dame meldete, dass ihr guter Freund nicht zu einer Verabredung gekommen sei. Er hatte schon länger über Herzprobleme geklagt, sie besaß deshalb auch einen Zweitschlüssel. Den Mann fand sie schließlich leblos in seiner Badewanne, RTW und Notarzt sind bereits vor Ort.«

Aufgrund der langen Anfahrtsstrecke kamen wir erst nach 30 Minuten am Einsatzort an. Es handelte sich um ein Wohngebiet inmitten einer ländlichen Gemeinde. Der Rettungswagen, der Notarzt, der Pfarrer und auch der Bestatter waren bereits vor Ort. Alle standen im Eingang des frei stehenden Einfamilienhauses. Hervorder stieg aus und ging geradewegs auf eine ältere Dame zu. Mir überließ er selbstverständlich den Transport des schweren Spurensicherungskoffers und das Abschließen des Dienstwagens. Wer war hier der Azubi? Die Lektion hatte ich bereits am ersten Tag unter seiner Aufsicht gelernt.

»Wo liegt die Leiche?«, fragte Hervorder in Richtung der Rettungskräfte.

Hervorder war nicht gerade berühmt für sein Einfühlungsvermögen. Die ältere Dame in der Eingangstür begann zu weinen. Sofort kümmerte sich eine Rettungsassistentin um sie. Ich stellte mich der Dame vor und versuchte so einfühlsam wie möglich, ein paar tröstende Worte zu finden, während der Hauptkommissar, ohne auf eine Antwort zu warten, ins Haus stürmte. Der Notarzt hatte im Haus bereits den Tod des Mannes festgestellt und die

Dame stellte sich mir als Anneliese Krüger vor. Als sie sich ein wenig gefangen hatte, kam Hervorder wieder aus dem Haus und räusperte sich. Er war einer der wenigen Ermittler, die bei solchen Befragungen nie einen Notizblock brauchten. Anscheinend konnte er sich alle Details so merken.

»Wieso sind Sie in das Haus gegangen?«, wollte er ohne Umschweife von Frau Krüger wissen.

Wir standen im Hausflur und Anneliese Krüger blickte immer wieder zur offenen Wohnzimmertür. Ich nutzte diese kleine Pause und stellte Frau Krüger dem Kriminalhauptkommissar Hervorder vor. So viel Zeit muss sein, dachte ich. Er wusste dies offensichtlich zu schätzen, denn seine Gesichtszüge verrieten ein mildes Lächeln.

»Herr Gumbrecht und ich trinken jeden Sonntag Kaffee im Bistro um die Ecke. Seit Jahren steht er pünktlich jeden Sonntag um 16:50 Uhr bei mir vor der Tür und holt mich ab«, schluchzte sie. Dabei behielt sie die Augen fest auf die Wohnzimmertür gerichtet, als erwarte sie ihren Bekannten im nächsten Moment im Türrahmen. »Wissen Sie, wir haben sonst niemanden mehr. Er lebte sehr zurückgezogen und war ein wenig … na ja, Sie sehen ja gleich die ganzen Wohnräume.«

»Was soll das bedeuten?«

Frau Krüger atmete tief. »Er war sehr … penibel, sage ich mal.«

»Und als er heute nicht kam, sind Sie direkt in die Wohnung gegangen?« Auf Hervorders Gesicht spiegelte sich eine Mischung aus Skepsis und Neugier.

»Nicht direkt. Vielleicht eine viertel Stunde später. Ich habe gerufen, ging schließlich ins Bad. Dort lag er dann. Sie müssen wissen, dass wir beide jeweils die Hausschlüssel des anderen haben. Für alle Fälle, hat Herr Gumbrecht immer gesagt«, erzählte Frau Krüger und unterdrückte sichtlich ihre Tränen.

Sie schien bei den Schilderungen der Auffindesituation sehr gefasst. Da war sie sicher eine Ausnahme.

»Hatte Herr Gumbrecht Feinde?«

Frau Krüger schüttelte beinahe schon brüskiert den Kopf. »Herr Gumbrecht? Der tut doch keinem etwas. Geht nur zur Arbeit und räumt seine Wohnung auf. Wissen Sie, er hatte so einen Tick.«

Offensichtlich hatte Hervoder genug gehört. »Wir schauen uns das mal an, bitte halten Sie sich hier noch bereit. Es kann sein, dass wir ergänzende Fragen an Sie haben.«

Hervorder und ich betraten das Haus. Mein Kollege ging natürlich voran, blieb mitten im Wohnzimmer stehen und begann, an seinen Fingerspitzen zu knibbeln. Diese Angewohnheit war mir unmittelbar bei unserer ersten Begegnung aufgefallen. Anscheinend knibbelte er immer dann, wenn er über etwas nachgrübelte, und Hervorder grübelte oft.

»Das ist doch mal aufgeräumt.«

Noch nie hatte ich so eine Wohnung gesehen. Penibel war in diesem Zusammenhang die Untertreibung des Jahrhunderts. Alles, wirklich alles, war entstaubt, aufgeräumt und schien einen festen Platz zu haben. Die Kissen auf der Couch waren genau im 90-Grad-Winkel zueinander angeordnet und hatten sogar alle denselben Abstand. Hervorder ließ mich den Sicherungskoffer auf dem Tisch platzieren, holte das Maßband hervor und ging zu den Kissen.

»Exakt 17,5 Zentimeter«, murmelte er, als er alle Abstände vermessen hatte.

Anschließend ging er zum nahe gelegenen Schreibtisch. Drei gleich lange Bleistifte waren nebeneinander drapiert. Auch hier maß Hervorder nach.

»4,5 Zentimeter.« Zwar blickte er mich an, doch es schien, als würde er durch mich hindurchsehen. »Interessant. Gehen wir ins Bad.«

Der Notarzt hatte gerade seine Arbeit beendet, zog sich die Handschuhe aus und gab den Blick auf die Leiche frei. Der leblose Körper des Mannes lag in der mit Wasser gefüllten Badewanne. Das Badezimmer war komplett in Weiß gehalten, Fliesen und Armaturen waren neuwertig. Lediglich die blauen Badematten

*Alles, wirklich alles, war entstaubt, aufgeräumt und schien einen festen Platz zu haben.*

sorgten für Farbe in diesem sterilen Raum. Die Anordnung der Kosmetikartikel auf der Ablage unter dem Spiegel ließ eine eindeutige Systematik erkennen und auch die Abstände zwischen dem Deoroller, dem Rasierwasser und der Rasierseife waren sicher kein Produkt des Zufalls. Die Haut des Toten wies immer noch einige Rötungen auf. An dem verkrampften Ausdruck der Augen konnte man sehen, dass er nicht einfach so entschlafen war. Kein schöner, friedlicher Tod, das war offensichtlich, sicher sogar ein kurzer Todeskampf. Die leblosen Arme schwammen auf den kleinen Wellen im Badewasser, die der Notarzt und die Rettungskräfte verursacht hatten. Der Kopf ragte aus dem Wasser heraus. Das spärliche graue Haar fiel zu einem Schleier über die halb geöffneten Augen.

Hervorder stellte sich neben den Notarzt. Die beiden kannten sich anscheinend und so ging es ohne Begrüßung los.

»Scheint Herzversagen zu sein.«

»Fremdeinwirkung?«, wollte mein Chef wissen.

»Es gibt keine Auffälligkeiten. Das Wasser war noch warm, als die RTW-Jungs hier eintrafen.«

Der Kriminalhauptkommissar wandte sich an mich. »Hol mir mal ein Thermometer.«

Ich trat an den Spurensicherungskoffer heran, hob ihn an, stellte ihn auf dem WC ab und öffnete die beiden Schlösser. Dies dauerte ihm offenbar viel zu lange, denn Hervorder trat neben mich und griff zielgenau in ein Seitenfach. Heraus holte er ein Thermometer. Er nahm es mit an die Wanne und führte die Metallspitze langsam ins Wasser hinein.

»Immer noch 14 Grad«, stellte er fest. »Das passt.«

Ich verstand gar nichts mehr. Warum immer noch so warm? Noch bevor ich die Frage ausformuliert hatte, drehte sich Hervorder zu mir. »Zwangsstörung«, war das einzige Wort, das über seine Lippen kam.

»Wie meinen Sie das?«

»Eine neuropsychiatrische Erkrankung, psychische Störung, wenn Sie so wollen. Der Betroffene hat einen inneren Drang, bestimmte Dinge zu tun oder zu denken. Auch wenn er sich dagegen wehrt oder sie selbst als sinnlos ansieht, kann er nichts dagegen machen.« Hervorder machte eine kurze Pause, zog sich die Handschuhe über und griff das Gelenk des Mannes. »Sehen Sie sich die Fingernägel an. Da ist kein weißer Rand zu sehen, aber dafür viele blutige Stellen. Er muss sich die Nägel immer bis zum äußersten Rand abgefeilt haben.« Mein Kollege sah sich um. »Versuchen Sie mal, am Spiegel oder an der Klinke des Badezimmers Abdrücke zu nehmen, ich will etwas überprüfen.«

Ich nickte, nahm Pulver und Fehhaarpinsel an mich und versuchte, einen brauchbaren Abdruck herzustellen. Jeder von uns hinterlässt täglich Hunderte Fingerabdrücke, besonders auf Türklinken, Telefonen oder Schranktüren. Doch im Bad des Herrn Gumbrecht war nichts zu sehen. Nicht ein einziger Abdruck. Nachdem er die Tür geschlossen hatte, musste er wirklich anschließend die Klinke gesäubert haben. Kopfschüttelnd verabschiedete sich der Notarzt, nicht ohne uns noch viel Glück zu wünschen.

»Das scheint Ihre Theorie zu bestätigen«, sagte ich an meinen Chef gewandt.

»Ja, leider.«

»Inwiefern?«

»Ich hätte zu gerne ein paar Abdrücke gefunden. Jetzt könnte der Mann sie wirklich weggewischt haben oder aber jemand anderes hat es absichtlich gemacht.«

An dieser Stelle räusperte ich mich. Ohne Frage, Hervorder war ein großer Ermittler, doch für meine Begriffe an dieser Stelle etwas zu genau. Immerhin hatte der Notarzt bereits erklärt, dass er Fremdverschulden ausschloss.

»Herr Kriminalhauptkommissar, vielleicht hat er wirklich die eigenen Fingerabdrücke weggewischt. Sie haben ja die Wohnung gesehen.«

Hervorders Gesicht wurde eine Nuance zorniger. »Und wenn jemand genau diese Informationen hatte? Wir sind hier noch lange nicht fertig.«

Ich wurde erst einmal wieder zu Frau Krüger geschickt. Ich befragte sie konkret zum alltäglichen Verhalten des Herrn Gumbrecht und sie bestätigte auf meine Fragen hin, dass er jedes Mal die Klinken und die anderen Möbelstücke abwischte, nachdem er sie angefasst hatte.

In der Beziehung sei der Tote etwas »speziell« gewesen. Sie zeigte mir sogar seine Abstellkammer, in der Dutzende Haushaltstücher und ebenso viele Handschuhe gelagert waren. Nach Aussage der Frau Krüger hatte Herr Gumbrecht nicht allzu viel Geld, zumindest nichts, von dem sie wüsste.

Als ich mit der Befragung fertig war, gesellte ich mich wieder zu Hervorder und führte seine weiteren Anordnungen aufs Genaueste aus, bis er sich wieder einigermaßen beruhigt hatte. Wir überprüften das Schloss der Haustür und das Türblatt auf Beschädigungen, fanden jedoch nichts Auffälliges. Die Fenster waren ebenfalls unbeschädigt. Es gab auch keine weiteren Zugänge zu den Wohnräumen. Als wir die Tatortaufnahme beendet hatten, standen wir wieder vor dem Toten in der Badewanne.

Tief in Gedanken versunken, knibbelte Hervoder wieder an seinen Fingernägeln.

»Er muss so heiß gebadet haben, dass er einen Hitzschlag bekam. Das in Kombination mit dem kranken Herzen hat den Infarkt ausgelöst. Nicht ungewöhnlich bei Zwangsstörungen.«

»Wissen Sie, wie die entstehen?«, wollte ich wissen.

Es erschien mir, als hätte Hervorder nur auf diese Frage gewartet. Er baute sich vor mir auf und begann seinen Vortrag: »Einige Erkrankungen sind vererbbar. Bei anderen muss man den Ursprung in der Kindheit suchen. Im Alter von zwei bis drei Jahren haben Kinder ihre anale und orale Phase. Einige spielen im Dreck, mit dem Essen, sie wollen alles, was sie finden, in den Mund stecken.

Wenn die Eltern dann zu sehr auf Sauberkeit achten, kann es zu so einer Störung kommen.«

Hervorder bemerkte meinen unsicheren Blick.

»Weil die Eltern zu oft die Hände waschen, manifestiert sich eine Zwangsstörung?«

Jetzt umspielte ein Lächeln seine Lippen. »Denken Sie nicht an den rosa Elefanten!«

War ich plötzlich im falschen Film? »Entschuldigung, wie meinen Sie das?«

»Wenn ich Ihnen jetzt sage, dass sie beim Verlassen des Hauses auf keinen Fall an einen rosa Elefanten denken sollen, werden Sie es tun.«

Ich zuckte mit den Schultern. »Ich denke nicht.«

»Alleine durch das Verbot und das abstrakte Bild in Ihrem Kopf werden Sie es tun, glauben Sie mir«, wiederholte er. »Also dran denken: Nicht an den rosa Elefanten denken.« Einige Sekunden ließ er die Worte wirken, dann wandte er sich wieder der Leiche zu. »Gut, holen wir ihn da raus. Ich nehme die Füße, Sie die Hände, der Leichenwagen müsste bald hier sein.«

Während ich die Ärmel hochkrempelte, musste ich an die Worte des Kripo-Beamten denken, als ich meine erste Leiche gesehen hatte.

*Wir sind hier nicht in Hollywood, wo alle schön sterben. Es ist nicht so, dass sie in den Armen des Liebsten mit einem Lächeln von uns gehen. Die meisten Tode sind einsam. Alte Menschen auf ihrer Couch oder halt so etwas hier.*

Wie recht er hatte. Auch diese Leiche hatte nichts mit den Fernsehtoten gemein. Der Mund stand halb offen, die Augen waren verdreht und sein Gesicht war leicht aufgedunsen. Trotzdem hatte ich gelernt, jeglichen Ekel beiseitezuschieben. Hervorder packte seine Fußgelenke, ich die Arme.

»Bei drei. Eins, zwei …«

Platsch! Verdammt, was war jetzt passiert?

Nur wenige Zentimeter konnten wir den Mann aus dem Wasser hieven, dann waren wir fast gleichzeitig abgerutscht und die Leiche landete wieder im Wasser.

»Schauen Sie sich Ihre Handschuhe an«, forderte mein Chef mich auf.

Ich drehte meine Hände vor den Augen. Mehrere Hautschichten hatten sich von den Gelenken des Mannes abgelöst und klebten nun wie ein Teig auf meinen Handschuhen.

»Wie heiß muss der Mann gebadet haben?«, platzte es ungläubig aus mir heraus.

»Sehr heiß. Zwangsstörungen können sehr intensiv sein. Wahrscheinlich so heiß, wie es geht. Noch ein Versuch!«

Ich packte etwas höher, um die Stellen nicht zu berühren, an denen die Haut sich abgelöst hatte. Wieder spürte ich, wie die Hitze seine tote Haut abgelöst hatte, und rutschte ab. Erst beim dritten Versuch konnten wir die Leiche aus dem Wasser hieven.

Während sich eine Wasserlache unter dem Mann bildete, zog sich Hervorder neue Handschuhe an und begann seine Untersuchung. Vor meinem Gesicht drehte ich immer noch den Handschuh mit den Hautschichten der Leiche daran.

»Verdammt, geht das schnell«, fuhr es aus mir heraus.

»Dass sich die Haut ablöst? Natürlich, der gute Mann hat sich verbrüht.«

Ich zog meine Handschuhe aus und kniete mich neben den Leichnam.

»Das müssen doch wahnsinnige Schmerzen gewesen sein.« Jetzt begann Hervorder sogar zu lächeln.

»Schmerz ist eine Sinneswahrnehmung, ein kleiner Trick der Evolution, damit wir auf den tadellosen Zustand unseres Körpers achten können. Bei Zwangsstörungen kommt zwar dasselbe Signal im Kopf an, wird aber mit bestimmten Mitteln unterdrückt.«

»Er hat sich also in die kochend heiße Wanne gelegt, obwohl er Schmerzen hatte?«

»So sieht es aus.« Hervorder zog die Nase hoch, drehte den Mann ein wenig, damit er den Hinterkopf befühlen konnte. »Mit der Zeit lernt man den Schmerz zu kontrollieren, ihn in andere Bahnen zu lenken.«

»Ein Leben ohne Schmerz, nicht schlecht«, sagte ich vielleicht etwas zu gedankenlos.

Sofort hielt mein Chef inne. »Nicht ohne Schmerz, er hat nur sämtlichen Schmerz ausgehalten.« Weiteres Kopfschütteln in meine Richtung, dann wandte Hervorder sich wieder der Leiche zu. »Seien Sie froh, dass Sie Schmerz spüren können. Menschen mit HSAN gibt es. Und das sind wirklich arme Schweine.«

»HS... was?«

Wieder drehte er die Leiche, leuchtete ins linke Auge und befühlte die Haut am Hals. Anscheinend vertraute er dem Notarzt nicht vollends. Mich hätte es nicht gewundert, wenn Hervorder nebenbei noch eine Ausbildung als Sanitäter absolviert hätte.

»Hereditäre sensorische und autonome Neuropathie«, flüsterte er tief in Gedanken versunken, anschließend wurde seine Stimme lauter. »Menschen, die keinen Schmerz verspüren können. Beim Essen zum Beispiel. HSAN-Patienten beißen sich auf die Zunge. Sie merken es erst, wenn Blut aus dem Mund läuft. Keine schöne Sache.«

Gerade als die Bestatter ins Bad kamen, war Hervorder fertig mit seiner Untersuchung.

»Tja, scheint wirklich zunächst keinen Hinweis auf Fremdeinwirkung zu geben. Lassen Sie uns die Sachen packen.«

Zehn Minuten später waren alle nötigen Formulare ausgefüllt und auch der vorläufige Bericht fertig. Während der Kommissar noch mit den Bestattern redete, dachte ich über Zwangsneurosen nach. Es war schon beeindruckend, was für ein komplexes Organ das Gehirn ist. Es treibt uns zu Höchstleistungen an oder lässt uns unlogische Dinge tun. Zum Beispiel sich in kochend heißes Wasser setzen und das dann einfach aushalten. Wenn die Theorie von Hervorder wirklich stimmte, hatte Herr Gumbrecht seinen Körper fast täglich irgendwie gequält. Kein schönes Leben, wenn man Sklave seiner eigenen Zwänge war.

Hervorder schien sich mit solchen Dingen hervorragend auszukennen. Hatte er mir deshalb diesen Elefanten-Gedanken in den Kopf gesetzt?

Ich stand auf der Schwelle und versuchte an alles Mögliche zu denken, nur nicht an den rosa Elefanten. Natürlich gelang es mir nicht. Erst im Auto verschwand der farbenfrohe Dickhäuter endlich aus meinem Kopf.

»Und?«, wollte er wissen.

»Sie hatten recht.«

Er nickte und drehte den Zündschlüssel um. Dabei fielen mir seine blutigen Fingernägel auf, an denen er schon wieder knibbelte. Anscheinend war der tote Mann in der Wohnung nicht der Einzige, den ein traumatisches Ereignis ziemlich mitgenommen hatte. Doch dazu sollte ich nie mehr erfahren.

# KAPITEL 9

# NORMALES TAGWERK

Nach etlichen Klausuren, vielen Prüfungen, unzähligen zerschundenen Kugelschreibern und einer schmerzhaften Sehnenscheidenentzündung war es nach drei Jahren endlich so weit. Ich hatte die Kriminalmarke in der Tasche und durfte mich von nun an Kriminalkommissar nennen. Von der ländlichen Behörde zog es mich wieder in die Stadt und auch ein alter Bekannter kreuzte erneut meinen Weg.

Beinahe hätte ich meinen Kaffee verschüttet, als eines Morgens Mattus vor mir stand und meinen Rücken mit mehreren Schlägen traktierte.

»Da hast du es tatsächlich zur Kripo geschafft«, lachte er freudestrahlend bei unserer ersten Begegnung im Kommissariat und fuhr sich über den Bart. »Der *Braune* jagt jetzt die großen Jungs.«

Im Zuge der unzähligen Umstrukturierungen war Mattus aufgrund seines Alters vom Wach- in den Ermittlungsdienst berufen worden. Auch er hatte die zwei silbernen Sterne und die Uniform gegen die Kriminalmarke getauscht. Er war also nicht nur dienstälter, sondern mittlerweile schon Kriminaloberkommissar. Und das ganz ohne Fachhochschulstudium.

Also eigentlich war alles wie früher. Natürlich kamen wir auf eine Bude, in ein Büro, ich bekam den Schreibtisch genau gegenüber von ihm und Mattus hatte sich in den Jahren kaum verändert. So verstand es sich von selbst, dass mir sofort die besten Jagdgebiete in der Oberlausitz vorgestellt wurden. Selbstverständlich ohne, dass ich darum gebeten hatte.

Trotzdem, ich konnte ihm nicht böse sein, immerhin hatte er mir sehr viel beigebracht. Und so ließ ich es sogar durchgehen, dass wirklich jeder auf der Dienststelle die Geschichte über die Entstehung meines fragwürdigen Spitznamens noch einmal aus erster Hand durch Mattus erfuhr. Er sparte dabei nicht mit Ausschmückungen und mich beschlich das Gefühl, dass im Laufe der Zeit meine Wedelattacke mit der Kelle immer größere Ausmaße annahm. Sei's drum.

Einer unserer ersten gemeinsamen Fälle war ein Einbruch in einen Kiosk. Es war ein Dienstagmorgen im Herbst. Die ganze Dienststelle saß zusammen im Besprechungsraum. Einige tranken Kaffee, andere Tee. Alle hörten gebannt den Schilderungen des Dienststellenleiters zu, der den täglichen Lagebericht, eine Zusammenfassung der wesentlichen Ereignisse des vorherigen Tages und der vorherigen Nacht in der Behörde, vorlas. Nicht nur Kriminalfälle, auch größere Schadenslagen wurden so allen Mitarbeitern und Mitarbeiterinnen bekannt gemacht.

Neben den Ermittlungsbeamten und den Kommissaren hatte noch eine Schülerpraktikantin am Ende des langen Tisches Platz genommen. Miriam war 18 Jahre alt und spielte mit dem Gedanken, nach dem Abitur im nächsten Frühjahr zur Polizei zu gehen. Sie war schon einige Tage bei uns im Kommissariat und ich hatte ihr auch schon einige Abläufe bei der Kriminalpolizei erklärt, nichts Spektakuläres versteht sich. Die tägliche Arbeit war es, die sie kennenlernen sollte. Dazu gehörte vor allem die Schreibtischarbeit. Das Lesen von Strafanzeigen, die Vernehmung von Zeugen und Beschuldigten, die Durchführung von erkennungsdienstlichen Behandlungen, also Fingerabdrücke nehmen und Fotos fertigen. Das war die klassische Ermittlungsarbeit, nicht so spannend, wie im Allgemeinen angenommen wird, aber notwendig und zeitaufwendig. Leider waren Akten und Fingerabdrücke nicht gerade Miriams

Ding. An gefährlichen Einsätzen sollten die Praktikanten natürlich nicht unbedingt teilnehmen, was Miriam aber schrecklich wurmte. Heute war sie zum zweiten Mal bei einer Lagebesprechung anwesend und saß mit funkelnden Augen neben Mattus.

»Wir haben einen alten Bekannten in der Tonne sitzen«, eröffnete unser Chef mit einem Blick auf seine Unterlagen. »Ronald Benz ist wieder da.«

Ein Raunen ging durch die Runde.

»In der Tonne scheint die Sonne«, fügte Mattus im Flüsterton hinzu und ich konnte mir ein Lächeln nicht verkneifen.

Die *Tonne* nannten wir die Gewahrsamszellen im Erdgeschoss der Wache. Mattus liebte den Ausdruck und ließ ihn nach fast jeder Festnahme fallen.

Ronald Benz war in der ganzen Stadt wohlbekannt, wie der Rest seiner Familie auch. Mattus kannte die Benz-Sippe schon aus seinen Anfangszeiten im Wachdienst. Er erinnerte sich, dass er bereits den Großvater von Ronald Benz nach einem Einbruch eingelocht hatte. Das war schon mehrere Jahrzehnte her und es schien, als sei jetzt die übernächste Generation der Familie dran, die Fehler der Vorfahren zu wiederholen.

Mit seinen 23 Jahren hatte Benz jr. schon eine beachtliche »Karriere« hinter sich. Dabei ging er nicht gerade zimperlich vor und galt auch nicht unbedingt als der hellste Stift im Malkasten. Körperverletzung, Diebstähle, BTM, eigentlich war alles dabei, was einen Kleinkriminellen ausmachte.

Es ist wirklich nicht so, dass man im Polizeidienst nur das Schlechte im Menschen sieht. Das ganz sicher nicht. Es gibt viele Straftäter, die aus der Not heraus vom Weg der Tugend abkamen. Man erkennt sehr schnell, wer die Spreu ist und wer zum Weizen gehört. Vor allem die Vernehmungssituationen zeigen oft ein positiveres Bild des Betroffenen. Diesen Menschen ist tatsächlich zu wünschen, dass ihnen der Ausstieg aus dem kriminellen Milieu gelingen möge. Ein fester Job, eine kleine Wohnung, vielleicht Frau und Kinder. Man redet sich bei den Vernehmungen den Mund fusselig und hofft, dass die Person es jetzt endlich verstanden hat. Natürlich nehmen viele Kunden diese Gespräche »total ernst« und wollen jetzt auch »ganz bestimmt ein neues Leben beginnen«. Auf jeden Fall werde man »die nächste Ausbildung nicht schmeißen« oder »beim Arbeitsamt mal fragen, ob man nicht den Schulabschluss nachholen kann«.

Gott, ich würde es manchen Menschen so sehr wünschen. Wenn nur zehn Prozent bei ihren Vorsätzen blieben, hätten wir um einiges weniger zu tun. Ich hatte wirklich die Hoffnung, dass Benz einer von ihnen werden könnte.

Er war mehrere Monate unauffällig gewesen, aber jetzt fiel sein Name wieder in Verbindung mit dem Einbruch und ich wusste, dass er keine 30 Meter Luftlinie von mir entfernt im Gewahrsam saß.

Der Tag begann nicht gut.

»Zeugen beobachteten gegen 3:30 Uhr in der Nacht, wie zwei maskierte Männer versuchten, in einen Kiosk einzubrechen«, fuhr unser Chef fort. »Ein paar Minuten später konnten die Kollegen Benz festnehmen. Er sitzt noch bei uns im Gewahrsam. Anzeige ist schon geschrieben. Der zweite Täter konnte flüchten. Er trug blaue Jeans und einen weißen Kapuzenpulli mit der prägnanten Aufschrift *Gangster*.«

Einen auffälligen weißen Pullover bei einem nächtlichen Einbruch anzuziehen – super Idee!

»Obwohl die Kollegen die Verfolgung des zweiten Täters aufnahmen, konnte er zu Fuß in Richtung Innenstadt flüchten. Sichergestellt wurden bei Benz mehrere Stangen Zigaretten und drei Flaschen Spirituosen. Natürlich will Benz nicht aussagen, mit wem er das Ding gedreht hat. Brauner, Mattus, ihr kümmert euch um diesen Kunden.« Der Chef schaute in Richtung Miriam und fragte: »Na, Miriam, hast du Lust, die beiden zu begleiten?«

Miriam war die Begeisterung anzusehen: »Das wäre ja super!«

Der Chef schien mit genau dieser Reaktion gerechnet zu haben: »Na, dann kann ja nichts passieren. Aber passt auf die Kollegin auf. Keine Extrawürste.«

Mattus schlug mir kräftig mit der Pranke auf den Oberschenkel und schenkte mir sein bezauberndstes Lächeln. »Dann wollen wir dem Jungen mal auf den Zahn fühlen.«

Ich nickte und schon waren wir in unserem Büro verschwunden.

»Der Junge hat ja ganz schön was auf dem Kerbholz«, murmelte Mattus und beäugte kritisch die Unterlagen. »Hat aber Glück, der wird rauskommen.«

»Er wird nicht eingesperrt?«, wollte Miriam wissen.

Ich schüttelte den Kopf. »Benz hat keine Bewährungsstrafe mehr offen. Das heißt, er darf wirklich nach Hause, wenn sonst keine Haftgründe mehr bestehen. Vielleicht lernt er ja diesmal aus seinen Fehlern.«

Miriam hatte ihren Block gezückt und schrieb so schnell mit, dass ich Angst um ihr Handgelenk hatte. »Was wären die Haftgründe in diesem Fall?«

Jetzt musste ich etwas ausholen. »Das wären zum Beispiel Flucht- oder Verdunkelungsgefahr. Schau mal, wenn wir den jetzt rauslassen, dann könnte er Zeugen einschüchtern, die fehlende Beute verstecken oder sich mit dem Mittäter absprechen. Das wäre Verdunkelungsgefahr.« Ich wartete, bis der Kugelschreiber in ihrer Hand zur Ruhe kam. »Fluchtgefahr besteht in diesem konkreten Fall hier nicht, weil er einen festen Wohnsitz hat. Der haut nie und nimmer ab. Seine Familie wohnt hier und die Straferwartung wird den Benz nicht zum Abhauen bewegen, glaube ich jedenfalls nicht.«

Miriam nickte eifrig. »Also, wenn der Mittäter geschnappt ist, kann Benz gehen, weil der Fall dann aufgeklärt ist und keine Gefahr der Verdunkelung mehr besteht?«

Mattus und ich wechselten Blicke.

»Im Grunde schon«, bestätigte ich. »Und dann bleibt nur zu hoffen, dass er nicht rückfällig wird.«

Mattus lehnte sich mit beiden Armen auf den Schreibtisch. »Meinst du wirklich? Solche lernen es nie. Der hat nur die Zeit der Bewährung abgesessen oder sich nicht erwischen lassen, um dann einen größeren Versuch zu starten.«

Leider war und ist es wirklich so. Einige Kunden haben wir schon ein paar Tage nach Ablauf der Bewährungsfrist wieder in der Tonne sitzen. Die nächste Bewährungsstrafe folgt, bis irgendwann ein Richter zu schärferen Maßnahmen greift. Das sind dann die Haftstrafen ohne Bewährung.

Noch einmal sah ich mir die Unterlagen an.

»Aber es wird doch ein Verfahren eröffnet?«, hakte Miriam nach.

»Klar, über die erste Post von der Staatsanwaltschaft wird der vielleicht noch lachen, aber wenn er dann in der Verhandlung an einen Richter gerät, der keinen guten Tag hat, kriegt er sicher etwas aufgebrummt.«

Mattus nickte und warf die Akte auf den Tisch. »Gut so, dann wollen wir doch mal sehen, ob er nicht seinen Kumpel anzinkt.«

Die Chance stand gar nicht so schlecht für uns. Auch hier war es nicht wie in den Filmen, dass die Kriminellen meist heroisch schweigen bis zum Schluss. Oftmals hielt die »Freundschaft« zwischen den Halunken nur bis zur nächsten Festnahme.

Zu dritt gingen wir die Treppe hinunter und erreichten den Gewahrsamstrakt. Bei der Einlieferung in die Zelle hatte Benz alle Sachen abgeben müssen, mit denen er sich selbst verletzen könnte. Dazu gehörten zunächst Schnürsenkel und Hosengürtel, aber auch Körperschmuck wie Ketten, Armbanduhren und Ohrringe. Natürlich auch das Zungenpiercing. Die anderen Habseligkeiten wurden fein säuberlich in eine Kunststoffkiste im Regal deponiert und warteten darauf, wieder in Empfang genommen zu werden. Mattus und ich zogen uns Handschuhe an und überprüften Ronald Benz' Sachen. Schnell wurde uns klar, dass wir hier nichts Außergewöhnliches finden würden, als plötzlich sein Handy vibrierte.

»Eine SMS von Jonny H.«, las Mattus vor. »*Und? Alles klar?*«

Mehrmals ging ich den Text durch. »Jonny H.? Das klingt doch nach dem Hartung.«

Miriam trat einen Schritt näher zu uns.

»Hartung? Den Namen kenn ich doch. Auf unserer Schule ist die Familie sehr bekannt. Die kommen immer rüber und machen auf dem Schulhof Stress. Der hat noch zwei Brüder.«

»Und eine ganze Menge Cousins«, fügte ich hinzu.

Wir kannten die Sippe Hartung. Eine renitente Truppe, die sich einfach nicht an das Gesetz halten wollte, und zwar mit wachsender Intensität. Jonnys Vater war ein großer Amerikafan, ohne jemals dort gewesen zu sein, deshalb der Vorname seines Sohnes. Er selbst hörte auf den Namen Erich und auch ihn hatte ich bereits mehrmals festgenommen. Unzählige Tattoos und Fahnen in seiner Wohnung zeugten von seiner Leidenschaft. Zumindest war es in seiner alten Behausung so. Die Familie musste mehrmals in kurzen Intervallen umziehen, weil sie das Geld des Arbeitsamtes nicht für die Miete, sondern für Spirituosen und andere Genussmittel ausgab.

Na, der neue Vermieter würde sich freuen.

Früher war Erich Hartung in der Stadt ziemlich berüchtigt gewesen, hatte aber nie viel Geld gemacht und lebte jetzt in einer kleinen Wohnung mit seiner Frau und Jonny.

»Wundert mich nicht, dass der den Benz kennt. Die kommen sogar aus derselben Gegend«, sagte ich nachdenklich.

Mattus warf spielerisch das Handy in die Luft. »Zufall?«

»Wohl eher weniger, aber vielleicht spricht der Benz gleich mit uns und wir können uns eine Menge Arbeit sparen.«

Also holten wir unseren Kunden aus der Tonne und führten ihn in das Vernehmungszimmer. Mit gleichgültiger Miene saß uns ein ausgeschlafener Junge gegenüber, der das Ganze hier seiner Aussage nach »ziemlich bescheuert« fand.

Manchmal hatte ich den Eindruck, dass die Pritschen in den Gewahrsamszellen immer bequemer wurden, je öfter die Herrschaften bei uns zu Gast waren. Und Benz war schon oft hier gewesen, kannte nicht nur das Prozedere, sondern wusste auch, was er zu sagen hatte.

Nämlich gar nichts. Völlig entspannt ließ sich Benz auf den Holzstuhl im Vernehmungszimmer nieder.

Als ich gerade mit der Beschuldigtenbelehrung begonnen hatte, fiel er mir ins Wort. »Isch hab kein Bock auf den ganzen Scheiß. Ihr könnt also sofort wieder abdackeln.«

Kollege Mattus hatte sich noch nicht einmal richtig hingesetzt. Ich liebe solche Vernehmungen, besonders dieses »isch«. Miriam blickte ebenfalls sehr verständnislos auf den jungen Mann vor ihr.

»Guten Morgen, Herr Benz«, öffnete Mattus unbeirrt. »Gestern eine interessante Nacht gehabt?«

Benz schüttelte den Kopf und blickte zur Seite. »Ich bin aus der Bewährung raus.«

»Das haben wir eben auch gesehen«, sagte ich. »War ja nicht viel Schore, die ihr mitgenommen habt. Lohnt sich das überhaupt?«

Jetzt blickte er mich an und kreuzte die Arme. »Alter, irgendwann werde isch so viel Kohle verdienen, dass isch dein Haus kaufen kann!«

Was für ein sympathischer junger Mann.

Zu gerne hätte ich mich mit Marty McFly in Doc Browns DeLorean gesetzt, um das zu überprüfen. Zumindest bis heute ist jedoch noch nichts Derartiges passiert.

»Großartig. Also Schluss mit lustig. Wer war der andere?« Mattus wurde langsam ungeduldig.

Wieder wandte sich Benz ab. Mattus und ich wechselten Blicke, dann legte er das Handy auf den Tisch. »Ein guter Kumpel hat dir gerade geschrieben. Jonny Hartung wollte wissen, ob alles klar ist.« Mattus lehnte seinen massigen Bauch nach vorne und atmete tief. »War er das letzte Nacht mit dir?«

Benz prustete abfällig und drehte erneut den Kopf. Die Reaktion war zu erwarten.

»Wir könnten ein gutes Wort für dich einlegen. Dazu musst du uns nur einen Namen sagen.« Zugegeben, ein Griff tief in die Klischee-Kiste, aber hin und wieder klappte es tatsächlich. »Komm schon, wir kriegen den sowieso, du ersparst uns nur eine Menge Arbeit und dir eine Menge Ärger.«

Anscheinend hatte ich seine Aufmerksamkeit.

»Was ist mit den Kippen und dem Schnaps? Kann isch das Zeug dann behalten?«

Oh mein Gott, dachte ich. Ist der hohl. Es kam nicht oft vor, aber hin und wieder hatten wir tatsächlich solche Gehirnakrobaten dabei, die wirklich annahmen, dass sie die Beute ihrer Taten nach einem Geständnis mit nach Hause nehmen dürfen. So eine Art Bonussystem für Einbrecher.

Jetzt galt es, weiter ernst zu bleiben.

»Das geht wieder zurück an den Besitzer und um die Anklage wirst du auch nicht herumkommen. Mit etwas Glück ist aber noch einmal eine Bewährungsstrafe drin. Dann kannst du zumindest heute nach Hause gehen. Immerhin hast du einen festen Wohnsitz und dir ein Jahr lang nichts zuschulden kommen lassen.«

Benz sah mich gefühlte fünf Minuten mit völlig leerem Blick an, in dem ich höchstens einen Bildschirmschoner erkennen konnte. Dann wieder ein Kopfschütteln.

»Das wird nichts«, sagte Mattus laut und erhob sich mit einem lauten Stöhnen. »Sag am Ende nicht, dass wir dir keine Chance gegeben hätten.«

Benz wurde wieder in die Gewahrsamszelle geführt und wir drei gingen zurück in unser Büro.

»Und? Wie geht es weiter? Was machen wir jetzt mit dem Typen?«, wollte Miriam wissen. »Der kommt doch wohl nicht durch damit, oder?«

Die Schülerin hatte eine solche Vernehmungssituation im Rahmen einer Haftsachenbearbeitung noch nie erlebt. Sie hatte jedes Wort in sich eingesogen.

»Wir machen nichts weiter«, erwiderten Mattus und ich. Dann ließen wir uns hinter die Schreibtische sinken.

Ein paar Minuten später lag die daumendicke Kriminalakte von Jonny Hartung vor mir. Ich hatte sie mir aus der Aktenhaltung besorgt. Auch dieser junge Mann hatte ordentlich was auf dem Kerbholz, um es mit Mattus' Worten auszudrücken. Zusätzlich stand er seit seiner letzten Verhandlung auch unter Bewährung. Falls wir dem Hartung den Einbruch in den Kiosk nachweisen konnten, würde er wahrscheinlich direkt in die Tonne wandern, nicht mehr über Los gehen und auch nicht viel Spaß an der Beute haben. Das kam aber natürlich auf den Haftrichter an. Hartungs Profil passte schon in Teilen auf das eines Einbrechers. Er hatte noch acht Strafverfahren wegen Drogendelikten und Diebstahl offen. Zudem war er impulsiv, gewalttätig und hatte bereits zwei seiner Freundinnen krankenhausreif geschlagen.

Doch falls Benz weiterhin dichthielt, würde es wahrscheinlich nicht gelingen, Jonny den Einbruch einfach so nachzuweisen. Hartung war zwar nicht der Hellste, er hatte aber diese gefährliche »Bauernschläue« von seinen Vorfahren in die Wiege gelegt bekommen. Sicher hatte er die Schore längst verkauft. Er wird sicher nicht mit dem Einbruch herumprahlen. Tatzeugen von heute Nacht hatten sich trotz Veröffentlichung in der Presse nicht gemeldet und Jonny einfach wegen einer vermeintlichen SMS einzulochen, das war nicht möglich.

Noch ganz in diesen Gedanken vertieft, blätterte ich durch die Akte, als mein Herzschlag für einen Moment aussetzte.

»Ähh … Mattus, sag mir noch mal, wie die Zeugen die beiden beschrieben hatten?«

Er überflog seine Notizen. »Benz trug einen schwarzen Pulli, Jeans und dunkle Schuhe. Der andere Verdächtige, der Flüchtige, trug einen weißen Kapuzenpullover mit der Aufschrift *Gangster*.«

Wären nicht meine Ohren im Weg gewesen, hätte ich in diesem Moment im Kreis gegrinst. Genüsslich legte ich das letzte Lichtbild von Jonny auf Mattus' Schreibtisch. Es war im letzten Jahr anlässlich einer erkennungsdienstlichen Behandlung gefertigt worden. Ein kurzer Blick auf das Bild, dann donnerte Mattus' Faust auf den Tisch.

»Wie kann man nur so blöd sein?«

Auf dem Foto war Jonny Hartung tatsächlich in seiner Vollkommenheit abgebildet.

»Schön muss der aber noch werden«, warf Miriam ein.

»Was fällt dir denn sonst noch auf?«, wollte ich von ihr wissen.

»Hallo! Das gibt es doch nicht, der hat ja den weißen Pulli an«, fuhr es ihr heraus.

Tatsächlich, Jonny trug auf dem Foto seinen blütenweißen Sweater mit Kapuze und der Aufschrift *Gangster*.

»Ist aber auch nicht der klügste Keiler im Wald. Das ist sicher sein Lieblingspulli.«

Mattus sprach mir aus der Seele. Helle Kleidung in der Nacht, sehr gewagt. Dann auch noch ein sehr auffälliges Kleidungsstück. Und wenn es dazu noch dasselbe ist, mit dem man schon einmal von der Polizei fotografiert wurde, dann ist die Berufsentscheidung sicher noch einmal zu überdenken. Auch erfolgreiche Einbrecher haben Mindestanforderungen zu erfüllen.

Vielleicht sollte ich an dieser Stelle erwähnen, dass dieser Fall die Ausnahme darstellte und nicht zur Regel gehörte. Nicht alle unsere Kunden legen uns mit Brotkrumen den Weg, damit wir diese nur noch aufsammeln müssen.

»Dann statten wir dem guten Jonny doch mal einem Besuch ab.«

Mattus war bereits aufgestanden und während wir die Gürtel anlegten, stand auch Miriam auf. Die ganze Zeit hatte sie nur still gelauscht. Es schien, als wäre sie sogar ein wenig aufgeregt.

»Kann ich mitkommen?«

Mattus zuckte mit den Schultern.

»Wir wollen da nur mal ein wenig auf den Busch klopfen. Also warum nicht.«

Miriam platzte beinahe vor Vorfreude. Heute war ihr letzter Tag und Mattus und ich hatten irgendwie das Bedürfnis, ihr noch etwas zu bieten. Immerhin war die Familie Hartung polizeierfahren. Die wussten, wie es lief.

Zu dritt stiegen wir in den Zivilwagen, meldeten uns bei der Leitstelle an und erreichten nach einer kurzen Fahrt den Stadtteil, in dem Benz und Hartung wohnten. Aus der Akte hatte ich entnommen, dass er wieder bei seinen Eltern eingezogen war. Für kurze Zeit hatte er sich zuvor sogar eine eigene Wohnung gemietet, bevor er die Lageristenlehre nach nur fünf Monaten geschmissen hatte. Eigentlich schade. Dass gerade solche Fälle wie Jonny die Familientradition brechen, ist leichter gesagt als getan.

Es war kurz vor zehn Uhr am Morgen, als wir vor dem Mehrfamilienhaus der Arbeitersiedlung ankamen. In diesem Viertel waren unsere Zivilfahrzeuge allesamt bekannt. Daher war es nicht verwunderlich, dass wir beim Aussteigen schon die misstrauischen Blicke der Anwohner spürten. Wie es sich für unser Klientel gehörte, stand die Haustür ins Treppenhaus sperrangelweit offen. Wir betraten das Treppenhaus und hatten in den ersten Sekunden schon den Überblick über die Kochgewohnheiten der Nachbarschaft erlangt. Es roch eindeutig nach indischer Küche. Ein weiteres Merkmal dieser Wohngegend war der flächendeckende Verzicht auf Namensschilder an den Wohnungstüren. Gott sei Dank fand sich in der Akte ein Hinweis auf die Lage der Wohnung. Im zweiten Obergeschoss klingelten wir an der rechten Wohnungstür. Zunächst schien es, als sei niemand zu Hause, aber nicht mit uns. Wir kennen unsere Pappenheimer. Nach dem dritten Klingelversuch war es so weit. Wir hörten Geräusche aus der Wohnung.

»Was denn?« Mit diesen Worten wurde die Wohnungstür geöffnet.

Ein sichtlich verschlafener Mann öffnete uns die Tür. Erich Hartung rieb sich den Walrossbart und scannte uns von oben bis unten ab. Er trug ein Shirt, auf dem die Flagge der Konföderierten unter dem Weißkopfseeadler abgebildet war, dazu eine zerschlissene Jogginghose und weiße Schlappen. Die Flecken auf der Jogginghose ließen die Speisenfolge der letzten Woche erahnen. Aus der Wohnung drang eine undefinierbare Duftmischung. Ich tippte auf kalte Asche, Alkohol und Instantkaffee. Sicher war ich aber nicht.

»Wir kennen uns bereits«, eröffnete ich und lächelte den Mann an. Langsam schien es auch bei ihm zu klingeln.

»Die Bullen.« Diese Feststellung spie er aus wie eine Krankheit, wie ein Schimpfwort, das man sagt, um jemanden zutiefst zu beleidigen.

»Die Polizei«, korrigierte Mattus und trat näher an den Mann heran.

Wir zeigten unsere Ausweise, die er gar nicht beachtete. Stattdessen steckte er sich eine Zigarette an. Sein Blick blieb auf Miriam haften, die sich etwas abseits hielt. »Und, was wollt ihr?«

»Wir sind nicht beim Du«, sagte Mattus mit fester Stimme. »Ist Ihr Sohn zu Hause?«

»Der pennt noch.«

»Dürfen wir reinkommen und ein paar Worte mit ihm wechseln?«

Manchmal sollte man es auf diese Tour versuchen. Einfache Befragungen waren der Familie Hartung nicht fremd und warum sollte man sie direkt mit einem Einbruchsdelikt konfrontieren.

»Mir doch egal.« Erich Hartung ging einen Schritt zur Seite und drückte sein Kreuz durch. »Meine Alte hat wohl nicht aufgeräumt die Woche.«

Während wir durch den Flur gingen, kam Mattus zu mir ans Ohr und flüsterte: »Er meinte wohl *in diesem Jahrzehnt.*«

Im Gegensatz zu dieser Wohnung wirkten die Überreste eines exzessiven 18. Geburtstags wie ein steriler Operationssaal. Mattus bekam sich gar nicht mehr ein, als er den überquellenden Mülleimer erblickte. Egal ob Dosenravioli oder Zigarettenstummel, alles nur Erdenkliche lag wahllos auf dem Boden.

»Hat die Stadt eine neue Mülldeponie eröffnet?«, wisperte mein Kollege.

Vielleicht war sein Spruch eine Nuance zu laut.

»Wir haben die Wohnung so bekommen«, raunte Erich Hartung und ließ sich in einen Sessel sinken. Dabei fiel Asche auf den Boden. »Ist doch auch egal.« Anschließend wurde der Fernseher angestellt und wir standen etwas verloren halb im Flur, halb im Wohnzimmer. Unsere Anwesenheit schien ihn nicht im Geringsten zu interessieren.

Mattus schüttelte schnaubend den Kopf. »Und wo residiert Ihr Sohn nun?«

Erich Hartung ignorierte uns komplett.

Das war zu viel für Mattus. Er stellte sich demonstrativ vor die Röhre. Hartung wollte offensichtlich weiter fernsehen und deutete auf eine Tür gegenüber dem Wohnzimmereingang, dann beschäftigte er sich wieder mit seiner Zigarette.

Während Mattus und ich langsam in Rage kamen, sog Miriam die ganze Atmosphäre in sich auf. Mit großen Augen sah sie sich in der Wohnung um, dabei verriet ihr Blick, dass sie zwischen unbändigem Interesse und Ekel schwankte. Ersteres überwog offenbar, denn sie stürmte zur Zimmertür des Verdächtigen vor. Sie wollte die Tür gerade öffnen, als Mattus sie am Zipfel ihrer Jacke zu fassen bekam. »Bleib du mal schön hinter uns zurück, Mädchen.«

Mattus klopfte zunächst einmal, wenig später ein weiteres Mal an das Türblatt. Nichts, kein Laut. Schließlich entschieden wir uns, eigenmächtig die Tür zu öffnen, und betraten den Raum. Eine Mischung aus Zigarettenrauch, Alkoholgeruch und sauerstoffarmem Muff schlug uns ins Gesicht. Mich erinnerte diese Komposition menschlicher Ausdünstungen unmittelbar an den Gestank im Polizeigewahrsam. War es Vorsehung?

Eigentlich unmöglich für Lebewesen, hier zu überleben, aber ein lautes Schnarchen aus der hinteren Zimmerecke strafte mich Lügen. Unglaublich, Jonny lag in seinem Bett und schlief tief und fest. Das Tageslicht streifte sein Gesicht durch die nicht gänzlich geschlossenen Jalousien.

Mattus ging sofort zum Fenster und zog die Jalousien nach oben. Anschließend riss er die beiden Fensterflügel auf und ein wenig Atemluft gelangte so in meine Lungen. Von dieser ungehörigen Portion Sauerstoff überrascht, wurde auch Jonny langsam wach.

»Kriminalpolizei, stehen Sie bitte auf!«

Meine Anweisung überhörte er beflissen und zog sich stattdessen die Decke über den Kopf, eine weitere denkwürdige Handlung. Es stehen drei fremde Personen von der Kriminalpolizei in meinem Zimmer und ich ziehe mir schlaftrunken die Decke über den Kopf?

Anscheinend brauchte es hier ein wenig mehr Härte. Also griffen Mattus und ich nach dem Deckenstoff und zogen ihn einfach weg. In Boxershorts und Shirt kauerte Jonny vor uns im Bett. Offensichtlich litt er unter starken Kopfschmerzen, denn er hielt sich die Hände an die Schläfen.

»Mann, hab ich 'nen Schädel auf«, räusperte er sich. Dabei machte er keine Anstalten aufzustehen.

»Ziehen Sie sich etwas an, hier sind Damen anwesend«, befahl Mattus.

Erst als Jonny Miriam erblickte, nahm er widerwillig eine Jeans vom Boden vor dem Bett und zog diese an. Während Jonny langsam versuchte, seine Körperfunktionen in Gang zu bekommen, begann Mattus ein Gespräch. So hatte ich Gelegenheit, mich im Raum etwas umzusehen. Vor dem Bett lagen der weiße Sweater, eine aufgerissene Stange mit Kippen und zwei Flaschen Johnnie Walker. Wie passend. Eine war bereits halb leer, was Jonnys indisponierten Zustand erklärte. Natürlich, der gelungene Einbruch musste ja schließlich gebührend gefeiert werden.

Unter dem Bett lugten die Träger einer dunklen Tasche hervor. Ich griff nach ihnen und zog einen dunklen Rucksack an mich. Er war offensichtlich nicht leer. Ich öffnete den Reißverschluss und

*Meine Anweisung überhörte er beflissen und
zog sich stattdessen die Decke über den Kopf …*

staunte nicht schlecht. Insgesamt sechs Stangen Zigaretten und drei Flaschen Korn kamen so zum Vorschein.

Hartungs graue Zellen begannen schlagartig zu arbeiten. »Das war ein Freund … ich bewahr das nur auf … und habt ihr einen Durchsuchungsbefehl? Dürft ihr das überhaupt?«

Ich habe keine Ahnung, warum manche Menschen auf die Idee kommen, dass man Polizisten einfach so duzen kann.

Mattus hatte denselben Gedanken und stauchte den jungen Mann erst einmal zusammen: »Freundchen, wir haben noch kein Bier miteinander getrunken, also bleiben wir schön beim Sie! Des Weiteren hat uns Ihr Vater hier reingelassen. Und jetzt ziehen Sie sich mal schön an und dann geht es auf die Wache. Sie können Ihrem Vater ausrichten, dass er für Sie gleich mal ein paar Sachen packen soll.«

Jonnys hochrotes Gesicht verlor schlagartig an Farbe. Kreidebleich stand er vor uns, eine jämmerliche Erscheinung.

»Das war ich nicht«, startete er einen neuen Versuch. »Benz war es, der blöde Wichser … Ich wusste nicht, woher er sie hat.«

So viel zum Thema Loyalität unter Kriminellen.

Ich fasste ihn am Arm. »Unwichtig. Und jetzt beeilen wir uns mal, schließlich haben wir nicht den ganzen Tag Zeit.«

»Was ist denn das für eine Scheiße?«, hörten wir Vater Hartung hinter uns schnaufen.

Mit zur Faust geballten Händen stand Erich im Türrahmen. Anscheinend hatte er einige Wortfetzen mitbekommen und sich entschieden, doch mal nachzusehen, was hier in seinem Haushalt so vor sich ging.

»Hast du das gezogen?«, wollte er wutentbrannt von seinem Sohn wissen. Dabei deutete er auf den Rucksack. »Du bist doch noch in der Bewährung, wie kann man denn so blöd sein?«

Erich Hartung machte ein paar stampfende Schritte auf seinen Sohn zu. Er kochte vor Wut, das war nicht zu übersehen. Ich war mir sicher, wären wir nicht da gewesen, hätte es jetzt so laut geknallt, dass man es bis in die nächste Stadt hätte hören können.

Auch das gehört dazu. Kriminell wird man nicht einfach so. Einige sehen es bei den Eltern, lernen und kopieren das vorgelebte Verhalten. Wenn dann noch familiäre Gewalt im Spiel ist, ist es schwer, ein normales Leben zu führen.

Verständlicherweise könnte man jetzt Mitleid mit Jonny Hartung bekommen. Sicher war sein Lebensweg ein Stück weit zu erwarten. Insbesondere sein Elternhaus und sein sonstiges soziales Umfeld hatten großen Anteil an der Entwicklung des kleinen Jonny. Doch im Einzelfall haben wir das nicht zu bewerten, sondern nur festzustellen. Wir haben mit der Ist-Situation umzugehen, alles andere darf uns zunächst nicht interessieren.

Eine Tatsache, die jeder Polizeibeamte bereits sehr früh verinnerlichen sollte, ansonsten hat man einfach den falschen Beruf gewählt.

»Sie bleiben jetzt mal in der Tür stehen.« Mattus' tiefe Stimme drang durch die Wohnung.

Gleichzeitig wandte ich mich im Flüsterton an unsere Praktikantin. »Geh mal in die Ecke; wenn was passiert, läufst du einfach hier raus. Verstanden?«

Miriam nickte und lächelte. Keine Spur von Angst war in ihren Augen zu lesen, eher aufkommende Begeisterung.

Nachdem das geklärt war, zog ich Jonny zu mir, um ihn aus dem Einflussbereich seines Vaters zu ziehen.

»Jetzt mach hin«, trieb ich ihn an.

Doch der Vater wollte sich einfach nicht beruhigen.

»Wenn du nach Hause kommst, dann schallert es richtig! Wie kann man so bescheuert sein. Du wanderst in den Bau!« Erich schrie sich in Rage und kam dabei Mattus und mir immer näher. Ich konnte seine Halsschlagader pulsieren sehen. In dieser Situation schien Erich tatsächlich bedrohlich und unüberwindbar. Seine Muskeln tanzten unter der tätowierten Haut.

Mattus hatte offensichtlich den gleichen Eindruck gewonnen, denn ich sah, wie er seine rechte Hand an die Dienstwaffe legte.

Mit energischer Stimme sprach Mattus Erich Hartung an: »Bleiben Sie sofort stehen und beruhigen Sie sich!«

Erich bekam offensichtlich nichts mehr von seiner Umgebung mit, denn er reagierte gegenteilig. Er tickte völlig aus. In einer Bewegung schlug er Mattus' Hände zur Seite und stieß mir gegen die Brust. Sein Schlag ließ mich zu Boden gehen. Dann wandte er sich in Richtung seines Sohnes. Mit erhobenen Fäusten beugte er sich vor und holte aus. Mattus konnte gerade noch seinen Arm ergreifen und so den Einschlag in Jonnys Gesicht abmildern, zu verhindern war der Treffer bei dieser Kraft nicht mehr.

Jonny fiel rückwärts auf sein Bett und hielt sich den Wangenknochen. Ich rappelte mich indes wieder auf und gemeinsam mit Mattus gelang es mir, Erich zu Boden zu reißen. Es folgte eine Ringer-Einlage. Wir rollten mit den Körpern durch das ganze Zimmer, auch über Klamotten und benutzte Taschentücher, die neben dem Bett lagen. In diesem Moment hoffte ich inständig, dass Jonny nur eine schwere Grippe hatte.

Endlich gelang es Mattus, sich auf den Rücken des Mannes zu knien, und ich konnte ihm die Handschellen auf dem Rücken anlegen. Erst nachdem die Stahlacht ins Schloss knackte, wurde er etwas ruhiger. Verdammt, wo nahmen die nur alle solche unbändige Kraft her?

Schwer atmend konnten wir Erich endlich ins Wohnzimmer setzen. Ich wartete mit einer Hand an der Dienstwaffe im Wohnzimmer, während Mattus und Miriam aus Jonnys Zimmer heraus über Funk Verstärkung riefen. Jonny lag wie betäubt auf seinem Bett. Er stand noch unter dem Eindruck des soeben Erlebten. Es machte den Anschein, als hätten wir ihn beeindruckt. Das passierte auch nicht täglich. Ich gebe zu, dass mich dies im Nachhinein mit so etwas wie Stolz erfüllte.

Nur wenige Minuten später eilten die Kollegen in die Wohnung und nahmen Erich mit. Plötzlich kam auch seine Frau mit verschlafenem Blick aus dem Schlafzimmer geschlurft, setzte sich ruhig an den Küchentisch und beobachtete die ganze Szenerie. Dabei trank sie einen Kaffee und rauchte eine Zigarette. Erst jetzt, als Erich auf dem Weg in die Wache war, hatten wir Zeit, uns endlich wieder Jonny vorzunehmen.

»Brauchen wir bei Ihnen auch Handschellen?«, wollte ich wissen und fasste ihn am Oberarm.

Er schüttelte den Kopf und ließ sich widerstandslos zum Zivilwagen eskortierten. Anscheinend war er von der ganzen Situation doch mehr eingeschüchtert, als wir zunächst angenommen hatten. Nachdem Jonny hinten Platz genommen hatte, zogen wir Miriam zur Seite.

Jetzt war es Zeit für ein ernstes Gespräch. Wir hatten das Mädchen in Gefahr gebracht, dabei wollte sie nur ein paar Eindrücke sammeln, ein Praktikum machen. Nicht auszudenken, was passiert wäre ...

»Hör mal, was du heute erlebt hast ...«

»War der Wahnsinn!«, unterbrach sie mich. »Vielen, vielen Dank, dass Sie mich mitgenommen haben. Ich fand das so geil!«

Mattus und ich blickten uns an. Niemand von uns sagte etwas.

»Eigentlich hatte ich mir schon überlegt, nicht mehr zur Polizei zu gehen. Aber jetzt will ich das auf jeden Fall durchziehen.« Ihre Augen sprühten vor Begeisterung und sie bekam sich fast nicht mehr ein. »Ich dachte schon, dass der Beruf nur aus Innendienst und Aktensortieren besteht.«

»Na ja, das gehört auch dazu ...«, murmelte ich mehr zu mir selbst, doch Miriam war nicht zu bremsen.

»Aber dann kam der Typ an und Sie so ... zack ... und dann lag der auf dem Boden und dann die Handschellen und die Waffen ... und plötzlich stehen ganz viele Polizisten hier und den Einbruch haben Sie auch noch aufgeklärt ... voll cool.«

Mattus räusperte sich. »Okay, nur vielleicht solltest du das nicht in deinem Praktikumsbericht erwähnen. Also die Sache heute.«

Sofort schüttelte sie den Kopf. »Auf keinen Fall. Versprochen.«

Auch sie sollte ich an diesem Tag nicht zum letzten Mal sehen. Eines darf ich vorwegnehmen: Miriam ist eine richtig gute Polizistin geworden und ermittelt mittlerweile beim Landeskriminalamt gegen die richtig großen Jungs in der Abteilung für organisierte Kriminalität. Eigentlich dachte ich, dass die Geschichte hiermit ein Ende nehmen sollte, doch der Spaß ging erst richtig los, als wir Jonny zur Wache brachten. Nach dem Papierkram verabschiedete sich Miriam überschwänglich bei uns, während wir unseren Kunden ins Vernehmungszimmer brachten.

»Ich denke mal, die Sache ist eindeutig, oder?«

Jonny Hartung war anscheinend immer noch nicht ganz wach und saß, die Hände tief in den Jeans vergraben, vor uns im Befragungszimmer.

»Ihr Kumpel Benz sitzt übrigens nur ein paar Meter von hier entfernt.« Mattus rieb sich den Arm. Anscheinend war unsere Bodeneinlage mit Hartung senior doch nicht so spurlos an ihm vorübergegangen. »Also, wieso die Sache unnötig kompliziert machen. Waren Sie das heute Nacht?«

Auch er kannte den Vorgang ganz genau und blickte uns mit Augen so groß wie Wagenräder an. »Klar war ich das. Und?«

Mattus und ich nickten zufrieden. Mehr wollten wir doch gar nicht.

»Wer war der andere?«

»Der Benz, der Idiot.«

»Und warum das Ganze?«

Jonny zuckte mit den Schultern, als ob er seine eigenen Taten nicht erklären konnte. »Wir hatten was getrunken, keinen Sprit und keine Kippen mehr. Da sind wir zum Kiosk gegangen, haben das Fenster eingeschlagen und sind durchgestiegen. Ganz einfach also.«

Spontane Straftaten sind entweder genial, weil niemand damit rechnet, oder absolut dämlich. Und das hier gehörte definitiv in die zweite Kategorie.

Waren die denn von allen guten Geistern verlassen?

»Sie wollten sich also Zigaretten und Alkohol kaufen, dann war der Kiosk zu und Sie haben nichts anderes zu tun, als da einzubrechen?«, hakte ich nach.

Wieder ein Schulterzucken, doch diesmal in Verbindung mit Kopfnicken. »Und jetzt? Kann ich nach Hause?«

»Nein. Jetzt geht alles seinen gewohnten Weg.«

Jonny zog einmal die Nase hoch und stimmte ebenfalls zu. »Also Anruf beim Staatsanwalt, Vorführung beim Haftrichter und dann wieder nach Hause. Nach drei Wochen kommt Post, irgendwann in mehreren Wochen die Vorladung und dann zum Gericht.«

Tja, das musste man ihnen lassen, manche unserer Kunden kannten sich aus. Allerdings war sein Fall etwas schwieriger. Die Gefängnisse waren schon damals an der Kapazitätsgrenze und die Mitarbeiter dort waren froh um jeden, den sie nicht aufnehmen mussten. Hartung hatte einen festen Wohnsitz und wir den Fall bereits aufgeklärt, somit bestand keine Verdunkelungsgefahr mehr, er konnte also auf einen guten Tag des Haftrichters hoffen. Allerdings war da noch die offene Bewährungsstrafe, er würde irgendwann in den Knast wandern ... Die Frage war nur wann.

Auch ihm wurden im Vorfeld der Vernehmung natürlich die Rechte vorgelesen, dann ging es für ihn wieder in die Tonne und für uns beide an die Schreibtische. Mattus erledigte die Akten, während ich telefonisch den Sachvortrag beim Staatsanwalt hielt.

»Wir haben einen Einbruch in einen Kiosk.«

»Aha«, antwortete der Staatsanwalt.

»Hartung heißt der Kunde.«

»Schon wieder?«

»Leider ja.«

Auch hier werden die Telefonate öfter als man will zur gängigen Routine. Mit Staatsanwälten, Richtern und Beamten der JVA ist man häufig per Du und die Räume des Gerichts kennt man nach einiger Zeit besser als sein eigenes Wohnzimmer.

»Diesmal ist es der Jonny. Haben ihn schlafend in seiner Wohnung überrascht. Die Beute hatte er bei sich. Jonny steht zudem noch unter Bewährung.«

Durch den Hörer drangen raschelnde Geräusche an meine Ohren. »Von denen haben wir doch letztens erst zwei Cousins weggesperrt. Lernt diese Familie es denn nie?« Ein genervtes Stöhnen folgte. »Gut, schickt mir die Akte und ruft mal im Zimmer des Haftrichters an. Vielleicht hat er heute noch einen Termin frei.«

Tatsächlich erwischten wir den letzten Termin um 15 Uhr. Die Vorzimmerdame versprach aber, dass es eine »schnelle Runde« werden würde, da der Richter noch etwas zu erledigen hatte.

Kurz blitzte in meinem Kopf das Bild des Golf spielenden Beamten auf, aber ich wusste aus ziemlich sicherer Quelle, dass er Golf hasste und lieber angeln ging. Wahrscheinlich würde es tatsächlich fix vorüber sein.

Wir packten den immer noch schlaftrunkenen Jonny ins Auto, fuhren beim Amtsgericht vor und wurden auch direkt zum Richter vorgelassen.

Claus Wagner sah ungefähr so aus, wie man sich einen Richter in den amerikanischen Fernsehserien vorstellte. Vollbart, wache Augen, Halbglatze, eine Brille, der Richterhammer und eine Skulptur der blinden Justitia rundeten das Bild ab. Sein Schreibtisch nahm beinahe ein Drittel des Büros ein. Wuchtig protzte das Eichenholz mit den vielen kleinen Verzierungen und Schnitzereien. Ich hatte keine Ahnung, wo er das Ding her hatte oder wie die es hier hochbekommen hatten. Wahrscheinlich mussten die gesamten Insassen des A-Trakts der JVA mit anpacken. Auf jeden Fall wirkte die gesamte Szenerie beeindruckend für alle, die zum ersten Mal den Raum betraten. Vor dem massigen Tisch stand ein winziger Hocker, dazu ein Tisch, der bei mir nicht mal als Ablage durchgehen würde.

Keine Frage, Claus Wagner wollte die Machtverhältnisse in seinem Büro unmissverständlich klarstellen. Nur Jonny fühlte sich von der Aufmachung schrecklich unbeeindruckt und knipste sich Dreck von den Fingernägeln, als er vor dem Richter Platz nahm. Natürlich wurde der junge Mann erst einmal komplett vom Richter ignoriert.

Mattus und Claus Wagner verstanden sich auf Anhieb, ihm wurden das Du und ein paar Plätzchen von der Vorzimmerdame angeboten. Ich war mir sicher, dass der Jäger und der Fischer sich prächtig verstehen würden, und das Ganze war mir nur recht, jetzt musste ich mir wenigstens nicht mehr anhören, wie man erfolgreich einen Großbarsch ausnimmt.

Und noch eine Kleinigkeit fiel mir auf:

Im Drucker lag bereits das rote Papier. Das waren die Einlieferungsunterlagen für die JVA. Von Richter Wagners Büro gingen zwei Türen ab. Durch die eine waren wir gekommen, das war die Tür zum Flur des Gerichtsgebäudes. Die andere Tür führte direkt in die angrenzende Justizvollzugsanstalt.

So war das also, die Sache war bereits entschieden. Anscheinend hatte der Richter mit dem Staatsanwalt telefonisch bereits die Lage erörtert und unsere Sachvorträge gelesen.

Warum auch nicht? Immerhin hatten beide Kunden gestanden, die Sachlage war klar und Jonny Hartung machte nicht den Anschein, als würde er mit einem herzzerreißenden Plädoyer einen Versuch starten wollen, heute noch eine Tracht Prügel vom Vater zu kassieren.

Irgendwann würde der Staatsanwalt mit der Akte hereinkommen und wenn sie einen guten Tag hatten, würden sie vielleicht sogar ein paar Minuten über den Fall reden.

»So, Herr Hartung«, eröffnete Richter Wagner, während Mattus und ich hinter dem Beschuldigen Platz nahmen. Die Show konnte beginnen. »Wie geht es uns denn heute?«

»Gut«, nuschelte er gelangweilt.

»Wie bitte?« Die Stimme des Richters hallte durch sein Büro. »Reden Sie mal deutlich!«

»Gut!«

Jonny wurde anscheinend langsam wach und der Kater des gestrigen Tages ließ nach.

»Verstoß gegen das Betäubungsmittelgesetz, Körperverletzung, jetzt auch noch Einbruch. Reicht es Ihnen nicht mehr, Pillen einzuwerfen?« Dann erläuterte Richter Wagner dem Beschuldigten erneut seine Rechte im Verfahren.

»Was?«

»Schon gut. Also, zu den Personalien.«

Richter Wagner ging routiniert die Angaben durch, kreuzte die Arme auf seinem Bauch und musterte Hartung von oben bis unten. »Möchten Sie uns von Ihren gestrigen Erlebnissen berichten?«

»Mmh ... nö.«

»Das dachte ich mir«, grollte der Richter und machte sich eine Notiz. »Bestreiten Sie, dass sie in der Nacht zu heute gegen halb vier in den Kiosk an der Brünerstraße eingebrochen sind?«

Jetzt machte Jonny einen Fehler. Als würde ihn die ganze Sache nichts angehen, lehnte er sich mit beiden Händen auf den mickrigen Tisch und sah zum Fenster hinaus. Bei einem Mann wie Richter Wagner nicht gerade eine gute Idee.

»Ähmm ... also ... nee ... nicht wirklich.«

Die Zornesröte stieg Richter Wagner ins Gesicht. »Was soll denn das für ein Gestammel sein? Machen Sie doch mal einen Satz daraus. Subjekt, Prädikat, Objekt. Sie wissen schon.«

Auch Hartungs Stimme nahm mit jeder Sekunde an Intensität zu. »Nein, ich bestreite das nicht.«

»Gut, dann ist die Sache ja klar. Sie haben noch eine Bewährungsstrafe offen, habe ich gelesen. Sie wissen, was das Wort ›Bewährung‹ bedeutet?«

Hartung pfiff abfällig und zuckte mit den Schultern. Anscheinend galt das nonverbale Gehabe bei ihm als völlig legitimes Kommunikationsmittel. »Klar weiß ich das. Hältst du mich für blöd, oder was?«

Oh, Richter Wagner unaufgefordert duzen. Das kann er sich auf seiner »Fehler-Highscore-Liste« aber ganz weit nach oben schreiben. Zu schade, hätte Jonny sich hier etwas netter benommen, vielleicht wären ihm noch ein paar Nächte in seinem eigenen Bett vergönnt gewesen.

Der Richter lehnte sich nach vorne. Sein Blick bohrte sich förmlich in Jonny hinein. Noch ein wenig länger und die Augen des Richters würden aus den Höhlen fallen. »Wie war das?«

»Nichts«, sagte Jonny.

Ein paar Sekunden Stille folgten. Ein untrügerisches Zeichen dafür, dass der Richter sich erst wieder sammeln musste.

»Gut, dann würde ich sagen, dass wir noch auf den Staatsanwalt warten und anschließend werden Sie in die JVA aufgenommen.«

»Was?« Jetzt war Jonny derjenige, dessen Gesicht mit roten Flecken übersät war. »Willst du mich verarschen?«

Na großartig. Endlich hatte auch Jonny den Ernst der Lage verstanden. Wahrscheinlich war er gedanklich schon heute Abend beim Saufen mit Freunden gewesen. Traurig, aber wahr, es ist nicht der einzige Fall: Für einige Rechtsbrecher ist die Konsequenz, nämlich der Gang ins Gefängnis, nicht vorstellbar. Aber manchmal war das Maß voll. So voll wie jetzt im Fall Jonny H.

»Nein, will ich nicht«, sagte der Richter ruhig.

»Aber ich hab gar nichts dabei.« Jonny zupfte an den Klamotten von gestern. »Außerdem habe ich Hunger und bin heute Abend verabredet.«

Mich wundert es immer wieder, welche Probleme manche Mitbürger haben. Und das Schlimme war, dass sie es tatsächlich todernst meinen.

»Herr Hartung«, begann der Richter wieder in einem lauten Ton. »Sie sind Beschuldigter einer Straftat und eigentlich nur auf Bewährung raus. Meinen Sie wirklich, dass Sie jetzt so einfach wieder nach Hause gehen können? Es ist immerhin …«

Weiter kam Richter Wagner nicht mit seiner Ansprache.

Das drohende Urteil und die Aussicht auf Untersuchungshaft mussten Jonnys Lebensgeister beflügelt haben. Von einer Sekunde auf die andere sprang er vom Stuhl auf, schob den kleinen Tisch beiseite und stürmte in Richtung des Richtertisches. Wagner konnte gerade noch ausweichen. Hartung bekam den Juristen nicht zu fassen, landete stattdessen mit dem Bauch auf dem Tisch und dabei rammte sich die Spitze der Justitia-Statue in seinen Bauch. So viel zum Thema Gerechtigkeit.

Mattus und ich waren von der plötzlichen Aggression völlig überrascht. Es dauerte einen Herzschlag, ehe wir Jonny schließlich zu packen bekamen. In seiner Wut ergriff er einen Stuhl und drohte, diesen auf Richter Wagner zu werfen. Dabei stieß er laute Kampfschreie aus. Wieder begann die Ringer-Einlage.

Als würde es um sein Leben gehen, schlug Hartung um sich, verbiss sich sogar in Mattus' Hemd. Mein Partner fixierte ihn, während ich wieder meine Stahlacht nahm und Jonnys Arme auf dem Rücken fesselte. Er wehrte sich heftig, aber die Kraft seines Erzeugers hatte er nicht aufzubieten. Ich hasste so etwas.

Während er auf dem Boden lag, beschimpfte er uns mit interessanten Mischungen aus »Bulle«, »Schwein« und »Arschloch«. Leider war er dabei nicht besonders kreativ. Das hatte ich alles schon im ersten Jahr gehört.

»Was ist denn hier los?«

Auch das noch! In diesem Moment trat der Staatsanwalt mit der Akte durch den Türrahmen, während wir weiter »Sparring mit dem Hartung« spielten. Ich wundere mich immer noch, welche Kräfte Adrenalin, gepaart mit gesteigertem Aggressionspotenzial, freisetzt.

Der Staatsanwalt, ein breitschultriger Mann, der seine Freizeit offensichtlich gerne in Sportstudios verbrachte, legte ebenfalls Hand an, sodass wir Hartung in Handschellen wieder auf den Stuhl setzen konnten. Während zwei Bedienstete der JVA die Tür öffneten und sich vor dem Schreibtisch des Richters platzierten, arbeitete der Drucker bereits auf Hochtouren.

»Das gibt noch mal ein paar Monate obendrauf«, knurrte Wagner und setzte seine geschwungene Unterschrift unter die Formulare. »Mitnehmen, sofort.«

Erst jetzt bemerkte Hartung die Wunde und begann zu jammern. »Ich muss in ein Krankenhaus, das sifft hier alles. Ich bin schwer verletzt. Ich will nicht in den Knast.«

»Das hätten Sie sich vorher überlegen sollen.« Der Richter wandte sich an die Beamten der JVA. »Bringen Sie ihn erst auf die Krankenstation.«

Endlich konnten wir Jonny übergeben. Wir wechselten noch ein paar Worte mit Richter und Staatsanwalt, Benz wurde nach Hause entlassen und Vater Hartung musste mit einer Strafanzeige wegen Widerstand gegen Vollstreckungsbeamte rechnen. Vielleicht war sogar auch bei ihm eine Freiheitsstrafe drin. Erst im Auto erlaubten Mattus und ich uns durchzuschnaufen.

»Jetzt haben wir uns fast einen Tag lang mit dieser Familie beschäftigt.«

Mattus nickte, nahm einen Schluck aus der Wasserflasche. »Tja, ganz normales Tagwerk, würde ich sagen.«

Wie recht er hatte.

# KAPITEL 10

# UNSICHTBARE VERDÄCHTIGE

Handtaschenraub. Tatzeit vor fünf Minuten. Alles raus in die Fahndung.« Ich saß gerade in meinem Büro und schrieb an einem Aktenvermerk, als unser Dienststellenleiter hereinstürmte. Mattus überprüfte sofort seine Dienstpistole, trank noch einen Schluck Kaffee und telefonierte kurz mit der Leitstelle, um weitere Informationen zum Einsatz zu bekommen. Ich speicherte das Dokument ab und nahm meine Jacke vom Haken. Obwohl es noch Nachmittag war, dämmerte es bereits. Der Winter 2004 schien besonders kalt zu werden, überall hing bereits die Weihnachtsdekoration und selbst bei uns auf der Wache hatten sich ein paar Kollegen eine geschmückte Tanne aufgestellt. Zugegeben, mit den blinkenden Weihnachtssternen hatten sie ganz schön übertrieben, aber die Geschmäcker sind halt verschieden. Auf dem Weg zum Wagen erläuterte mir mein Zimmerpartner weitere Details.

»Immer dasselbe in der Vorweihnachtszeit«, schimpfte Mattus und setzte sich auf den Beifahrersitz.

»Tja, die Leute brauchen eben alle Geld, vor allem jetzt.«

»Dann sollen sie es aber nicht klauen, sondern auf ehrliche Art und Weise verdienen, da hat dann wenigstens Vater Staat auch noch etwas von.«

Was das angeht, besaß Mattus eine unumstößliche Meinung. Er hasste Menschen, die Schwarzgeld am Fiskus vorbeischleusten, stand felsenfest hinter der Regierung und ich war mir sicher, wenn er jemals Geld spenden würde, dann an die Bundesrepublik Deutschland.

»Was haben wir denn?«, wollte ich wissen, um keine unnötige Diskussion aufkommen zu lassen.

»Irgendein Schräger meinte, in der Einkaufspassage die große Beute machen zu müssen. Er hat einer alten Oma die Handtasche entrissen und sich dann aus dem Staub gemacht.«

Tatsächlich ereignen sich solche Raubdelikte zum Nachteil der älteren Menschen gerade zum Jahresende immer häufiger. Vor allem sind es ältere Mitbürger, die ungern mit EC- oder Kreditkarte zahlen. Das uneingeschränkte Vertrauen in die moderne Technik fehlt dieser Generation und entsprechende Negativberichte in den Tageszeitungen und in Fernsehmagazinen tun ihr Übriges. Dementsprechend schleppen viele für die Weihnachtseinkäufe Unmengen an Bargeld mit sich herum. Ein Eldorado für Gauner.

»Raub oder Diebstahl?«, wollte ich wissen.

Für die Dame ganz bestimmt unerheblich, für uns allerdings nicht. Es gibt immer noch Laien, die nicht wissen, dass ein Raub kein Bagatelldelikt ist, sondern ein Verbrechen. Entsprechend hoch ist dabei die Bestrafung. Freiheitsstrafe nicht unter einem Jahr, § 249, StGB – Knast also. Dabei kommt es vor allem auf die Qualität der Gewaltanwendung an. Schubst der Täter sein Opfer zur Seite, um es zum Beispiel zu Fall zu bringen, oder schießt der Täter mit einer Pistole auf sein Opfer, um es niederzustrecken? Die Beute spielt natürlich auch eine Rolle. Ein Handtaschenraub ist ein Delikt, das den Täter für einige Zeit in die Tonne bringt, je nachdem, ob Vorstrafen vorliegen oder nicht.

Es kommt also vor allen Dingen darauf an, ob der Richter die Tat als Diebstahl oder als Raub einordnet. War das eingesetzte Mittel List und Schnelligkeit (Diebstahl) oder Gewalt (Raub)?

Wenn die Dame ihre Handtasche kurz abstellt hatte, der Täter zugegriffen hatte und weggerannt war, könnte es noch als Diebstahl durchgehen. Wenn er sie allerdings der Dame aus der Hand gerissen, sie vielleicht noch umgeschubst und Gewalt eingesetzt hatte, würde der Vorgang als Raub eingestuft und um einiges härter bestraft werden. Deshalb die Frage, ob wir einen Dieb oder einen Räuber jagten. Ein Räuber würde diese Unterschiede zwischen Diebstahl und Raub möglicherweise auch kennen und bei einer Flucht wesentlich brutaler vorgehen, eben um sich dem hohen Strafmaß zu entziehen.

»Raub«, knurrte Mattus monoton, während ich den Wagen in die Innenstadt steuerte. »Klassischer Fall. Das Opfer war beim Einkaufen. Zeugen berichten von einem männlichen Einzeltäter, der sich von hinten annäherte und der Dame mit roher Gewalt die Handtasche von der Schulter riss. Der hat so dran gezerrt, dass der Griff abgerissen ist.«

Jeder Mensch sollte ein Mindestmaß an Gerechtigkeitsempfinden haben. Wir bei der Polizei haben dieses in der Regel über Gebühr. Vor allem bei Kindern, Behinderten, älteren Mitbürgern, bei Menschen, die sich nicht unbedingt uneingeschränkt wehren können, hört bei mir und den Kollegen der Spaß auf. Punkt.

»Zwar eilten einige Passanten der Frau noch zu Hilfe, doch der Täter muss die Frau so heftig erwischt haben, dass sie auf den Gehweg fiel und er fliehen konnte.«

Wir hatten unser Ziel beinahe erreicht und konnten bereits das Blaulicht der Kollegen erkennen.

»Und wo ist der Drecksack jetzt?«

»Das finden wir raus.«

Mit diesen Worten stiegen wir aus. Der Einsatz hatte eine große Anzahl Schaulustiger angelockt. Ich versuchte mein Glück und zog meinen Dienstausweis aus der Hosentasche.

»Guten Tag, lassen Sie uns bitte durch, Polizei, wir müssen da durch, Polizei, lassen Sie uns bitte durch!«

Es schien zu klappen, doch plötzlich hörte ich eine keifende weibliche Stimme vor mir. »Hau bloß ab und stell dich hinten an, wie alle! Du glaubst doch nicht, dass wir auf diesen alten Trick mit dem Ausweis reinfallen?«

Was war das denn jetzt? Gott sei Dank hatte eine Kollegin in Uniform das Gespräch mitbekommen.

»Lassen Sie bitte sofort die beiden Kollegen durch, unverzüglich. Behindern Sie nicht die Maßnahmen der Polizei.«

Das war eindeutig. Etwas verlegen trat die eben noch so forsch auftretende Frau zur Seite. Die Ansprache der Kollegin hatte gesessen, für Mattus und mich gab es diesbezüglich nichts hinzuzufügen. Wir konnten nun ungehindert hinter die Absperrung gelangen.

Das Opfer hatte offensichtlich einen Schock erlitten und wurde vom Notarzt behandelt. Sie lag bereits auf einer mobilen Trage des Rettungswagens. Durch den Sturz hatte sie sich vermutlich einen Oberschenkelhalsbruch zugezogen. Ich wollte sie zu den Details der Tat befragen, doch der Arzt winkte ab. Sie wirkte so abwesend und verwirrt, dass ich zunächst auf eine weitere Befragung verzichtete. Sicher hatten die Kollegen in Uniform bereits mit der Dame gesprochen. Das Opfer konnte uns in diesem Zustand im Moment nicht wirklich weiterhelfen. Dafür freute es mich umso mehr, dass noch weitere Kollegen der Kriminalpolizei am Tatort eintrafen. Gemeinsam mit den uniformierten Kollegen der Wache begann eine systematische Zeugensuche und Zeugenbefragung. Bei einer solch großen Anzahl an Schaulustigen war es sehr wichtig, echte Tatzeugen zu finden. Es gibt tatsächlich einige Mitbürger, die sich als Zeugen ausgeben, obwohl sie von der Tat nichts mitbekommen haben. Warum sie das tun, erschließt sich mir bis heute nicht. Ich kann darüber nur spekulieren.

Diesmal hatten wir jedoch Glück: Einige Zeugen hatten genau gesehen, wie der Flüchtige in ein nahes Wohnhaus gerannt war. Und dann ging plötzlich alles ganz schnell. Unverzüglich setzten sich uniformierte Kollegen in Bewegung und umstellten das Haus. Das Blaulicht flackerte an der Fassade des mehrstöckigen Gebäudes, als Streifenwagen an den vier Häuserecken hielten.

Sofort erkannte ich Michael, der mit Ottrik auf uns zugehastet kam. Es reichte für eine kurze Begrüßung, dann waren die Ermittlungsteams der Kripo komplett. Es war nicht unüblich, dass bei einem solchen Verbrechen ein Großaufgebot der Polizei aufgefahren wurde. Alle zur Verfügung stehenden Ressourcen wurden dann auch genutzt. Hastig überschlug ich die möglichen Wohnparteien im Haus. »Fünf Stockwerke, drei Wohnungen pro Etage. Vielleicht 15 Parteien?«

»Ich kenn das Haus«, sagte Ottrik. Dabei ließ er das Gebäude nicht eine Sekunde aus den Augen. »Es sind 14. Im Erdgeschoss wohnen nur zwei Parteien.«

»Die Zeugen sagten einstimmig, dass wir nach einem 1,85 großen Mann mit schwarzer Mütze, Jeans und Lederjacke suchen. Europäisches Aussehen.« Michael war am selben Tag zum Kriminaloberkommissar befördert worden wie ich. Wir hätten also zwei silberne Sterne auf einer imaginären Uniform und waren damit endgültig keine Frischlinge mehr.

Allerdings hatte Ottrik die etwas robustere Wach- und Wechseldienst-Art nie abgelegt. »Ich schlage vor, dass wir jede beschissene Wohnung einzeln durchsuchen.« Dabei ließ er seine Fingerknochen knacken und hatte wieder dieses Blitzen in den Augen. »Es nützt alles nichts, wenn wir hier rumstehen und nichts tun. Lasst uns den Idioten jagen!«

Beim letzten Wort wurde Mattus wach und wollte anscheinend noch zum Halali blasen. »Außerdem wissen wir nicht, ob der Täter eine Waffe trägt. Eine Geiselnahme aus Panik wäre die Katastrophe. Wir sollten schnell reagieren und die Situation unter Kontrolle bringen.«

Zustimmendes Nicken in der Runde, die Waffen wurden abermals überprüft, gleichzeitig auch die Handsprechfunkgeräte und

Taschenlampen. Die Leitstelle bestätigte die Anzahl der Bewohner mit 24 Personen. Übereinstimmungen mit der Personenbeschreibung des Flüchtigen gab es nicht, also alles wie immer.

»Gut, wir sind sechs Leute, also drei Zweierteams«, sagte ich und holte vorsorglich meinen Ausweis hervor. »Dann fangen wir ganz oben an und arbeiten uns nach unten durch. Je ein Team eine Wohnung, okay?« Niemand erwiderte etwas.

So wurde es also gemacht. Mit der gebotenen Vorsicht betraten wir das Gebäude durch den Haupteingang. Das Treppenhaus war sehr hell. Vor uns lag die Geschosstreppe und wir begannen unseren Weg nach oben. Der Adrenalinspiegel schoss in so einem Moment in ungeahnte Höhen. Was würde uns erwarten? Wir hatten den Verbrecher in der Falle. Die Zeugenaussagen waren eindeutig. Hier im Haus musste er sein, aber wo? Jetzt bloß keinen Fehler machen. An die Eigensicherung denken. Die große Gefahr bei solchen Einsätzen ist immer eine drohende Geiselnahme. Was passiert mit einem Täter, der sich in die Enge gedrängt fühlt? Wird er aufgeben und sich ohne Gegenwehr festnehmen lassen? Wird er versuchen, sich mit Gewalt gegen die Polizeibeamten der Festnahme zu entziehen? Im Handumdrehen konnte aber auch so aus einer Fahndungslage eine Geiselnahme mit SEK-Einsatz werden.

In der Situation vor Ort allerdings dachte ich nicht wirklich so viel darüber nach. Natürlich spürte ich, wie das Jagdfieber mir in den Kopf stieg, die Atmung schneller wurde und die Hände schwitziger. Immerhin saß ich vor einer halben Stunde noch gemütlich vor dem PC und aktualisierte Akten. Jetzt fahndete ich in einem Hochhaus und hatte keine Ahnung, mit wem ich es tatsächlich zu tun hatte. Hoffentlich hatte der Typ keine Waffe bei sich, vielleicht stellte er sich gleich freiwillig, immerhin hatte er keine Chance, unbemerkt das Haus zu verlassen. Die Zugänge waren gänzlich durch die Kollegen der Wache gesichert. Der kam nicht weg, wir hatten an alles gedacht – hoffentlich.

Mattus' hallendes Klopfen an der ersten Tür riss mich aus meinen Gedanken.

»Kriminalpolizei, bitte öffnen Sie die Tür!«

Nach wenigen Sekunden öffnete eine sichtlich verunsicherte junge Frau die Tür einen Spalt breit.

»Mattus und Kothen, guten Abend«, eröffnete mein Kollege das Gespräch, während wir die Ausweise vorzeigten. »Wir haben Hinweise darauf, dass sich ein flüchtiger Straftäter in diesem Gebäude aufhalten soll. Haben Sie irgendetwas bemerkt? Vielleicht laute Geräusche oder so etwas in der Art?«

Sofort schüttelte sie den Kopf. »Nein, alles normal.«

Auch hier kam es wieder darauf an, die Menschen zu lesen. Noch immer war die Tür nur einen Spaltbreit geöffnet, sodass wir nur das Gesicht der Frau sehen konnten. Allerdings blinzelte sie auffallend stark und auch sonst schienen wir sie in diesem Moment ziemlich erschreckt zu haben.

Versuchte sie, uns irgendwelche Zeichen zu geben?

Wurde sie bedroht?

Oder war sie einfach nur aufgeregt?

»Dürfen wir vielleicht in Ihre Wohnung kommen und uns umsehen?«, sagte ich so ruhig wie nur möglich.

Sie zögerte. Jetzt kam es darauf an, zu erkennen, ob wir sie tatsächlich einfach nur überrumpelt hatten oder ob hier wirklich eine Gefahr für die junge Dame bestand. Auch Mattus bemerkte die wachsende Unsicherheit.

»Sie haben bestimmt bemerkt, dass vor dem Haus eine ganze Menge Polizeiwagen stehen«, sagte er absichtlich laut. Natürlich hatte sie das bemerkt und jeder andere im Wohnblock auch.

Immerhin konnten wir selbst durch den schmalen Spalt erkennen, dass das blaue Licht flackernd in ihre Wohnung geworfen wurde.

»Hier sind überall Polizisten und wir würden uns wirklich nur ganz kurz umsehen. Das dient zu Ihrer eigenen Sicherheit.«

Die Tatsache, dass die Streifenwagen direkt vor ihrem Haus Stellung bezogen hatten, schien unsere Aussage zu bekräftigen, dass wir wirklich von der Polizei waren. Endlich gab sie den Blick in die Wohnung frei und ließ uns schließlich eintreten. Die »eigenen vier Wände«, die engste Privatsphäre, sind etwas ganz Besonderes. Mit dem Betreten einer fremden Wohnung übertritt die Polizei eine Schwelle, die aus verständlichen Gründen bei den meisten auf Ablehnung stößt. Doch es gibt Situationen wie diese, in denen der Einzelne solche Maßnahmen zu ertragen hat.

Nun galt es, möglichst effektiv und trotzdem zügig die Wohnräume nach einem möglichen Räuber zu durchsuchen. Mit der Hand an der Waffe betraten Mattus und ich das kleine Appartement. Während Mattus die Umgebung sicherte, betrat ich zunächst die kleine Küche. Mein Herz pochte mir bis zum Hals und ich rechnete bereits mit dem Schlimmsten. Doch bis auf einen Kochtopf mit schimmeligen Nudeln in Tomatensoße blieb die Küche unauffällig. Überall in der Wohnung lagen Klamotten auf dem Boden verstreut. Im Schlafzimmer sogar ein Slip und ein roter Spitzen-BH. Neben dem Bett dann die Krönung: zwei gebrauchte Kondome. Warum auch nicht?

»Tut mir leid, ich bin nicht zum Aufräumen gekommen«, sagte die junge Frau sichtlich berührt, als ich mich hinkniete und unter das Bett sah.

»Wir können verstehen, dass das Ganze für Sie sehr unangenehm ist«, versuchte Mattus, sie zu beruhigen. Dabei hielt er die Umgebung weiter stets im Blick. »Dürfen wir einen Blick in die Schränke werfen?«

Wir durften und so erblickten wir eine pikante Auswahl aus dem Sortiment von Beate Uhse. Fein säuberlich aufgereiht erkannte ich eine ganze Batterie von Vibratoren und sonstige Geräte, dazu aufreizende Unterwäsche in allen Farben und Formen.

Ein kurzes Räuspern war das Einzige, was ich zustande brachte, als ich die Tür wieder schloss.

»Vielen Dank«, sagte Mattus knapp, während wir die Wohnung verließen. Sein Kopf war so rot angelaufen, dass ich beinahe Angst hatte, er würde explodieren. Das war offensichtlich etwas zu viel für den Waidmann.

Als die Tür ins Schloss fiel, trafen sich unsere Blicke. Ich machte mir wirklich Sorgen um meinen Kollegen.

»Sollen wir darüber reden?«

»Nicht jetzt«, raunte Mattus und hustete.

Ich musste mir das Lachen verkneifen.

Die nächste Wohnung. Ein älteres Pärchen öffnete gleich und lächelte uns freudestrahlend an.

»Sind Sie von der Polizei?«, wollte die Dame wissen, noch bevor wir uns vorstellen konnten.

»Ganz genau«, erwiderte ich und zeigte den Ausweis. »Uns wurde gemeldet ...«

»Hat sich wieder wer im Haus versteckt?«, unterbrach mich der Mann und sah mich mit großen Augen an. »Wissen Sie, das passiert schon zum dritten Mal. 1985 war das erste Mal. Ladendiebe rennen manchmal von der Passage hier herein und verstecken sich vor den Detektiven. Den damals habt ihr aber nicht gekriegt. Wollen Sie nicht reinkommen?«

Wir bedankten uns und traten in die Wohnung des Paars. Sofort schlug uns der Duft von einem deftigen Braten in die Nase. Die Dunstabzugshaube arbeitete hörbar im Hintergrund, als die Dame schon dabei war, zwei Tassen aus dem Schrank zu holen.

»Was ist denn passiert?«, wollte die Frau direkt an Mattus gewandt wissen und verwickelte ihn so in ein Gespräch, während der Herr mir alle Zimmer der Wohnung zeigte und nicht mit Erklärungen geizte.

»Das hier ist das Bad, hier kann sich aber keiner verstecken. Außer vielleicht hinter dem Duschvorhang.« Wie selbstverständlich zog er diesen beiseite. »Die Garnitur habe ich damals von meinem Bruder übernommen. Der ist nämlich in eine größere

Wohnung gezogen und brauchte diese nicht mehr. Ich hatte Glück, dass der Karl-Heinz die einbauen konnte, ich bin ja in Rente. Aber der Karl-Heinz ist ziemlich geschickt, der kann ganz einfach …«

Es tat mir leid, aber ich musste den Herrn rüde unterbrechen, immerhin suchten wir einen Verbrecher.

»Dürfte ich die anderen Zimmer sehen?« Allerdings blieb es zunächst bei der bloßen Frage, denn die Frau des Hauses drückte mir eine Tasse Kaffee in die Hand.

»Ich weiß ja, dass Sie Polizisten immer viel draußen sein müssen. Trinken Sie ruhig einen Schluck.«

Auch dafür blieb natürlich leider keine Zeit. Höflich, aber bestimmt lehnte ich ab. In Windeseile waren die anderen Zimmer durchsucht und wir standen wieder vor der Wohnung. Allerdings nicht ohne eine Essenseinladung vom Pärchen für den morgigen Mittag, damit »wir mal etwas Ordentliches im Magen haben«.

»Nette Leute, aber auch ein bisschen anstrengend«, entfuhr es Mattus.

Weiter ging es auf unserer Mission. Von den anderen Teams kam zwischenzeitlich die Meldung, dass auch sie bislang vergeblich nach dem Flüchtigen gesucht hatten. Die Anspannung war allen Beteiligten anzumerken. Endlich konnten wir an der nächsten Tür klopfen.

»Mattus, Kothen, Kriminalpolizei. Bitte öffnen.«

Sympathisch lächelnd öffnete uns eine ziemlich beleibte Frau. Sie war offensichtlich thailändischer Herkunft.

»Guten Abend, Kriminalpolizei«, sagte ich und zeigte den Ausweis. »Wir haben Hinweise, dass ein Verdächtiger in das Gebäude geflüchtet ist. Dürften wir einmal in die Wohnung rein und uns umsehen?«

Die Frau nickte und lächelte, schien aber kein Wort verstanden zu haben, denn sie machte keine Anstalten, die Tür weiter zu öffnen und uns den Weg ins Innere ihrer Wohnung zu ermöglichen.

Ich zeigte mit dem Finger an ihr vorbei.

»Dürfen wir kurz in die Wohnung? Einmal nur kurz umsehen?«
Wieder ein Nicken, aber die Frau blieb einfach im Türrahmen stehen. Da stand sie nun. Was sollte das?

Ich versuchte es auf Englisch, dieselbe Reaktion, nämlich keine, nur dieses breite Lächeln. Wahrscheinlich hätte ich sie auch fragen können, ob sie die technischen Pläne für einen revolutionären Raketenantrieb besäße und sie hätte genickt und gelächelt. Nur leider war das hier ziemlich gefährlich. Konnte sie mich wirklich nicht verstehen? Oder hatte irgendwer ihr gesagt, dass sie uns abwimmeln sollte?

Solche Situationen waren für alle Beteiligten nicht ganz einfach.

Ich versuchte es schließlich mit Händen und Füßen, sah dabei bestimmt unheimlich dämlich aus, denn Mattus drehte sich beschämt zur Seite. Was sollte ich denn tun? Wir mussten in die Bude rein. Meine Mühen wurden schließlich belohnt. Ich weiß nicht, welche meiner Verrenkungen den Ausschlag gab, aber irgendwann schien sie zu verstehen und machte die Tür frei. Mattus und ich schalteten wieder auf höchste Alarmstufe.

Schon beim ersten Schritt in die Wohnung hörte ich ein Rascheln, dessen Ursprung ich nicht unmittelbar zuordnen konnte. Wäre ich mir auch nur im Ansatz sicher, dass die Dame mich verstehen könnte, hätte ich gefragt, ob sie alleine wäre. Jetzt konnte ich nur mutmaßen und vorsichtig sein.

»Hast du das auch gehört?«

»Mhhh.« Mattus nickte mit festem Blick und deutete auf die hinteren Räume der Wohnung. Langsam führte er die Hand an seine Dienstwaffe. Der alte Bär wurde offenbar auch nervös.

Ich ging voraus und deutete Mattus an, er möge die Sicherung übernehmen. Dieses Vorgehen hatten wir beide bei den letzten Trainings intensiv geübt. Dort hatte es stets geklappt, doch klappte es auch in der Reallage? Immerhin stand für den Flüchtigen mindestens die Freiheit auf dem Spiel. Ich bemühte mich krampfhaft, den Kopf freizubekommen. Es gelang schließlich und ich begann,

Zentimeter für Zentimeter der Wohnung zu durchsuchen. Die Wohnungsinhaberin schien unser Verhalten immer noch nicht zu verstehen, aber ihr Lächeln wich einem Ausdruck von Unsicherheit – war es Furcht? Jedenfalls hatte sie einen sehr interessanten Einrichtungsgeschmack. Die Wohnzimmermöbel waren farbenfroh, eigentlich quietschbunt und schienen trotzdem auf eine harmonische Weise zusammenzupassen. Auch wenn die Tapeten und Vorhänge mich eher an ein Wachsmalbild meiner Kinder als an eine Raumdekoration erinnerten. Da war wieder ein Rascheln. Verdammt, wo kam das her?

»Hallo? Ist da jemand?«, rief ich laut und bestimmt ins Ungewisse.

Kein Laut, keine Antwort. Mattus und ich schlichen uns erst ins Badezimmer, klein, sauber und nicht bunt. Weiter ging es ins Schlafzimmer, üblich eingerichtet, für meinen Geschmack auch ein wenig zu bunt. Die Dame hatte noch ein kleines Büro, wo sich die Akten stapelten, allerdings konnten wir auch hier nichts Auffälliges entdecken.

Ich zuckte zusammen, als das Geräusch erneut an meine Ohren drang. Keine Frage, es kam aus dem Wohnzimmer. Den Raum hatten wir doch schon durchsucht. Hatten wir etwas übersehen? Mein Griff an die Dienstwaffe wurde fester, als ich wieder neben der Frau stand und auf eine spanische Wand blickte, die mitten im Wohnzimmer stand und mir zuvor nicht aufgefallen war. Nur hinter dieser Wand konnte er sein. Der Dame deutete ich an, etwas zurückzutreten. Dabei schwankte ihr Gesichtsausdruck irgendwo zwischen Verwunderung und anerzogener Freundlichkeit.

Ich ging leicht in die Hocke, als ich mich der spanischen Wand näherte. Wieder dieses Geräusch, ein Rascheln, es war ganz nahe. Na warte, du Sack, dich krieg ich!, schoss es mir in den Kopf. Mattus schlich neben mich, er hatte seine P 6 im Anschlag.

»Das gibt es doch nicht!« Mein Kollege ließ seine Waffe sinken, steckte sie weg und lächelte.

Was war denn jetzt los? Der Täter musste hier sein, keine zwei Meter von uns entfernt, und Mattus stand so locker da, als gucke er die *Tagesschau*.

Vorsichtig lugte ich um die Wand, doch da war nichts. Wo war der Kerl?

Ich rief: »Hallo«, woraufhin blitzschnell die Antwort kam: »Hallo.«

Mein Herz hämmerte, als hätte jemand mit einem Defibrillator Stromstöße durch meinen Körper gejagt. Keine Ahnung, was hier vor sich ging, aber das war genug. Ich zog meine Dienstwaffe.

»Kriminalpolizei! Kommen Sie mit erhobenen Händen aus dem Versteck!« Nichts geschah. Ich versuchte es erneut: »Hallo!«, und wieder kam eine Antwort: »Hallo!«

Als wollte er mich verhöhnen. Instinktiv machte ich mich noch kleiner und hatte bereits die Hand am Abzug. Sollte er doch kommen. Immerhin war Mattus ja auch noch da. Behutsam ging ich einen Schritt hinter die Wand, immer noch hatte ich die Waffe im Anschlag. Doch hier war ... nichts. Dann wieder ein »Hallo!«. Was soll das? So was hatte ich noch nie erlebt.

Entweder lief hier eine Kamera mit, vielleicht ein Scherz der lieben Kollegen, oder die Außerirdischen waren soeben genau hier gelandet.

»Äh, Markus?«, störte Mattus meine Konzentration.

»Hörst du das denn nicht?«, zischte ich, während meine Augen wie verrückt den Raum abscannten.

»Doch. Ich höre es und die Frau hört es auch«, antwortete Mattus ruhig und sah mich argwöhnisch an. Dabei besaß sein Blick in etwa einen Ausdruck, als hätte ich mich nackt ausgezogen und vor seinen Augen einen Regentanz aufgeführt. »Markus? Ist alles in Ordnung mit dir?«

Wieder dieses: »Hallo!« Nur wo kam es her, verdammt noch mal.

»Was hältst du denn mal von Eigensicherung, Kollege? Wieso ziehst du nicht deine Waffe?«, giftete ich ihn an. »Der ist hier irgendwo.«

Jetzt schien es auch Mattus zu blöd zu werden. »Sag mal Brauner, hast du se noch alle? Siehst du den nicht?«

»Wen denn?«

Fast gleichzeitig nickten die verstörte Frau und mein Kollege in Richtung eines Stuhls, der vor dem Vorhang stand. Erst jetzt erkannte ich, was sie meinten.

Das war doch nicht real! Auf der Stuhllehne saß ein Tier und schaute mich mit interessiertem Blick an. »Hallo!«

Ein knallbunter Papagei krächzte vor sich hin. Sein Kopf bewegte sich auf und ab, als nickte er mir zu.

»Das glaub ich doch jetzt nicht!«, entfuhr es mir, als ich meine Pistole sinken ließ und hörbar aufatmete.

Mattus kam einen Schritt auf mich zu und legte verwundert die Hand auf meine Schulter. Wahrscheinlich wollte er nur sicher sein, dass ich tatsächlich die Waffe einsteckte.

»Hast du das Viech wirklich nicht gesehen?«

In diesem Moment konnte ich es mir nicht erklären. Da hatten sich wohl Adrenalin und mein Kopfkino verbündet und mir einen Streich gespielt. Aber was für einen. Ich legte meine Hände auf die Knie und atmete erst einmal durch.

»Die Wand war auch so bunt. Ich hab nur dieses Geräusch und dann das ›Hallo‹ gehört und irgendwie mit allem gerechnet ... nur nicht mit einem Vogel, der da doof rumsitzt und erzählt.«

Wie auf Kommando schrie der Vogel einmal laut auf und beendete das kurze Gespräch mit einem einfachen »Hallo«.

»Ist ja noch mal gut gegangen.« Mattus konnte sich jetzt ein Lachen nicht mehr verkneifen. »Ruhig, Brauner.«

Oh Gott – ich hasste den Spruch.

»Aber gerade noch mal so ... Ich hätte beinahe mein Magazin in den Vogel gepumpt!«

»Abhaken, weitermachen«, war seine Antwort, anschließend ging er zur Wohnungsinhaberin und versuchte, ihr das Missverständnis zwischen mir und dem Federvieh zu erklären. Sie schien

»Hörst du das denn nicht?«, zischte ich,
während meine Augen wie verrückt den Raum abscannten.

das schnell zu verstehen, denn innerhalb von einigen Sekunden lachte sie gemeinsam mit Mattus. Ich hörte sie mehrmals »Hallo« sagen. Na super, wie stand ich denn jetzt da?

Ich entschuldigte mich mehrmals bei ihr, obwohl ich nicht sicher war, ob sie überhaupt ein Wort verstand. Na ja, zumindest nickte und lächelte sie zunächst. Dann wieder dieses »Hallo«. Diesmal war es Mattus. Er und die Dame prusteten los. Ich bin mir sicher, dass wir ihr Vertrauen in die deutsche Polizei nicht gerade gestärkt hatten. Ich glaube, sie war froh, als ich mich endlich aufrichtete, sich meine Atmung normalisierte und ich mir den Papagei etwas näher ansah. Zumindest wusste sie jetzt, dass sie es nicht mit zwei völlig Verrückten zu tun hatte.

»Da hast du mich aber ganz schön verarscht.«

Der Papagei nickte, als könne er mich verstehen.

Im nächsten Moment knarzte das Funkgerät. »Verdächtiger verlässt das Gebäude über den Kellerabgang.«

Mattus und ich schossen zum Fenster und öffneten es. Die Rasenfläche war gut ausgeleuchtet, sodass wir den Mann sofort ausmachen konnten. Im vollen Sprint wich er zunächst einem uniformierten Kollegen aus, hetzte dann weiter über das Grün. Offensichtlich erkannte er, dass zu viele Streifenwagen vor dem Gebäude Stellung bezogen hatten. Er machte eine Vollbremsung, fiel einmal auf den Rasen, rappelte sich sofort wieder auf und spurtete dann zum Wohngebäude zurück. Ein fataler Fehler, denn dort lief er genau in die Arme von Michael.

Der Hüne machte kurzen Prozess, warf den Flüchtigen einmal unsanft zu Boden und drückte sein gesamtes Körpergewicht auf den Rücken des Verdächtigen. Der Räuber machte keine Bewegung mehr, sodass die Jungs da unten ihm die Acht anlegen konnten. Der junge Mann hatte tatsächlich nur das Bargeld aus der Handtasche genommen und dann versucht, zu entkommen. Die Kollegen fanden schließlich den Rest seines vorweihnachtlichen Nebenjobs im Keller und konnten der Dame alles zurückgeben. Schade für die Frau, sie würde das Fest im Krankenhaus verbringen und der Täter in der Tonne.

»Das war es dann wohl«, sagte Mattus lächelnd und wandte sich ab.

Ich blieb bei dem Papagei stehen.

»Hallo«, krächzte das Tier.

Nur kurz deutete ich auf meine Waffe. »Besser für dich, du hältst jetzt den Schnabel!«

Draußen auf dem Flur nahm ich Mattus beiseite.

»Sag mal, könntest du die Geschichte mit dem Papageien wohl für dich behalten? Ich habe echt keine Lust, ab morgen die Eselsmütze zu tragen. Geht das?«

Ich legte meinen sanftesten Blick auf und hoffte, damit mein Gegenüber tatsächlich milde zu stimmen.

»Vertrau mir«, war seine kurze Antwort, dabei kniff er ein Auge zu.

Wir gingen zum Dienstwagen und fuhren zur Wache. Als ich über Funk den Wachhabenden bat, das große elektrische Rolltor zum Hof zu öffnen, antwortete dieser nur mit »Hallo, hallo«.

Ich schaute Mattus an, der neben mir auf dem Beifahrersitz saß. Tja, die Geschichte musste er wohl in einem unbeobachteten Moment gefunkt haben. Er krümmte sich vor Lachen und zog dabei unschuldig die Schultern hoch.

»Danke« war das Einzige, was mir noch einfiel.

# KAPITEL 11

# SPAZIERFAHRT

Nach mehreren Jahren bei der Kriminalpolizei wurde mir im Jahr 2008 eine Stelle als Leiter eines Einsatztrupps angeboten und ich beschloss, das warme Büro gegen die Hitze der Straße zu tauschen. Meine Kollegen und ich waren für die Bekämpfung der Straßenkriminalität zuständig. Die Beförderung zum Polizeihauptkommissar folgte prompt.

Wenn man mehrere Jahre in einer Stadt Dienst verrichtete, kannte man irgendwann jeden Grashalm, jedes Staubkorn mit Namen. Einige Dinge änderten sich, die meisten Straßen, Gebäude und Parks wurden erneuert oder neu gebaut, nur die Kundschaft blieb dieselbe. Die Junkies dealten weiterhin auf der Platte, die meisten Schlägereien gab es hinter dem Hauptbahnhof am Kneipeneck und wenn der ansässige Fußballverein spielte, nahm man sich am besten nichts vor. Also alles wie immer? Fast ...

Wir schrieben mittlerweile das Jahr 2009, was bedeutete, dass die Internetkriminalität ein immer größeres Thema wurde, gerade bei der Kriminalpolizei. Doch auch die Straße hatte sich verändert. Insbesondere die gestiegene Gewaltbereitschaft unseres Gegenübers und die offene Aggression gegenüber der Polizei erschreckten mich. Schon vor 20 Jahren gab es Menschen, die mehr oder minder grundlos Streit suchten und auch noch auf das Opfer eintraten, wenn dieses schon längst am Boden lag, doch die Anzahl dieser Gewaltorgien schien mit der Zeit nicht nur zuzunehmen, die Täter brüsteten sich auch noch damit, dass sie »mal wieder jemanden ins Krankenhaus geschickt hatten«.

Eine der tragischsten Tatsachen an dieser Entwicklung ist, dass die Opfer meist jahrelang, manchmal ihr ganzes Leben, mit den Spätfolgen zu kämpfen haben, während die Täter oft nach einer geringen Haftstrafe wieder auf freien Fuß kommen. Nicht alles, was rechtens ist, muss auch als richtig angesehen werden. Recht und Gerechtigkeit sind oft nicht dasselbe und gerade im Polizeiberuf spürt man die Unterschiede tagtäglich. Mal mehr, mal weniger. Es gibt Sachverhalte, die uns an der Front sehr bewegen, die wir nicht mit der Uniform im Spind lassen können, sondern auch mit nach Hause nehmen. Das lässt sich nicht verhindern, ist aber auch manchmal gut so. Polizeibeamte sind Menschen, keine Maschinen. Wir versuchen, möglichst objektiv zu ermitteln, doch gelingt es immer? Ich kann diese Frage nicht abschließend beantworten. Sicher ärgere ich mich über Urteile, die in meinen Augen vielleicht »zu milde« sind. Doch steht mir eine derartige Bewertung zu? Nicht unbedingt. Als Teil der Exekutive habe ich Straftaten zu verfolgen und alle Maßnahmen zu treffen, um sie aufzuklären. Mit der Abgabe an die Staatsanwaltschaft und das Gericht endet meine Zuständigkeit zunächst. Die Gewaltenteilung als wesentliche Säule des Rechtsstaates ist eine hohe Errungenschaft, auch wenn das im Einzelfall für den Betroffenen schwer zu verstehen scheint. Wie lautet noch die römische Juristenweisheit: »Vor Gericht und auf hoher See sind wir in Gottes Hand«, oder so ähnlich.

Selbstjustiz und Stammtischurteile sind meiner Meinung nach das Schlimmste, was dem Rechtsstaat passieren könnte.

So weit die Theorie. Doch nun wieder zur Praxis: Es war ein typischer Frühsommerabend im Jahr 2009. Die Temperaturen luden tagsüber bereits in die zahlreichen Straßencafés ein, doch die kühle Luft am Abend war noch nichts für Grillpartys. An diesem Mittwochabend war ich mit Hendrik in »Z« unterwegs. Auf den

Straßen war nicht viel los. Ein ganz normaler Wochentag eben, zumindest dachten wir das.

Der Geburtstag meiner Frau stand an und ich hatte mir fest vorgenommen, ihr direkt nach dem Dienst zu gratulieren. Ein großer Blumenstrauß, eine Schachtel Pralinen und ihr Geschenk lagen schon in der Garage bereit, sodass ich die Überraschung nach der Schicht sofort überreichen konnte. Eigentlich sollte dieser Dienst in der Nacht um zwei Uhr beendet sein. Wir hatten gerade kurz nach 22:30 Uhr und ich war mir sicher, dass in diesen wenigen Stunden nichts mehr passieren würde.

Das sagte ich auch Hendrik.

Ganz großer Irrtum.

»Du weißt doch, man soll den Tag nicht vor dem Abend loben«, antwortete er und brachte den ausgelutschten Opel Vectra auf die Stadtallee.

»Ach, komm schon. Wie oft habe ich das schon gesagt und es ist nichts passiert. Es müsste ja mit dem Teufel zugehen …«

Es war wirklich dieser eine Satz, den ich nicht mehr beenden konnte, und noch heute scherzen Hendrik und ich gerne über diese Phrase.

»Was zum …?«

Von dem dunklen VW Fox, der rechts an uns vorbeischoss, konnten wir nach wenigen Sekunden nur noch die Rücklichter sehen. Innerorts waren 50 Stundenkilometer zugelassen, er hatte gute 90 drauf.

»Dann gib mal Stoff!«

»Schon dabei.«

Der gute, alte Vectra hatte allerdings bereits über 170.000 Stadtkilometer auf dem Zähler und seine besten Tage schon mehr als hinter sich.

»Hendrik, jetzt drück doch mal drauf!«

Als ob er mir beweisen wollte, dass er das Gaspedal bis zur Ölwanne trat, wippte er mit dem rechten Fuß. »Ich bin schon am Anschlag, der beschleunigt halt wie ein Sack Steine.«

Mit jedem Kilometer, den wir an Geschwindigkeit aufnahmen, schienen auch die Sitze lockerer zu werden. Keine Ahnung, wer in diesem Pool-Wagen schon alles gesessen hatte, aber die Schräglage meines Körpers deutete nicht gerade drauf hin, dass es Leichtgewichte gewesen waren. Da hatten wir uns heute wirklich das älteste und schrottreifste Vehikel ausgesucht, das die Polizei zu bieten hatte. Verdammt, wir hatten im Wagenpool schicke Opel, neue Audis und schnelle Volkswagen und wir mussten ausgerechnet die Niete ziehen. Der Lärmpegel in der Karre stieg auf das Niveau einer Lokomotive aus der Kolonialzeit.

»Gibt der echt nicht mehr her?«

»Siehst du doch, dass wir am Limit sind.«

So würden wir ihn nie kriegen …

Doch Fortuna meinte es heute anscheinend nicht ganz so schlecht mit uns. Endlich konnten wir den Fox an einer roten Ampel ausmachen. Doch bevor ich die Kelle überhaupt in der Hand hatte, um den Verkehrssünder anzuhalten, schaltete die Ampel wieder auf Grün und der Volkswagen zog wieder davon. Der Fahrer gab Gas … und zwar richtig.

Mir war jetzt bereits klar, dass wir keine Chance gegen den offensichtlich getunten Wagen hatten. »Jetzt reicht's aber langsam.«

»Sonderrechte?«, wollte Hendrik wissen.

Ich hatte die Hand bereits am Schalter.

»Ich lass nur mal kurz aufheulen, vielleicht kommt der ja noch zu Verstand.«

Das eingebaute Martinshorn heulte einmal in der nächtlichen Innenstadt auf und die kühle Luft blies mir um die Nase, als ich das mobile Blaulicht aufs Dach stellte. Für einen Moment sah es so aus, als würde der Fahrer zur Besinnung kommen. Er hatte wohl die Anhaltezeichen wahrgenommen, denn er reduzierte seine Geschwindigkeit. Doch der Schein sollte trügen. Sicher hatte der Fahrer die paar Sekunden des Abbremsens nur dazu genutzt, seine Gedanken neu zu sortieren. Und die schrien ihn scheinbar an, jetzt Vollgas zu geben.

»Will der mich verarschen?«, drang es noch über meine Lippen. »Das Letzte, was ich jetzt brauche, ist eine Verfolgungsfahrt.«

Hendrik lachte auf. »Da hast du aber Glück, dass du bei unserem Beruf wählen kannst.«

Ein kurzer Seitenblick, dann nahm ich den Peiker, die Sprechgarnitur im Fahrzeug, und sprach die Einsatzleitstelle an.

»Christa für 13-81, kommen.«

»Kommen Sie, 13-81.«

Noch bevor ich der Leitstelle Bericht erstatten konnte, nahm Hendrik eine Kurve so scharf, dass mir das Handgerät aus der Hand fiel. Mein Gott, was hatten die mit den Sitzen gemacht? Da hätte ich direkt in einem Autoscooter Platz nehmen können. Der Peiker war in der Dunkelheit des Fußraumes verschwunden, doch ich bekam das Kabel zu fassen. Nach kurzem Kampf mit demselben hatte ich das Handgerät wieder in der Hand.

Mein strenger Seitenblick zu Hendrik sagte offensichtlich alles.

»Sorry, aber guck mal, wie der Typ fährt. Da müssen wir dranbleiben.«

Tatsächlich hatte der gute Mann wohl zu viel *Need for Speed* gespielt, nur konnte man natürlich nicht einfach durch Tankstellen fahren, Leute über den Haufen rollen oder die direkte Lachgaseinspritzung zünden, wenn die Polizei einem im Nacken hing.

Zumindest hoffte ich, dass der aufgemotzte Fox kein Lachgas der Firma NOS an Bord hatte. Gesehen hatte ich das schon einmal. Wenn er hier mit Vollgas vor die Leitplanke fuhr, gab es keine zweite Chance, keinen Knopf auf dem Gamepad, der den unversehrten Wagen wieder ein paar Meter neben der Unfallstelle aufstellte.

Das hier war die Realität und ich hoffte, der Fahrer hatte zumindest das verstanden.

»13-81 für Christa. Was ist denn bei euch los?«

Endlich hatte ich das Funkgerät wieder fest im Griff.

»Ihr seid mir fast entfallen«, antwortete ich.

»Bitte was?«

»Nicht so wichtig. Wir verfolgen ein verdächtiges Fahrzeug in Richtung Autobahnzubringer.« Nur mit Mühe konnte ich Kennzeichen und den aktuellen Standort durchgeben, da auch mein Anschnallgurt die 170.000 Stadtkilometer auf dem Buckel zu haben schien. Mit einer fast schon beängstigenden Beharrlichkeit versuchte sich dieser alte Gurt zu öffnen.

War denn alles an diesem Auto Schrott?

»Alles klar, 13-81. Verstärkung ist unterwegs, schön dranbleiben.«

»Wir machen das schon«, antwortete ich. »Ich gebe Standort und Geschwindigkeit durch. Bitte alles ins Protokoll!«

Hastig blickte ich mich um. Die Straßen in der Stadt waren fast menschenleer. Vereinzelt kreuzte ein Taxi unseren Weg, aber es kam zunächst zu keinen Situationen, in denen Dritte ernsthaft gefährdet waren. Zusätzlich trennte hier die Gegenfahrbahn ein breiter, mit Bäumen bepflanzter Mittelstreifen ab. So konnte der Fox zumindest keinen Unbeteiligten mitreißen.

»Oh, oh.« Hendriks Laute rissen mich aus meinen Überlegungen. »Autobahn.«

Mist! »Richtige oder falsche Richtungsfahrbahn?«

»Hoffentlich richtig«, grollte Hendrik. »Ich hab keine Lust auf eine Geisterfahrt.«

»Hoffentlich will der Typ sich nicht so das Leben nehmen.«

Nennen Sie mich konservativ, aber wenn jemand sein Leben unbedingt beenden will, dann soll er es bitte heimlich, still und leise in den heimischen vier Wänden tun.

An diesem Tag blieb uns zumindest das erspart und es sollte glücklicherweise bis zum heutigen Tag auch so bleiben. Der Fahrer des Fox bog richtig auf die Autobahn ab und gab noch einmal Gas. Er nahm die Autobahnauffahrt sportlich in Ideallinie. Das Reifenquietschen war bis zu uns hörbar.

Hendrik quälte den Vectra in die Kurve. Ein Blick auf die dunkle Autobahn genügte. Hier waren nur noch ganz wenige Verkehrsteilnehmer zugegen.

»Christa für 13-81, der Flüchtige ist auf die Autobahn in Richtung Ruhrgebiet aufgefahren. Wir bleiben dran, so gut es geht. Abgelesene Geschwindigkeit bei uns 150 km/h, wir kommen nicht ran.«

»Verstanden, 13-81«, quittierte die Leitstelle.

Endlich hatte der Vectra Fahrt aufgenommen und wir hielten den Fox zumindest in Sichtweite. So konnten wir die Verkehrsteilnehmer warnen. Hendrik holte das Letzte aus dem Zivilwagen heraus und drückte das Gaspedal weiter in die Karosserie. Das Ergebnis war, dass wir mit schnittigen 150 Stundenkilometer einen VW Fox verfolgten.

»Das kann eine verdammt lange Nacht werden.«

Ein Blick auf die Uhr sagte mir, dass es mittlerweile nach 23 Uhr war.

»Kann der nicht einfach ranfahren. Meine Frau hat gleich Geburtstag.«

»Stimmt. Ihr schmeißt ja heute noch eine kleine Fete.«

»Und da will ich fit sein.«

Die Leitstelle schien die Radiostationen informiert zu haben. Zumindest hatte ich das Gefühl, als würden vor uns die Autos und Lastkraftwagen bereits auf dem Seitenstreifen parken, als wir an ihnen vorbeiflogen.

Es dauerte nicht lange, bis die Sache von Christa an die Autobahnleitstelle in Düsseldorf weitergegeben wurde. Jetzt funken wir auf der Landeswelle – mal was anderes, dachte ich.

»Christa 13-81 für Düssel. Ab sofort Meldung an uns. Wo sind Sie gerade?«

»Düssel für Christa 13-81, fahren auf der A 42 Richtung Ruhrgebiet. Abgelesene Geschwindigkeit 160 km/h, wir kommen nicht ran. Bis jetzt keine Gefährdung Dritter. Wie sieht es mit Verstärkung aus?«

Das Funkgerät knarzte. Diesmal eine Frauenstimme.

»Weiter dranbleiben, Christa 13-81. Lagebericht und Standort weiter durchgeben.«

Schon hörten wir den nächsten Einsatzwagen.

»Hier ist Wespe 12-31, wir sind gerade in Kamp-Lintfort, könnten aber in 30 Minuten bei euch sein.«

Was war denn jetzt los? Hatten die Kollegen in dieser Nacht alle nichts zu tun?

»Hier ist Egon 11-33, fahren gerade auf die Autobahn in Richtung Düsseldorf, dauert aber zehn Minuten.«

»Düssel für Düssel 13-32, sind gerade auf der Gegenfahrbahn, wir wenden und nehmen dann die Verfolgung auf.«

Hendrik wandte sich zu mir.

Noch etliche weitere Meldungen dieser Art erreichten uns durch das Funkgerät, bis der Kollegin auf der Leitstelle offensichtlich der Kragen platzte.

»Düssel an ALLE! Haltet den Kanal frei, es spricht jetzt nur noch Christa 13-81. Ist das klar!«

Das hatte gesessen, jetzt war Ruhe.

»Sollen wir uns neben den setzen?«, wollte Hendrik wissen. »Ich glaube, der wird langsamer.«

»Taste dich mal vorsichtig ran. Aber bleib hinter ihm. Immer schön aus der Gefahrenzone bleiben. Es reicht, wenn wir dranbleiben. Vielleicht kommt der ja irgendwann noch zur Vernunft«, riet ich Hendrik.

Meine Hände waren feucht und kalter Schweiß lief in meinen Nacken, als Hendrik die letzten Reserven aus dem Vectra herausholte. Doch in diesem Moment ...

»Das gibt es doch nicht!«

Tock! Tock! Tock! Ein heftiges Klopfgeräusch ließ uns aufschrecken. Der Magnet des Blaulichts hatte den Geist aufgegeben und die Rundumkennleuchte schepperte von außen gegen den Lack.

»Heute ist wohl nicht dein Tag, Markus«, scherzte Hendrik noch.

Tja, schien so. Nur schwerlich konnte ich bei 150 Stundenkilometern das noch aktive Blaulicht wieder in den Wagen ziehen und versuchte, es wieder auf dem Dach zu befestigen. Nach wenigen

Lidschlägen löste es sich wieder. Das war wohl auch der Zahn der Zeit. Ich nahm das Blaulicht in den Innenraum und stellte es auf das Armaturenbrett.

»Na großartig. Jetzt haben wir zu allem Überfluss noch dezent flackerndes Licht im Wagen.«

Hendrik seufzte laut auf. »Nicht nur da.«

Als ob die Kollegen sich abgesprochen hätten, tauchte im Seitenspiegel plötzlich eine blaue Wand auf. Bald schon waren vier Streifenwagen hinter uns, alles nagelneue VW Passat.

Hätte ich nicht in so einem sitzen können?

Stattdessen schmerzte mein Allerwertester bereits von den Federn der Uraltsitze im Vectra.

»Was geht denn jetzt ab?«

Erst wusste ich nicht, was Hendrik damit meinte, doch dann wurde auch mir klar, dass irgendetwas gerade gar nicht stimmte. Ich griff zum Funkgerät und meldete.

»Düssel für 13-81. Der Flüchtige hantiert am offenen Fenster der Fahrertür des Wagens herum. Es scheint, als schmeiße er etwas aus dem Fenster. Keine Ahnung, was genau der da gerade macht, aber offensichtlich verliert er langsam die Kontrolle, der Pkw schlingert verdächtig. Richtung und Geschwindigkeit unverändert.«

Die Leitstelle warnte alle anderen nachfolgenden Einsatzfahrzeuge, während wir uns näher herantasteten. Wieder schmiss der Mann etwas auf die Fahrbahn, dann noch etwas.

»Entweder entsorgt der seine Drogen oder der will Gewicht verlieren.«

Meinen entgeisterten Blick bekam Hendrik gar nicht mit. »Wieso sollte er Gewicht verlieren?«

»Damit er schneller wird, wie bei Schiffen. Siehst du dir keine alten Piratenfilme an?«, ranzte er mich an.

Bei der Geschwindigkeit und einer nicht enden wollenden Verfolgung verlor ich anscheinend meine Fähigkeit, seine Witze nachvollziehen zu können.

»Ich tippe jetzt mal ganz frei auf die Drogen.«
»Wir werden sehen.«

Nach und nach schlossen sich immer mehr Polizeikräfte der Verfolgungsfahrt an. Es schien, als würden alle Polizeibeamten Nordrhein-Westfalens ihre schicken, neuen Dienstwagen einmal groß ausfahren wollen. Trotzdem bildeten wir mit unserem antiken Automobil und der Rundumleuchte auf dem Armaturenbrett die fragwürdige Speerspitze dieses Unterfangens.

Stundenlange Verfolgungsjagden gehörten nicht unbedingt zu meinen bevorzugten Hobbys. Besonders dann nicht, wenn das Blaulicht sich flackernd in meine Augen legte. Und dabei war ich nur Beifahrer und gab die Position des Flüchtigen ständig über Funk durch.

»Verdammt, das nervt. Hast du was zu trinken dabei?«

»Leider nicht«, antwortete ich und versuchte, notdürftig einen Schal gegen die Rundumleuchte zu legen. »Konnte ja keiner wissen, dass wir heute noch in den Pott fahren müssen.«

Mittlerweile war es nach Mitternacht und noch immer machte der Mann keine Anstalten, sich auch nur annähernd von der blauen Wand hinter sich beeindrucken zu lassen. Wir versuchten es mit einer defensiven Taktik. Die Straßen waren leer, Radiodurchsagen geschaltet, genug Polizei war vor Ort, sollte er seinen Tank doch einfach leer fahren. So wurden keine Passanten gefährdet und auch der materielle Schaden begrenzt. Die Landesleitstelle segnete unseren Vorschlag ab.

»Eine leere Flasche hast du nicht zufällig dabei, oder?«

Ich blickte zu meinem Kollegen.

»Wieso?«

Er verzog das Gesicht.

»Das ist es jetzt ein Witz, oder?«

»Nicht wirklich, ich musste eben schon.«

»Wir können die Spitze auch abgeben«, schlug ich vor. »Dann sollen die Kollegen mit den neuen Karren den Typen halt bis ans Ende der Welt jagen.«

Hendrik schüttelte den Kopf. Ich hatte keine andere Reaktion erwartet. »Jetzt ziehen wir das auch bis zum Ende durch. So lange wird es nicht mehr dauern.«

Kurz vor dem nächsten Autobahnkreuz begann der Fox immer häufiger zu schlingern, seine Schlangenlinien wurden immer ausgedehnter. Dann zog er plötzlich nach rechts, im letzten Moment auf den Standstreifen, schließlich wechselte er die Autobahn. Wir folgten ihm problemlos auf die andere Bahn, die Armee hinter uns ebenfalls. Die neu gewählte Autobahn war um einiges voller, wesentlich mehr Lkw, aber auch Pkw waren hier unterwegs. Obwohl sie durch die Sondersignale vorgewarnt waren und sofort auf den Seitenstreifen fuhren, schnitt der Fox einen Mercedes. Das Heck des Fox brach kurz aus, fing sich dann aber wieder.

»Jetzt ist es gleich vorbei«, jubelte Hendrik.

Ich stimmte meinem Kollegen zu. »Kann der nicht einfach anhalten?«

Über uns dröhnte der Polizeihubschrauber, Rufname »Hummel 4«, der ebenfalls zur Unterstützung eingesetzt wurde. Die Besatzung des BK 117 hätte sich bestimmt auch eine schönere Beschäftigung vorstellen können, als einen Typen zu jagen, der sich nachts ein Wettrennen mit der Polizei liefern wollte.

Noch bevor ich diesen Gedanken beendet hatte, holte mich Hendrik wieder zurück in die Realität.

»Jetzt geht es los.« Seine Worte waren ruhig, fast schon ein wenig von Erleichterung durchzogen.

Der Fox schlingerte jetzt gewaltig. Keine Ahnung, was der Fahrer im Innenraum veranstaltete. Dass er sich einem Lkw näherte, machte ihn anscheinend ziemlich nervös. Der VW zog nach links, dann wieder nach rechts, dabei traf er den Lkw beinahe. Der Fahrer des Lkw lenkte geistesgegenwärtig den 40-Tonner auf den Seitenstreifen und wir schossen mit gehörigem Abstand zum Fox am Lkw vorbei. Doch dann passierte es. Der Fox-Fahrer verlor immer mehr die Kontrolle über seinen Pkw. Noch einmal versuchte er offensichtlich, mit hastigen Lenkbewegungen wieder in die Spur zu kommen ... doch es war zu spät.

Vor unseren Augen drehte er sich auf die Seite und überschlug sich mehrere Male. Selbst durch das geschlossene Fenster meinte ich, das kreischende Metall auf dem Asphalt zu hören. Funken schlugen auf dem Boden, dann riss der Motorblock aus dem Motorraum heraus und begann durch die Luft zu wirbeln.

»Schei...«, schrie Hendrik noch und konnte den Vectra scharf nach rechts lenken, als der Fox-Motor weiter in Fahrtrichtung davonflog und mit einem lauten Knall schließlich auf dem linken Streifen der Autobahn zum Liegen kam. Der Fox stellte sich, nach zahlreichen Umdrehungen um die eigene Achse, wie von Geisterhand wieder auf die Räder. Ein heller Rauch drang aus dem Motorraum.

Die blaue Wand hinter uns teilte sich, einige Streifenwagen übernahmen unverzüglich die Sicherung nach hinten. Es war beruhigend zu sehen, wie professionell die Kollegen agierten. Ich gab sofort die Ereignisse über Funk weiter. Etliche Meter weiter stand der Volkswagen wieder auf den Rädern und rollte gerade auf den Seitenstreifen. Als hätte jemand den Wagen in aller Seelenruhe dort abgestellt, kam er ein paar Zentimeter vor der Leitplanke zum Stehen.

Hin und wieder muss ich über die Stunts in der Fernsehserie *Alarm für Cobra 11* schmunzeln, doch dieses Ding hätten selbst die nicht besser hinbekommen können. Ich war mir sicher, der Mann war tot oder kurz davor zu sterben. So viele Überschläge hielt sicher kein Körper aus.

Wir hielten zehn Meter vor der Unfallstelle und rannten zum verunglückten Wagen. Doch noch bevor wir überhaupt in die Nähe des Fox kamen, sahen wir den Fahrer, wie er aus dem Seitenfenster der Fahrertür kletterte. Die Tür war sicher so verzogen, dass er sie nicht mehr öffnen konnte.

Hendrik und ich kamen zum Stehen und blickten den Mann verdutzt an. Das gab es doch nicht!

*Wir hielten zehn Meter vor der Unfallstelle und rannten zum verunglückten Wagen.*

Nicht eine Schramme konnte man auf seiner Haut erkennen. Noch nicht mal eine Platzwunde hatte er davongetragen. Er stand einfach vor mir und schüttelte den Kopf. Anscheinend dachte er einen Moment erneut daran zu flüchten, sein Gesicht wandte sich in Richtung Seitenstreifen. Doch dann entschied er sich offenbar für die Kapitulation. Vielleicht hatte er die 20 anderen Polizisten gesehen, die auf uns zu spurteten oder er realisierte den Polizeihubschrauber, der über unseren Köpfen seine Runden drehte. Statt zu fliehen, setzte er sich einfach auf den Boden. Wahrscheinlich war es der Schock. Ich sprach den Mann an, in seinen Augen sah ich Angst pur.

»Bleiben Sie ruhig und zeigen Sie mir Ihre Hände. Der Krankenwagen ist auf dem Weg.«

Der Blick des Mannes wechselte hastig zwischen Hendrik und mir. »Herr Beamter, nee, das war noch gelb!«

»Ja, ist ja gut«, sagte ich, um den augenscheinlich verwirrten Mann zu besänftigen.

»Ihr wollt mich doch umbringen!« Dieser Schrei verblüffte mich dann doch ein wenig. »Ihr seid hier, um mich zu töten!«

Aha. Der Typ fährt also stundenlang mit 160 Sachen auf der Autobahn, aber wir wollen ihn töten. Interessante Theorie.

Hendrik und ich begannen mit einer Personendurchsuchung. In den Strümpfen des Mannes fanden sich Dutzende Ampullen Amphetamin. Später im Wagen noch einmal dieselbe Menge, gut versteckt an der Karosserie.

Es stellte sich heraus, dass dieses Fahrzeug speziell für den Drogenschmuggel umgebaut worden war. Der Fahrer war auch bereits mehrmals wegen Drogenkonsum und -handel in Erscheinung getreten.

Als die uniformierten Kollegen den Verwirrten dann zum RTW führten, schrie er immer noch aus Leibeskräften, dass die Polizei, die CIA, das BKA und wahrscheinlich auch die Fleischerinnung nach seinem Leben trachteten.

»Typischer Fall von ›er war selbst sein bester Kunde‹«, sagte Hendrik zu mir, als der Notarzt ihn untersuchte. »Ich hab die anderen lieber.«

*Die anderen* waren Drogenkuriere, die das Zeug nicht selbst nahmen. Zumindest konnten sie die Situation einschätzen, fuhren meist ohne zu murren rechts ran und ließen sich in Gewahrsam nehmen.

Sie kannten die Prozedur und nahmen alles mit einer stoischen Ruhe zur Kenntnis. Dieser Verdächtige hatte jedoch Wahnvorstellungen und das nicht zu knapp. Als er in der Innenstadt das Blaulicht erblickt hatte, musste irgendeine Synapse in seinem Kopf Schluckauf bekommen haben. Die zweistündige Verfolgungsjagd war die Folge. Dass niemand zu Schaden gekommen war grenzte an ein Wunder.

Ein weiteres Wunder war der Zustand des Mannes.

Denn obwohl er bis zur Haarspitze mit Drogen aufgepusht war, konnte auch der Notarzt keine äußeren Verletzungen feststellen. Noch bevor der Rettungswagen sich in Bewegung setzte, gesellten sich Hendrik und ich zu dem gefesselten Kunden.

»Da hast du uns aber den Feierabend ganz schön versaut.« Hendrik atmete tief, setzte sich neben den Mann und rieb seine Augen.

»Ihr wollt mich gar nicht umbringen, oder?«

»Nicht wirklich«, war meine Antwort. In meinen Pupillen blitzte immer noch das Blaulicht. Es konnte einen aber auch manchmal ganz schön nerven.

»Sag mal, die Kollegen müssen gleich noch die Straße absuchen. Du würdest uns echt helfen, wenn du uns sagen würdest, was du da herausgeschmissen hast.«

Versuchen kann man es ja mal …

Ich glaubte eigentlich nicht, eine logische Antwort zu bekommen, und erwartete so etwas wie »Grüne Bohnen«. Umso überraschter war ich, als der Mann mit der Sprache herausrückte.

»Handys und Pullen.«

Hendrik zog die Stirn in Falten. »Pullen, okay. Also dass du versuchst, die Drogen loszuwerden, ist ja logisch, aber warum die Handys? Wolltest du Nachrichten verschwinden lassen?«

Der Mann blickte uns an, als wären wir grenzdebil. »Nachrichten? Quatsch! Es geht um die Ortung.«

Eine kleine Pause, dann traute ich mich nachzufragen. »Was für eine Ortung?«

»Ey, Mann, das ist kompliziert.«

Nach der Autofahrt schien Hendrik leicht unentspannt. »Sind wir hier bei Facebook oder was? Sag, was du meinst.«

Der Mann kaute nervös auf seiner Lippe. »Handys, Telefone, Implantate. Die Polizei kann jeden orten, wenn sie es will. Also habe ich die Handys aus dem Fenster geschmissen.«

Vielleicht war es einfach die Erschöpfung, aber wieder vergingen ein paar Sekunden, bis die Worte in meinen Verstand drangen. »Du hast also einen Fuhrpark von Polizeiautos hinter dir kleben, ein Hubschrauber hat dich im Visier und du machst dir Sorgen, dass wir dich mit Handys orten könnten?«

Darüber musste der junge Mann erst einmal nachdenken. Wir verließen den RTW lächelnd.

»Ortung per Handy. Wir sind doch hier nicht bei CSI«, schimpfte Hendrik und ließ die Hände in seine Taschen gleiten. »Guck mal, wer schon da ist.«

Bei solchen Verfolgungsfahrten war die Presse auch immer recht schnell vor Ort. Persönlich war mir das egal, nur leider bestanden die Chefs dann immer besonders darauf, dass die Berichte schnell gefertigt wurden, damit unser Pressesprecher alle Details hatte. Und bei einer Verfolgungsfahrt mit solchen Ausmaßen hieß »schnell« leider heute Nacht.

Es war gegen halb drei, als wir uns auf einen leeren Stuhl in der Wache der Autobahnpolizei setzten und zu schreiben begannen. Hendrik und ich konnten 90 Minuten später den Heimweg antreten. Leider wollte mein Chef ebenfalls einen ausführlichen Bericht haben, sodass ich schon mal Kaffee kochte, als die Kollegen der Frühschicht Hendrik und mich etwas verwundert begrüßten.

»Immer noch oder schon wieder?«

»Immer noch«, knurrte ich.

Dann kam unser Pressesprecher rein. Er brauchte alle Informationen schriftlich. Auch hier musste es leider wieder schnell gehen.

Ein kurzer Anruf bei meiner Frau musste genügen. Noch bevor sie ein Wort sagen konnte, begann ich meinen Monolog: »Hallo Schatz, mach dir keine Sorgen, war eine lange Nacht, mir geht es gut, ich komme so schnell, wie ich kann ... ach so ... alles Liebe zum Geburtstag!«

Um neun Uhr konnte ich mich endlich in meinen Wagen setzen und nach Hause fahren. Natürlich mussten Hendrik und ich die Geschichte auf der Fete abends unzählige Male wiederholen.

Endlich war die Party im vollen Gange und wir konnten uns etwas entspannen. Hendrik und ich nippten am Bierglas.

»War eine ziemlich anstrengende Schicht. Das nächste Mal übernehmen wir nicht die Spitze.«

Dann ließen wir die Gläser klirren. Hendrik schnaufte abfällig. »Ortung per Handy und Implantate ...«

Gegen 21 Uhr schliefen wir beide tief und fest, mit dem Kopf auf der Tischplatte.

**KAPITEL 12**

# NACHTS IM MUSEUM

Man sieht sich immer zweimal im Leben. Wenn es eine Aussage gibt, die ich unterschreiben kann, dann diese. Miriam hatte die Polizeischule mit Bravour bestanden, war Kriminalkommissarin geworden und hatte sich eine ganz bestimmte Dienststelle als eine ihrer ersten Stationen ausgesucht. Meine.

Jetzt saß sie auf dem Beifahrersitz des Zivilwagens und wir redeten über ihren ersten Fall, den sie als Praktikantin miterlebt hatte.

»Was ist eigentlich aus ihm geworden?«

Ich lenkte den Zafira durch die nächtliche Innenstadt und konnte immer noch nicht ganz glauben, dass aus der jungen Gymnasiastin eine Kommissarin geworden war.

»Wen meinst du?«

»Hartung«, drang es sofort über ihre Lippen. »Und seinem Vater?«

Oftmals hat man weder die Zeit noch die Lust, solch kriminelle Karrieren zu beobachten, aber bei ihm ging es mir anders, seine Laufbahn interessierte mich.

»Der ging erst einmal ein paar Monate in den Bau, anschließend wurde er entlassen und hat direkt das nächste Ding gedreht. Diesmal aber etwas Größeres. Er hat versucht, eine Bank zu überfallen. Aber das ging daneben und er wurde auf der Flucht von den Kollegen gestellt, das stand doch in allen Zeitungen.«

Miriam nickte mir zu, dann schweifte ihr Blick aus dem Fenster. »Und wann wird er wieder entlassen?«

»Vielleicht in ein paar Monaten.«

»Dann werden wir ihn ja schon bald wiedersehen.«

Tja, so war das mit den Kriminellen. Einige wurden unsere ständigen Begleiter, die gesamte Dienstzeit hindurch.

»Wenn er nicht irgendwann die Kurve kriegt, wahrscheinlich ist das aber nicht. Den Vater haben die Kollegen übrigens auch verknackt. Von dem habe ich aber nichts mehr gehört. Vielleicht ist er ruhiger geworden.«

»Ja, ja. So ist das im Alter«, entgegnete sie augenzwinkernd.

»13-81 für Christa!«, ertönte es aus dem Funkgerät.

»Christa für 13-81, was habt ihr?«, antwortete Miriam jetzt schon so routiniert, als hätte sie nie etwas anderes gemacht.

»Einbruch in ein Juweliergeschäft, Täter vor Ort, Bahnstraße 13, Gespräch läuft.«

Schon an den zackigen Ansagen der Funksprecher in der Leitstelle konnte man erkennen, dass es jetzt schnell gehen musste. »Gespräch läuft«, das bedeutet, ein Kollege der Leitstelle telefoniert gerade noch mit dem Zeugen, der die 110 gewählt hat. Ein Beamter, der die Einsätze koordiniert, schickt uns aber schon einmal auf den Weg, die Details erhalten wir dann auf der Fahrt.

Miriam ließ das Fenster heruntergleiten, stellte das mobile Blaulicht aufs Dach und das Martinshorn an. Dann gaben wir Gas.

Auf halbem Weg meldete sich erneut die Leitstelle. »Ein Zeuge beobachtet gerade aus dem Fenster, wie jemand mit einem Brecheisen versucht, sich Zutritt zum Gebäude zu verschaffen. Blaue Jeans, dünne Statur, schwarzer Pulli und dunkle Handschuhe.«

»Christa für 11-31«, meldete sich ein Streifenwagen. Sofort erkannte ich die Stimme von Rene, einem guten Kollegen, der anscheinend heute auch die Spätschicht hatte. »Wir sind gerade in der Nähe und fahren mit.«

»11-31 für Christa, wir haben verstanden.«

Auch wir waren nicht mehr weit vom Tatort entfernt, es trennten uns nur noch ein paar Straßen von dem Juwelier.

Miriam überprüfte im Sitzen ihre Dienstwaffe und das Pfefferspray. »Mit einem Streifenwagen und uns dürften wir den Typen kriegen. Einfache Kiste«, beruhigte sie mich.

»Hoffentlich …«

Ah, dieser jugendliche Leichtsinn. Irgendwie fühlte ich mich an mich selbst erinnert. Jetzt hieß es gute Koordinationsarbeit beweisen. Der andere Streifenwagen war als Erster vor Ort.

»Hier 11-31, haben Sichtkontakt zum Verdächtigen. Er lässt das Brecheisen fallen und flüchtet. Rainer ist raus und verfolgt ihn zu Fuß, kommt von der Sternstraße, ich versuche, ihm den Weg abzuschneiden.«

In dieser Nacht war fast nichts los auf den Straßen, sodass ich den nagelneuen Opel schön treten konnte. In einer Bewegung riss ich das Steuer herum, Miriam holte das Blaulicht rein und stellte das Martinshorn aus.

»Verdammt, ist der schnell«, hörten wir Rainer über sein mobiles Handsprechfunkgerät keuchen. Er verfolgte den Täter zu Fuß und hatte hörbar Mühe, nach Luft zu schnappen.

»Hier 11-31, ich komme von der Gegenseite«, sagte René, der nun allein im Streifenwagen fuhr. »Dann können wir ihn schön in die Zange nehmen.«

Noch sahen Miriam und ich nichts, allerdings konnten wir durch die Standortmitteilung der beiden Kollegen genau verfolgen, wo der Täter gerade lief.

»Wenn wir die Heinrichstraße über den Großwall nehmen, läuft der uns direkt in die Arme.«

Ich nickte nur kurz, bremste fast einen Fahrer aus und gab dann wieder Gas.

»Hier 13-81«, sagte Miriam ins Funkgerät. »Wo ist der Typ jetzt?«

»Kommt von der Sternstraße raus«, hechelte Rainer. »Der gibt immer noch richtig Gas, ich verliere den gleich. Anscheinend rennt der einmal ums Museum herum.«

»Gut so«, meldete sich René im Streifenwagen. »Dann hab ich ihn gleich.«

»Ich seh dich«, erwiderte René vom Streifenwagen aus kurzatmig. »Du musst jetzt nur noch ... FUCK!«

Ein Knall, dann drang kein Wort mehr über den Funk.

Sofort griff Miriam den Peiker. »11-31 für 13-81, was ist da los bei euch?«

Ich gab noch einmal richtig Gas, hatte den Einsatzort fast erreicht.

»11-31, bitte kommen. Was macht ihr da? Konnte der Täter überwältigt werden?«

Etliche Sekunden vergingen, in denen ich das Gefühl hatte, als würde mein Puls aussetzen.

Endlich hörten wir die Stimme unseres Kollegen Rainer. »13-81. Ich glaube, René ist gerade ins Museum gefahren.«

Ich konnte nicht glauben, was ich da hörte. Miriam schien es genauso zu gehen.

»Wiederholen, 11-31. René ist INS Museum gefahren?«

»Positiv, 13-81. Der Täter ist über das Auto gesprungen und kommt euch jetzt entgegen.«

»Verstanden, wir holen uns den.«

Miriam und ich blickten uns lächelnd an.

»Das gibt 'nen Einlauf vom Chef.«

»Aber richtig«, bestätigte ich. »Da ist er, meine Seite!«

Tatsächlich konnte ich den flüchtenden Mann schon von Weitem ausmachen. Der dunkle Pullover hatte bereits einen Riss und der Mann versuchte, sich gerade die Handschuhe auszuziehen. Im vollen Spurt kam er genau auf unseren Zivilwagen zu.

Miriams Hand lag bereits auf dem Türöffner. »Noch hat er uns nicht erkannt.«

»Deshalb fahren wir schön langsam und ich hol mir den Vogel direkt aus dem Lauf.«

Nur noch wenige Meter war der Mann entfernt, als ich in die Eisen ging und die Schalthebel des Automatikgetriebes auf die Position *Parken* drückte. Ich riss die Fahrertür auf und sprang aus dem Wagen. Der Kerl hatte mit uns Zivilpolizisten nicht gerechnet, umso überraschter war sein Blick, als ich ihn in vollem Lauf erwischte. Die Luft wurde aus meinen Lungen gedrückt und die Wucht unseres Zusammenstoßes war so heftig, dass wir in den Eingang eines Geschäfts geschleudert wurden. Ich brauchte einige Sekundenbruchteile, um mich nach dem heftigen Aufprall neu zu orientieren. Der Kerl lag tatsächlich auf mir. Er versuchte sofort, wieder aufzustehen, und drückte mich mit seinem Gewicht zu Boden. Augenblicklich war meine Kollegin zur Stelle. Sie presste ihr Knie in den Rücken des Mannes und drückte ihn seitlich von mir runter.

Gemeinsam konnten wir ihm die Acht anlegen, aber der Kerl hatte augenscheinlich noch nicht genug. Immer wieder versuchte er aufzustehen, wagte sogar noch einen verzweifelten Fluchtversuch. Nachdem wir dann schließlich unsere Festnahmetechnik intensiviert hatten, ließ es der Täter endlich bleiben und lag nun schwer atmend auf dem Bauch. Leider schien er nur kurz Luft zu holen.

Ich habe keine Ahnung, warum einige Menschen sich immer noch wehren, wenn wir ihnen die Handschellen angelegt haben, aber dieser schien ein besonders uneinsichtiger Fall zu sein. Nach den üblichen Beschimpfungen versuchte er noch, nach Miriam zu treten. Allerdings wusste sich meine ehemalige Praktikantin zu helfen und bohrte ihr Knie in seinen Oberschenkel. Endlich war Ruhe und der Mann schwieg. Es ist manchmal schon erschreckend, wie lange und vor allem wie intensiv sich die Kundschaft der Festnahme entziehen will. Bei zahlreichen Festnahmen gibt es eine Rollerei über den kalten Boden. Natürlich ist das eine Straftat, Widerstand gegen Vollstreckungsbeamte. Also, warum musste das denn immer sein? Wenn ich all die Zeit addieren würde, die ich in Ringermanier auf den Straßen der Republik aktiv war, es käme eine ganze Menge zusammen.

Kurz nach unserer Festnahme kam auch René um die Ecke. Noch immer drückten wir den Mann zu Boden, als ich in das auffallend bleiche Gesicht des Kollegen blickte. René vergewisserte sich, ob er uns irgendwie unterstützen könnte, aber da wir alles unter Kontrolle hatten, entspannte er sich. Er lehnte sich mit dem Hinterkopf gegen die Schaufensterscheibe des Geschäftes.

»Scheiße, ich hab mein Auto ins Museum gesetzt. Meine neue Karre! Voll in ein Museum!«

Miriam und ich halfen dem Täter auf die Beine.

»Flexible Öffnungszeiten.« Den Spruch konnte ich mir nicht verkneifen. »Ich wusste gar nicht, dass du so ein großer Kunstliebhaber bist.«

Miriam schmunzelte und setzte noch einen drauf. »Ist aber auch schwierig mit den Nachtschichten. Andererseits ... ein Museumsbesuch im Dienst. Ob das der Dienstaufsicht gefällt? Wo ist Rainer?«

»Der steht am Auto.« René tat mir unendlich leid.

Aber wie heißt es so schön: Wer Kollegen hat, braucht keine Feinde mehr. »Keine Sorge, ich achte schon darauf, dass es auch gleich die ganze Wache mitbekommt.«

»Schönen Dank auch, Brauner.« René prustete abfällig.

»Wo habt ihr denn geparkt?«

Was sollte denn die Frage jetzt? Anscheinend hatte der Aufprall einiges in seinem Kopf durcheinandergewirbelt.

Gemeinsam mit Miriam drehte ich mich zur Straße.

»Wie geparkt? Siehst du denn unsere Karre nicht? Direkt ...«

Die Worte blieben mir im Hals stecken. Wo eben noch unser nagelneuer Opel Zafira gestanden hatte, breitete sich jetzt der leere Asphalt vor unseren Augen aus. Ein Seitenblick zu meiner Kollegin bestätigte, dass ich nicht an plötzlicher Altersdemenz litt.

»Wo ist der denn jetzt?«, schrie ich lauthals.

Miriam ging auf die Straße, blickte nach rechts und links. »Was zum ... das gibt es doch nicht!«

»Ach kommt, jetzt hört auf mit dem Mist.« René lehnte immer noch an der Fensterscheibe. »Wir haben heute noch genug Schreibarbeit wegen meines Streifenwagens. Wo steht ihr?«

Ich brachte kein Wort heraus. Verdammt, ich hatte doch hier gehalten! Der Zafira war nagelneu, gerade einmal 260 Kilometer standen auf dem Zähler. Okay, ich hatte den Motor laufen lassen, aber sollte ich in solch einer angespannten Situation noch meinen Dienstwagen am Straßenrand parken, den Schlüssel abziehen und dann das Fahrzeug ordnungsgemäß abschließen? Ich wurde das Gefühl nicht los, dass es heute noch richtig Ärger geben würde.

Und nicht nur ich war von dieser Situation recht verwirrt. Sogar der Einbrecher fand wieder zu Atem. »Äh, ihr seid aber schon richtige Polizisten, oder?«

Scherzkeks.

»Ruhe jetzt!«

Miriam war bereits dabei, die Straße abzusuchen. Doch je länger sie weg war, desto drückender wurde mein Bauchgefühl.

»Ich hab ihn!«, schrie sie plötzlich, nachdem sie einen Blick in die Seitenstraße geworfen hatte.

Gott sei Dank.

»Das wird dir aber nicht gefallen, Markus.«

Oh, Mist!

René und ich nahmen den Täter und folgten unserer Kollegin. Als wir in die Seitenstraße einbogen, traute ich meinen Augen nicht.

Die Front des Zafiras hatte sich in einen wundervoll glänzenden Mercedes gebohrt. Ich bemerkte, wie mir der Schweiß ausbrach. Wie in einem Comic spürte ich die Fragezeichen über meinem Kopf aufleuchten. Mittlerweile war auch Rainer wieder aufgetaucht und René und Rainer übernahmen den Festgenommenen. Mich zog es zu meinem nagelneuen Dienstwagen. Was hatte ich getan? Fassungslos ging ich um den Zafira herum.

»Wie ist das denn passiert?«, wollte Rainer wissen. »Musstet ihr dem Kerl den Weg abschneiden?«

»Nicht so, wie du vielleicht denkst«, antwortete ich. Dabei ließ ich meinen Blick nicht vom zerbeulten Dienstwagen. »Ich habe keine Ahnung, wie das passieren konnte.«

Miriam war die Erste, die in das Wageninnere blickte. »Der Schalthebel der Automatik steht auf ›D‹. Der Gang war noch drin.«

Wie in jedem Beruf hat man auch als Polizist hin und wieder Selbstzweifel. Man fragt sich, ob man vielleicht beim letzten Einsatz zu hart oder gar zu lasch mit dem Verdächtigen umgegangen ist oder ob man wirklich jeden Hinweis bis ins letzte Detail ausermittelt hat. Dass ich mir allerdings den Kopf zermartern musste, ob ich den Hebel auf »Parken« umgelegt hatte, war mir noch nie passiert.

Miriam stellte sich neben mich.

»Ich hab sogar gesehen, wie du den Schalthebel auf ›P‹ wie ›Parken‹ gestellt hast. Der muss irgendwie zurückgesprungen sein. So hat sich dann der Wagen langsam, wie von Geisterhand, selbstständig gemacht.« Miriam ging den Weg nach. »Das würde passen. Der Gang springt rein, der Karren fängt an zu rollen, kriegt ordentlich Tempo drauf, fährt um die Ecke und landet im Benz.«

»Durch die enorme Belastung der Bremsen bei der zurückliegenden Einsatzfahrt erhitzen die Bremsen und die Funktion lässt nach«, ergänzte René. »Ist mir auch schon mal passiert.« Auch er begutachtete die Stelle nun genauer. Das Glas des defekten Frontscheinwerfers knirschte unter seinen Schuhen.

»Allerdings ist mein Wagen nur ein paar Meter nach hinten gerollt und ich habe keinen Mercedes geknutscht.« Er schlug mir lachend auf die Schulter und vergaß in diesem Moment seinen eigenen Unfall.

Es war an der Zeit, ihn darin zu erinnern.

»So einen Mercedes kann man schon mal übersehen … im Gegensatz zu einem Museum.« Wir konnten es beide nicht fassen. »Das wird dem Chef gar nicht gefallen.«

Uns stand wohl noch ein mittelschweres Donnerwetter bevor. Da Polizisten ihre eigenen Unfälle nicht aufnehmen dürfen, gingen wir zu viert mit dem Täter die paar Meter um die Ecke, zur zweiten Unfallstelle.

»Auch nicht schlecht«, drang es aus Miriam hervor, als sie den demolierten Streifenwagen sah.

Zugegeben, René hatte ganze Arbeit geleistet.

»Ich wollte nur ein bisschen Gas geben, dann bremsen und bin aber abgerutscht«, erklärte er.

Das splitternde Ergebnis dieses Unfalls breitete sich vor unseren Augen aus. Die Front des Wagens hatte sich in die gläserne Fassade des Museums gebohrt und noch immer versah das Blaulicht dort seinen Dienst. Der ein oder andere Passant war auch schon stehen geblieben. Handys wurden herausgeholt, um ein paar Erinnerungsfotos für die Facebook-Gemeinde zu schießen.

Von einem jungen Mann hörte ich bereits wieder einen meiner Lieblingssätze.

»… alles unsere Steuergelder.«

»Als ob Sie noch nie einen Unfall gebaut hätten«, herrschte ich den Mann an. Damit war erst einmal Ruhe.

Der richtig schwierige Teil stand uns allerdings noch bevor. René setzte sich in den demolierten Wagen und nahm das Funkgerät an sich. »Christa für 11-31, bitte kommen.«

»Hier Christa, wir hören, 11-31.«

René räusperte sich. »Ähm, Christa, wir haben den Flüchtigen. Das ist die gute Nachricht.«

»Und die schlechte?«

»Wir brauchten einen Streifenwagen, der den Verdächtigen zur Wache bringt. Leider hatten wir einen kleinen VU-Pol (Unfall unter Beteiligung der Polizei), keine Personen-, nur Sachschäden.«

»Kein Problem, 11-31. 13-81 ist bei euch in der Nähe, ich sag Bescheid, dass die vorbeikommen sollen.«

Ein weiteres Räuspern, diesmal blickte René in meine Richtung. »Das ist leider nicht möglich. Die stehen neben uns. 13-81 hatte ebenfalls einen Unfall. Auch ein VU-Pol.«

Stille am anderen Ende der Leitung. – »Wollt ihr mich verarschen?«

»Ja, Christa. Wir hören.« – »Versucht bitte,
den dritten Wagen nicht auch noch zu schrotten.«

»Negativ, Leitstelle.«

Sogar aus ein paar Metern Entfernung konnte ich den Kollegen seufzen hören. »Gut, wir schicken einen weiteren Streifenwagen auf die letzte Position.« Wieder eine kurze Pause, dann ein Lachen. »Und 11-31?«

»Ja, Christa. Wir hören.«

»Versucht bitte, den dritten Wagen nicht auch noch zu schrotten.«

Weiteres Gelächter im Hintergrund.

Es ist so schön mit anzuhören, wie die Kollegen der Leitstelle Spaß haben, leider oft auf Kosten der anderen.

Selbst dem Täter war jetzt nach einem amüsierten Lächeln zumute. Wir warteten, bis der zweite Streifenwagen eingetroffen war, und übergaben den Einbrecher. Anschließend holten René und ich unsere Blöcke hervor und begannen, den jeweils anderen Unfall aufzunehmen.

Das würde heute Nacht noch eine ganze Menge Schreibarbeit bedeuten. Und noch Wochen später wurden wir beide von der Leitstelle nach jedem Einsatz gefragt, ob unsere Dienstfahrzeuge denn auch die entsprechenden Einsätze überlebt hätten …

René bekam zum Geburtstag von seiner Dienstgruppe übrigens ein Poster von dem Film *Nachts im Museum* mit allen Unterschriften der »lieben Kollegen« überreicht. Er hat es heute noch im Schreibraum hängen.

## KAPITEL 13

# SPORTFREUNDE

Es gibt immer ein paar Idioten.« Wenn Sportfunktionäre solche Phrasen in der Presse von sich geben, hat die Polizei Einsatzlagen mit einer Menge Arbeit bewältigt. Die meisten Sportfans sind friedlich, denn sie möchten nur ein schönes Fußball- oder Eishockeyspiel sehen, vielleicht ein paar Bier dabei trinken und anschließend den Abend in einer Kneipe ausklingen lassen.

Einige wenige wollen aber genau das nicht. Sie wollen Stress machen, Frust abbauen, am Wochenende über die Stränge schlagen. Und diese paar Teilzeitrambos können uns einen ganzen Arbeitstag vermiesen.

Der Begriff »Hooligan« geht laut Wikipedia auf eine irische Familie namens O'Hoolihan zurück, »die sich im 19. Jahrhundert vor allem wegen heftiger Prügeleien einen derart üblen Ruf erworben hatte, dass sie später sogar in einem Trinklied besungen wurde«. Einer anderen Theorie zufolge bezieht sich die Bezeichnung auf den Iren Patrick Hooligan, den Anführer einer extrem rabiaten Jugendbande. Woher das Wort auch immer kommen mag, genau mit diesem Typus von *Fan* haben wir leider häufiger zu tun. Dabei verschwimmen die Grenzen zwischen einem richtigem »Hool« und einem Jugendlichen, der seine Grenzen austesten will.

Die Polizei hat mittlerweile einige Hilfsmittel zur Einsatzbewältigung in Hooligan-Fällen. Dazu gehören insbesondere Datenbanken, Videoüberwachung und die enge Zusammenarbeit mit den

Vereinen im Rahmen von Fanprojekten. Ziel aller Bemühungen ist es, die Gefahren durch diese Art von Straftätern zu minimieren. Trotzdem und vor allem deshalb ist eine Fanbegleitung in gewissen Situationen unerlässlich. Nur so kann die öffentliche Sicherheit und Ordnung gewährleistet werden.

So war es auch an diesem Freitagabend, als der ansässige Eishockeyverein den Derby-Rivalen empfing und wir uns auf einen langen Abendeinsatz einrichteten. Ich war als Leiter des Einsatztrupps mit Miriam und meinen anderen Kollegen am Hauptbahnhof eingesetzt. Wir trugen unsere olivgrünen Einsatzanzüge über den Schutzwesten, Einsatzstiefel und auf dem Kopf das modischste aller Polizeiaccessoires, das grüne Barett. Am Gürtel baumelte neben den üblichen Einsatzmitteln wie Schusswaffe und Pfefferspray auch der Einsatzhelm. Alles in allem hatte wohl jeder der eingesetzten Kollegen sein Idealgewicht um mehrere Kilo überschritten.

Die Dämmerung warf bereits ihr dunkles Tuch über die Stadt, alle Einsatzkräfte waren verpflegt und die Einsatzmittel geprüft. Die Beweissicherungstrupps hatten ihre entsprechende Technik aufgestellt. Es sollte und es konnte dann auch losgehen. Ich spürte eine routinierte Anspannung bei meinen Polizisten. Das musste so sein, denn in wenigen Momenten brauchte ich alle Kollegen und zwar hoch konzentriert.

»Was denkst du«, wollte Mariam wissen, als wir auf die eintreffenden Züge warteten. »Bleibt es heute ruhig?«

»Schwierig zu sagen. Ich habe bereits sogenannte Hochrisikospiele begleitet, bei denen nichts passierte. Andererseits gab es da auch die Begegnungen in der 17. Kreisliga zwischen Hintertupfingen und Kuckuckshausen, bei denen die Lage völlig spontan und unvorhersehbar explodierte und wir bis in die Morgenstunden Gewalteinsätze fahren mussten.«

Die Lautsprecher des Hauptbahnhofs kündeten vom Eintreffen des Zuges und baten uns zurückzutreten.

»Da kannst du eigentlich eine Münze werfen. Hoffen wir einfach mal, dass wenig passiert.«

Miriam sah sich um. »Wir sind mit einer guten Stärke da, ich denke mal, es bleibt ruhig.«

»Derbyzeit«, knurrte ich mehr zu mir selbst als zu meiner Kollegin.

Sie wusste, was ich meinte.

Schon von Weitem erkannte man die Schals und Trikots, die aus den Fenstern des Zuges heraushingen. Sie flatterten im Fahrtwind und wurden von Sprechchören der Fans begleitet. Als die Bahn hielt, war einen Moment Ruhe, dann ging es wieder los. Das Geschrei fing sich im Dach des Bahnhofs und mutierte zu einem enormen Lärm.

Die meisten Fans kannten das Prozedere. Der Bahnhof wird von uns abgesperrt, nur »normale« Leute kommen rein oder raus. Alles, was nach Fan aussieht, wird den ganzen Weg über begleitet, im besten Fall zu Sonderbussen, die die gegnerischen Anhänger dann zum Stadion oder zur Arena kutschierten.

»Dann wollen wir mal«, sagte ich zu Miriam und wies die Kollegen an, einen Kreis um die Fans zu bilden. »Erst nach unten, damit die noch mal aufs Klo gehen können und dann direkt zu den Bussen.«

»Hat was von Viehtrieb.« Miriam lächelte, zog die Koppel stramm und positionierte sich auf der anderen Seite des Kreises.

Recht hatte sie.

Wir warteten, bis auch jeder Anhänger aus der Bahn gestiegen war, führten sie in die Eingangshalle und ließen ein paar Gruppen auf die Toilette verschwinden. Sofort bemerkte ich, dass ein großer Teil der Fans recht jung war, vielleicht gerade 18 oder ein wenig älter. Besonders eine Gruppe von Halbstarken fiel durch ihr Verhalten auf. In ihrem jugendlichen Leichtsinn warfen sie erst einmal ein paar Bierflaschen kaputt. Früher hätte man das noch als politisches Statement deuten können, hier war es einfach Zurschaustellung, wie cool und unangepasst sie doch waren. Der Anführer des Trosses war ein junger Mann mit spitz rasiertem Bart und schwarzem Sweater. Ich wette, im wahren Leben war er Bankazubi oder bei der Stadt beschäftigt, aber hier konnte er die Sau rauslassen und es schien, als würde er das in vollen Zügen genießen. Auf jeden Fall merkte ich mir schon einmal die Gesichter dieser Hobbitbande.

Wir begleiteten insgesamt circa 100 Personen zu den bereitgestellten Sonderbussen und bis jetzt gab es für uns keinen Grund, auch nur ansatzweise eingreifen zu müssen.

Vielleicht könnte es ja doch ein friedlicher Abend werden. Zumindest dachte ich das, bis die Fans sich erst einmal auf den Platz vor dem Hauptbahnhof setzten und ihre Lieder anstimmten. Anscheinend hatten sie so gar keine Lust, sich in die Busse zu setzen, sie wollten die fünf Kilometer zur Arena lieber zu Fuß gehen.

Auch das noch! Auf diesen Fußmarsch hatte ich wiederum so gar keine Lust. Aber wir leben in einem freien Land und wenn die Anhänger lieber zu Fuß gehen wollten, war es unsere Pflicht, sie zu begleiten. Also setzte sich der Tross in Bewegung. Natürlich wollten die gegnerischen Fans auf der Hauptstraße marschieren, was wir mit energischem Nachdruck verhindern mussten. Vor und hinter uns fuhren die Mannschaftstransporter, dann kamen die Hundeführer, schließlich folgten wir, in der Mitte die singenden Fans. Die Schmählieder kenne ich mittlerweile auswendig.

Man hat immer so ein paar Halbstarke dabei, die aus dem Tross ausbrechen wollen, und auch hier gilt es, diese in der Begleitung zu halten. Keine leichte Aufgabe, aber irgendwie hatte Miriam es heute geschafft, den Leitwolf der Fans auf ihre Seite zu ziehen. Daher sage ich auch immer: Ohne Frauen bei der Polizei geht es nicht mehr.

Doch die Gruppe um den »spitzbärtigen Bänker« machte mir Sorgen. Ich ließ mich mit meinen Kollegen etwas in die Mitte des Aufzuges zurückfallen. Hier war der harte Kern zugegen und natürlich trug niemand von den Herrschaften ein Trikot.

Nach einer eigentlich ganz entspannten Wanderung durch die Stadt hatten wir endlich die Eishalle erreicht. Mühelos ließen sich die Fans in die Gästeblöcke führen. Dann der Anpfiff. Endlich eine kleine Verschnaufpause für die Kollegen und mich. Mir lief der Schweiß den Nacken herab. So ein 20-Kilo-Schutzanzug mag ja ganz praktisch sein, wenn man allerdings den ganzen Tag von Hü nach Hott hetzen muss, brennt schon mal die Lunge.

»Dann hoffen wir mal auf ein ruhiges Spiel.«

Ich beobachte die Partie unter anderen Gesichtspunkten. Dabei ist die Tabellensituation völlig egal, Hauptsache die Fans haben keinen Grund sich aufzuregen. Mir ist ein langweiliges 0:0 viel lieber als ein Ausgleich in letzter Minute oder eine derbe Klatsche, bei der die Gästefans zu randalieren beginnen.

Heute hatten wir anscheinend Glück. Klar, ein Remis ist beim Eishockey nicht möglich, aber das Spiel war schnell entschieden und die Stimmung der Gästefans dementsprechend im Keller, ohne aber aufgeheizt zu sein. Mit ein wenig Glück würden sie jetzt in die Busse schleichen, sich im Hauptbahnhof niedergeschlagen in die Züge setzen und dann »Auf Wiedersehen – bis zum nächsten Mal«. Mein Arbeitstag wäre beendet und auch die 20 Kilo könnte ich dann endlich ablegen.

Wieder einmal zu früh gefreut.

Aus der Niederlage machten die Gästefans ein Happening. Sie feierten den aufopferungsvollen Kampfgeist ihrer Mannschaft und konnten sich auch lange nach dem Schlusspfiff nicht dazu bewegen lassen, endlich den Block zu verlassen. Erst 45 Minuten später kamen sie aus der Arena.

Jetzt wurde es schwierig. Die Gruppe um den »Banker« war nicht an den Trikots zu erkennen. Wer war Gästefan und musste eskortiert werden, wer gehörte nicht dazu und wollte einfach nur nach Hause? Einige Gesichter waren bekannt und wurden sofort aufgenommen, andere wiederum konnten wir nicht so schnell zuordnen. Glücklicherweise hatten wir schnell alle relevanten Besucher »eingesammelt« und zu den Bussen begleitet. Ich freute mich bereits auf eine warme Fahrt im VW T4, doch zu früh gefreut. Einer der Anführer stimmte lauthals Fangesänge an. Okay, für DSDS war da nicht viel zu holen, aber sofort war die Stimmung der Truppe wieder oben. So motiviert schien ein Bustransfer zum Bahnhof fragwürdig. Miriam gab ihr Bestes und redete mit Engelszungen auf die Gruppe um den Rädelführer ein. Doch was geschah?

Natürlich schlugen sie auch dieses Mal das Angebot aus und bestanden wieder auf einen Fußmarsch zum Bahnhof. Kampfgeschrei und provozierende Gesten inklusive.

Warum hatte ich nicht einfach meine Überstunden nehmen können und diese heute abfeiern?

Scherz beiseite, ein paar Kilometer im Körperschutz, das ist vergleichbar mit einem Halbmarathon.

Also Fanbegleitung wie gehabt, Polizeifahrzeuge vor und hinter die Gruppe und ab zum Hauptbahnhof.

Alles ganz ruhig.

Dachte ich ...

»Da fehlen aber einige ...« Miriam deutete in Richtung der Fans.

Ich nickte und blickte zu meiner Kollegin. Auch mir war aufgefallen, dass wir hier keine 100 Fans mehr begleiteten, sondern zwei Handvoll weniger. Was sollten wir auch machen?

Wir können ja nicht einfach Sportfans in Ketten legen und so gefesselt zum Bahnhof treiben!

In den engen Häusergassen hatte sich anscheinend eine Kleingruppe verdrückt. Vielleicht wollten sie bei einem Freund übernachten oder heute noch feiern gehen, oder ...

Der Funkspruch ließ nicht lange auf sich warten. »Wir haben eine Gruppe Randalierer, die im Restaurant einer Fast-Food-Kette Palaver machen. Vermutlich Gästefans.«

»Haben verstanden.« Irgendwie hatte ich schon so eine Ahnung. Mein Blick schweifte über die Fans. Einige der Jungs blickten total erschöpft auf den Boden, andere versuchten, die Stimmung in der

Gruppe mit Liedern wieder aufzuhellen. Doch meine halbstarken Hobbits fehlten.

»Ich nehme mir sechs Mann und schau mir das Ganze einmal an«, sagte ich zu Miriam. »Kann mir schon denken, wen wir da gleich finden werden.«

Meine Kollegin hatte nun den Auftrag, weiter für eine reibungslose Begleitung der Fans zum Bahnhof zu sorgen. Die sechs fehlenden Einsatzkräfte würde sie hoffentlich entbehren können. Ich war sehr zuversichtlich, denn Miriam hatte bereits mehrfach entsprechende Einsatzlagen bewältigt. Wir setzten uns in den Mannschaftswagen und fuhren mit Blaulicht, aber ohne Martinshorn zur angegebenen Adresse.

Eigentlich sollten Maßnahmen der Polizei objektiv und emotionslos vor sich gehen, immerhin sind wir Profis, doch ich muss zugeben, dass bei manchen Leuten aus der Einschreitpflicht ein Vergnügen wird.

Im Laufschritt stürmten wir in die Fast-Food-Filiale hinein. Die Gäste waren sichtlich erschrocken und wirkten ahnungslos, doch schnell wich der Respekt einem hämischen Applaus. Nicht das erste Mal in meiner Polizeikarriere, wir waren das ja schon gewohnt. Doch wo waren die gemeldeten Randalierer? Für mich sah alles nach einem gemütlichen Abendessen aus. Nur ein Berg an Verpackungsmüll im Außenbereich wies auf den Besuch der Jungs hin.

Lächelnd kam eine Frau um die 40 auf mich zu. Sie trug einen braunen Hosenanzug und war offensichtlich die Filialleiterin. Ihr Gesichtsausdruck verriet mir, dass ihr unser Erscheinen sehr unangenehm war.

»Vielen Dank, dass Sie so schnell kommen konnten.« Ihre Ansprache trug sie ruhig und professionell vor, als sei eine Pressekonferenz im Gange.

»Sie haben angerufen?«

Die Frau nickte und bat mich in eine ruhigere Ecke.

»Und? Wo sind die gemeldeten Randalierer?«

»Also eigentlich haben die sich ganz normal unsere Spezialitäten geholt und sind dann nach draußen, um zu essen.«

Ich hasse es, wenn man Zeugen jedes Detail aus der Nase ziehen muss. »Und dann?«

»Nun, anschließend wollten sie Bier. Das führen wir aber nicht mehr, also haben sie ihrem Unmut freien Lauf gelassen, ein wenig rumgeschrien und draußen eine Tonne ausgeleert.«

»Über wie viele Personen sprechen wir?«

»Insgesamt waren es sechs junge Männer, die ein wenig mit Müll geworfen und andere Gäste angepöbelt haben.«

»Ist etwas zerstört worden oder wurde jemand verletzt? Möchte irgendjemand Strafantrag stellen?«, wollte ich wissen.

»Nein, so weit kam es dann doch nicht. Ich hatte nur Angst, dass es dazu kommen könnte, deshalb habe ich die 110 angerufen.«

»Das haben sie absolut richtig gemacht.« Ich blickte mich um. »Okay, und in welche Richtung sind die denn dann anschließend gegangen?«

Ein Räuspern folgte. »Die sind ganz gemütlich in Richtung Innenstadt gegangen.«

»Können Sie die Jungs beschreiben?«

Die Frau zuckte mit den Schultern, sprach jetzt absichtlich so leise, dass ich mich vorlehnen musste, um ihre Worte überhaupt zu verstehen.

»Nun, ganz normale Jungs in dunkler Kleidung.« Dann trat sie einen Schritt näher an mich heran. »Hören Sie, eigentlich sind die schon gegangen, als ich gerade mit der Polizei telefoniert habe. Vielleicht können wir das Ganze etwas diskreter regeln, um die anderen Gäste nicht zu stören. Eventuell könnten Ihre Kollegen draußen warten, während wir uns über den Vorfall unterhalten. Das ist nicht unbedingt gut für mein Restaurant, wenn so viele Polizisten mein Lokal einnehmen.« Sie lächelte matt. »Publicity … Sie verstehen sicherlich.«

Ich glaubte, mich verhört zu haben.

»Bitte was?« Das sagte ich natürlich absichtlich laut, damit es auch ja jeder mitbekam. »Wenn Sie die 110 anrufen und Randalierer melden, dann müssen Sie sich nicht wundern, wenn deswegen sechs Polizisten in Vollmontur erscheinen.« Jetzt lächelte ich. »Das ist unser Job ... Sie verstehen sicherlich.« Ich erkannte ein zaghaftes Nicken. »So und jetzt sagen Sie mir, ob Sie Anzeige erstatten wollen?«

Sie blickte zu Boden. »Nein, danke schön. Es ist ja nichts passiert. Um den Müll kümmern wir uns gleich.«

»Irgendjemand zu Schaden gekommen?«

Kopfschütteln, ein verstörtes Lächeln.

»Gut, haben Sie sonst noch etwas auf dem Herzen?«

Hatte sie nicht. Und ich glaube, sie war auch richtig froh, als wir das Lokal wieder verließen. Typischer Fall von: Die Geister, die ich rief.

Gemeinsam stiegen wir in den Mannschaftsbus und suchten die Innenstadt nach der Clique ab. Dabei hielten wir Kontakt mit der Leitstelle und den anderen Einsatzkräften. Zwar war auf den Straßen viel los, aber diese relevante Gruppe konnten wir nicht ausmachen.

Nach zehn Minuten dann kam ein Funkspruch von Miriam rein: »Ich glaube, deine Jungs sind gerade wieder hier eingetroffen.«

Na toll ... und wir suchten uns die Füße platt. »Die essen nicht zufällig noch ein paar Burger?«

»Äh nein, die müssen sich Bier beim Kiosk geholt haben und sind gerade zum Haupttross gestoßen.«

»Sind die komplett? Es waren sechs«, wollte ich noch wissen.

»Keine Ahnung, ist sehr unübersichtlich hier.«

Tja, da waren die uns wohl durch die Lappen gegangen – kann passieren. Auf direktem Weg fuhren wir zum Hauptbahnhof, schließlich brauchten die Kollegen unsere Unterstützung. Wir stellten den T4 auf dem Bahnhofsvorplatz ab und gingen ins Gebäude. Bereits in der großen Empfangshalle dröhnten uns die Fangesänge und Sprechchöre entgegen. Zwischenzeitlich war die Stimmung nicht mehr so gut. Einige Fans murrten, weil der Regionalexpress Verspätung hatte. Auch die Niederlage der Mannschaft saß offensichtlich tief. Man spürte eine kollektive Aggression, doch dank unserer Präsenz blieb es zunächst ruhig.

Als der Regionalexpress mit einer Verspätung von lediglich sieben Minuten endlich quietschend auf dem Gleis hielt, quetschten sich die Fans in die letzten beiden Waggons. Alle, bis auf die Gruppe der Hobbits.

Fünf der Jungs standen an einer Bank, rauchten Zigaretten und hatten anscheinend mit nichts hier auch nur ansatzweise etwas zu tun. Zumindest taten sie so.

Das waren mir ja die Liebsten.

»Meine Herren, wie schaut es aus?«, wollte ich an die Gruppe gewandt wissen. »Wollt ihr nicht alle mal nach Hause und ins Bett? Gegessen habt ihr ja bereits.«

»Also, Abmarsch«, fügte Miriam hinzu. »Sonst bleibt ihr die Nacht zwangsweise hier.«

Der Anführer sah uns mit einem fragenden Blick an, als hätte ich ihm gerade die neueste Modekollektion vorgestellt. »Wir können noch nicht fahren. Bei uns fehlt noch einer.«

Jetzt platzte mir beinahe der Kragen und sogar Miriam war für einen Augenblick sprachlos.

»Das hier ist ein Regionalexpress! Der fährt nach einem bestimmten Fahrplan. Denkst du, die warten auf jeden?«

Miriam machte ein paar Schritte auf ihn zu und schob den Mann sanft in Richtung des Waggons.

»Ihr steigt jetzt da ein, verdammt noch mal. Die Bahn fährt gleich, ob mit oder ohne euch.«

Neben uns stellten sich noch ein paar Kollegen auf, die ähnliche Anweisungen erteilten. Meine Worte hatten anscheinend den langen Weg über die Ohren bis zum Gehirn unseres Schnellmerkers gefunden. Er holte tatsächlich sein Handy heraus und telefonierte offensichtlich mit dem vermissten Kumpel. Dabei legte er eine ruhige Arroganz an den Tag, ganz nach dem Motto: Was willst du denn von mir? Du kannst mir gar nichts!

Meine Gesichtsfarbe musste nun der von Lava gleichen ... Doch bevor auch nur ein Wort meine Lippen verlassen konnte, kam der Nachzügler die Treppe hochgehetzt und schnippte die Zigarette in den Gleisgraben. Das ist verboten und kann bis zu 30 Euro kosten, aber wichtiger war es nun, den Zug schnell wieder auf die Strecke zu bringen. Zwischenzeitlich hatte sich der Unmut der anderen Fahrgäste bereits lautstark entladen und auch der Zugführer drängte mit dem Hinweis auf die Verspätungen.

Nun standen nur noch der Anführer mit dem Nachkömmling auf dem Bahnsteig und beide machten immer noch keine Anstalten, in den Waggon einzusteigen. Stattdessen tippten sie irgendwas in ihre Mobiltelefone. Meine Geduldsgrenze war beinahe erreicht. Was sollte das denn jetzt?

Zur Erläuterung sei hier kurz eingeschoben, dass wir als Polizei natürlich kein Interesse daran haben, kleine Splittergruppen mit erkanntem Gewaltpotenzial in der Innenstadt zu haben. Die Gefahrenprognose in solchen Fällen ist eindeutig. Zunächst wird ordentlich dem Alkohol zugesprochen und anschließend reicht ein falscher Blick eines Passanten aus, um eine Schlägerei zu entfachen. Womöglich werden dabei dann auch Unbeteiligte verletzt. Die Erfahrungen aus der Vergangenheit haben dies gezeigt. Deshalb – weg mit denen!

»Wollt ihr jetzt mitfahren?« Diese Worte kamen mit großem Nachdruck über meine Lippen.

»Ja, Moment. Muss eben zu Ende tippen.«

»Jetzt reicht's, alle in den Zug!«

Auf meine Anordnung hin wurden die beiden in den Zug geschoben. Natürlich fühlten sie sich sofort ungerecht behandelt. Die anderen Gästefans begannen, sich unverzüglich mit den beiden zu solidarisieren, versperrten die Türen zum Waggon und verhinderten so, dass sie sich schlossen und der Zug abfahren konnte. Aus den beiden Waggons der Gästefans waren Schmähgesänge auf die Polizei zu hören. Die Stimmung kochte gerade hoch. Jetzt galt es erst recht, die Türen schnell zu schließen und so die Abfahrt des Zuges zu beschleunigen. Ich sah, wie Miriam an die Waggontür herantrat und den Rädelsführer zurückdrängte. Dieser holte offensichtlich zu einem gezielten Fußtritt in ihre Richtung aus, doch bevor er diesen ausführen konnte, hatte die Kollegin bereits eine Prise Pfefferspray auf den Störer abgefeuert. Das zeigte Wirkung. Wie von Geisterhand wich die ganze Gruppe einige Zentimeter zurück. Die Hobbits fingen direkt an zu schreien, rieben sich die Augen und brüllten etwas von Polizeigewalt. Interessanterweise waren die lautesten Schreihälse meist diejenigen, die vorher durch ein hohes Aggressionspotenzial aufgefallen waren.

Was soll's – die Türen waren frei. Sie schlossen sich. Jetzt nur noch weg mit denen.

Der junge Anführer streckte mir den Stinkefinger entgegen, trat dann einmal gegen die Tür und der Zug rollte an. Geschafft.

Stinkefinger – geschenkt. Wie oft habe ich den im Dienstalltag schon gesehen. Hauptsache der Mob war auf dem Weg nach Hause.

Ich drehte mich zu Miriam und den anderen Kollegen um. »So, die Herrschaften wären auch abgefertigt. Der Feierabend rückt so langsam in greifbare Nähe ...«

»Ähh, Markus ...« Miriams Augen waren weiterhin auf das anfahrende Abteil gerichtet. »... der will uns doch verarschen!«

Ich schloss fast automatisch die Lider, als das Quietschen an meine Ohren drang. Nur mit Mühe schaffte ich es, mich umzudrehen, und stemmte die Hände in die Hüften. Der Zug hielt wieder an.

»Dein spezieller Freund hat die Notbremse gezogen«, sagte Miriam sofort.

»Hast du das gesehen? Kannst du das bezeugen?«

»Klar – das Gesicht vergess ich nicht. Was willst du jetzt tun?«

Ich drehte mich zu meinem Einsatztrupp. »Alle aus dem Waggon raus! Wir nehmen die Personalien von jedem Einzelnen auf und alle werden durchsucht.«

Leider waren bereits einige Kräfte abgezogen worden. Es gab ja schließlich auch noch andere Einsätze in der Stadt. Aber: Die Notbremse im Regionalexpress? Das wird teuer. Der Typ muss zahlen.

Schnell hatte ich die Aufträge verteilt: »Sechs Leute in den Zug rein, passt auf, dass niemand das Abteil verlässt. Die werden jetzt einzeln herausgeführt und durchsucht. Dabei müssen alle mit anpacken, bis auf Miriam. Niemand spricht sie mehr an, es werden keine Fragen gestellt. Ihre einzige Aufgabe ist es, den Typen im Auge zu behalten. Und los!«

Jetzt wurde es hektisch.

Vom Schaffner ließen wir uns nur diese eine Tür aufmachen, dann betraten wir das Abteil. Die Wirkung von Miriams Pfeffer ließ auch meine Schleimhäute zusammenzucken. Ich verschaffte mir kurz Gehör und erläuterte das weitere Vorgehen der Einsatzkräfte. Sofort begann wieder lautes Gebrüll, Begriffe wie »Scheiß-Bullen« waren da noch milde. Scheinbar hatten aber alle meine Anweisungen verstanden. Die Kollegen auf dem Bahnsteig brachten nach und nach die Fans zu Kontrollteams, die die Personalien der Herrschaften aufnahmen und überprüften. Bei der Kontrolle fand auch eine Personendurchsuchung statt, denn Eigensicherung hat bei uns höchstes Gebot. Und – wer hätte das gedacht – die Ausbeute war erstaunlich.

Einer meiner Kollegen zählte auf: »Klappmesser, acht Milligramm Marihuana und zwei undefinierbare Pillen in Plastik.«

So sollte es weitergehen. Von verbotener Pyrotechnik, über Drogen und Waffen, bis hin zu Symbolen verfassungsfeindlicher Organisationen war alles dabei. Warum braucht man als Sportfan Klappmesser und verbotene Bengalos? Das werde ich nie verstehen.

Heute Nacht würden wir eine ganze Menge Anzeigen schreiben müssen. Die Betroffenen würden zur Verhinderung weiterer Straftaten natürlich in Gewahrsam gehen. Erst nachdem sie sich beruhigt hätten, würden sie entlassen werden können.

Miriam hatte wie abgesprochen den Notbremser ununterbrochen im Visier. »Gefährlicher Eingriff in den Schienenverkehr. Das wird teuer …«

»Aber richtig. Und … siehst du ihn noch?«

Sie nickte lächelnd. »Er hat gerade versucht, das Abteil zu verlassen, und wurde von unseren Kollegen abgewiesen. Jetzt zieht er sich gerade um. Siehst du?«

Tatsächlich konnte ich hinter der Glasscheibe einen nackten Oberkörper ausmachen. Anscheinend hatte er den schwarzen Sweater abgelegt und versuchte es jetzt mit einem Trikot, das ihm einige Nummern zu groß war. Dazu bekam er eine Baseballkappe, die er tief ins Gesicht zog.

»Süß, er versucht sich zu verkleiden. Die Austauschklamotten bekommt er von seinen Kumpels. Das wird ihm aber nichts nützen.«

Den Stinkefinger und die Beleidigungen hatte ich nicht vergessen. »Den will ich haben!«

»Kriegst du«, antwortete Miriam und drehte sich kurz um. »Was machst du eigentlich mit denen, die bereits überprüft wurden? Wir haben zu wenig Kräfte, um sie alle im Auge zu behalten.«

Sie hatte recht. Mit nur einer Handvoll Polizisten die große Fangruppe festzuhalten war ein wenig zu viel verlangt. Eigentlich unmöglich.

»Bastel dir doch einen Knast.«

Keine Ahnung, wie sie auf diesen Vorschlag kam. »Wie bitte?«

»Du hast doch Hundeführer. Du nimmst dir die Treppe, drei von uns plus Hund oben aufgestellt, drei unten und schon können die nicht mehr weg.«

Die Idee war genial. Schnell hatte ich mit den Hundeführern gesprochen und mir so eine eigene große Zelle gebastelt.

Jetzt konnten die Fans in Ruhe abgearbeitet werden. Ich habe keine Ahnung, ob die Ordner in der Arena gepennt hatten oder alle Anhänger der gegnerischen Mannschaft großflächig durchgewunken haben, aber das Waffenarsenal, das wir noch einsammeln konnten, sah eher so aus, als würden sie nicht in die benachbarte Stadt, sondern nach Afghanistan fahren.

Einen sogenannten Ninjastern, Tschakos und sogar einen Totschläger fanden wir bei den Jungs. Wollten die irgendwelche kämpfenden Schildkröten nachspielen?

Endlich war ein Ende in Sicht. Das Abteil leerte sich.

»Hast du ihn noch im Auge?«, wollte ich an Miriam gewandt wissen.

Sie nickte grinsend. »Eben hat er es mit einem anderen Pullover und Schals versucht, jetzt versteckt er sich unter einer der Sitzgruppen. Mann, ist der hohl.«

Seine Zeit war gekommen. Miriam und ich gingen langsam und bedächtig in das Abteil.

Von den verbliebenen 20 Fans wurden wir mit »ACAB«-Rufen empfangen. Diese Parole (»All Cops Are Bastards«) hielt in den letzten Jahren verstärkt Einzug in verschiedene Jugendsubkulturen. Für einige schien es einfach cool, die Buchstaben zu schreiben oder den Slogan als »1312« codiert an Häuserwände zu schmieren, entsprechend der Position der Buchstaben im Alphabet. Von den richtigen Hools wurden diese Rufe mittlerweile aber fast nicht mehr verwendet.

In mir wuchs eine kindliche Vorfreude auf die neuerliche Begegnung mit dem Bremser. »Bremser«, dachte ich, klingt wie »Brauner«. Ob er den Spitznamen auch nicht mehr loswerden würde?

Miriam und ich erreichten ohne Probleme die Sitzgruppe in der hintersten Ecke des Waggons. Dort fanden wir ihn, den Bremser. In der Fötusstellung lag er zusammengekauert unter dem Sitz, seine Freunde versuchten, ihn, so gut es ging, abzuschirmen.

»Was soll das?«, sprach ich die umherstehenden Fans an. Das reichte offensichtlich, denn sofort verschwand die Deckung und wir hatten den Blick frei auf den fast bis zur Unkenntlichkeit verkleideten Gästefan.

Er hatte zwei Schals ums Gesicht geschlungen und die Kapuze eines Sweaters tief über die Augen gezogen.

Ich versuchte es erst einmal auf die ruhige Art. »Kommst du von alleine raus oder müssen wir dich jetzt an allen vieren aus dem Zug tragen?«

Der Junge lag mit dem Gesicht abgewandt vor mir und tat so, als ob er mich nicht hören konnte. Na großartig, auf einmal fällt der starke Mann ins kleinkindliche Verhalten zurück. Ich kniete mich herab und stupste ihn an der Schulter an.

»Was ist los? Ich rede mit Ihnen? Hallo?« Noch immer keine Reaktion. Er kniff die Augen fest zusammen. »Sag mal, willst du mich jetzt verarschen? Komm da raus! Jetzt!«

Miriam konnte sich vor Lachen beinahe nicht mehr halten.

»Letzte Warnung …«

Meine Worte hatten anscheinend keine Wirkung. Also auf die harte Tour. Wir packten ihn unter den Armen und versuchten, ihn auf den Mittelgang zu ziehen. Sofort kamen noch zwei weitere Kollegen hinzu, die unsere Aktion sicherten. Man weiß ja nie. Sofort fing der Bremser an, um sich zu treten, sodass wir ihn mit vereinten Kräften unter dem Sitz hervorholen mussten. Ich nahm mir seine linke Hand und versuchte, diese zu fixieren. Dabei rutschte ich über seine Finger. Etwas klirrte auf dem Boden und er fing plötzlich zu schreien an. »Mein Ring! Mein Ring, ist abgegangen.«

Oh Gott, was war denn jetzt los?

»Der ist von meiner Freundin. Wenn ich den verliere …«

Wie auf Kommando änderte sich der Kerl in seinem Verhalten. Er versuchte nun gar nicht mehr, sich zu sperren. Er wollte nur noch eines – seinen Ring wiederhaben. »Wo ist mein Ring? Wo ist er?«

»Sag mal, willst du mich jetzt verarschen?
Komm da raus! Jetzt!«

In meinem Kopf formte sich unweigerlich ein Gedanke. »Den suchen wir später, Frodo.«

Miriam bekam erneut einen Lachkrampf und ließ das Bein des Mannes los, die beiden anderen Kollegen hielten sich ebenfalls die Bäuche. Schließlich hielt ich den Fan alleine am Arm und sah meine Kollegen mit großen Augen an. Dann ließ auch ich den Bremser gewähren.

»Echt jetzt?«

Miriam und die beiden winkten ab, krümmten sich vor Lachen, während unser kleiner Hobbit über den verdreckten und klebenden Boden hechtete, um nach dem Ring zu greifen. Schließlich gelang es ihm und seine verzerrten Gesichtszüge entspannten sich sichtlich, als er sein Schmuckstück wieder über den Finger stülpte. Dann stand er auf und ließ sich von uns mühelos nach draußen führen.

Hier war es schon etwas ruhiger. Während die Kollegen die anderen Fans aus dem Waggon abarbeiteten, konnte ich ein paar Worte mit dem Bremser reden.

»So, deinen Ring hast du wieder?«

»Meine Freundin hätte mir den Arsch aufgerissen, wenn ich den verloren hätte, Mann!«

Das haben wir gerne. Hier den großen Mann markieren und bei der Freundin dann kuschen. Es war doch immer dasselbe mit diesen Freizeitprovokateuren.

»Warum hast du die Notbremse gezogen?«

»Keine Ahnung ... weiß auch nicht.«

Denn sie wissen nicht, was sie tun ...

»Schön, dann hätte ich gerne mal den Personalausweis.«

Der junge Mann war gerade 20 Jahre alt und polizeilich unbekannt. Bis dahin versteht sich. Bei ihm fanden wir natürlich auch ein Butterfly-Messer und ein kleines Päckchen Marihuana.

»Verstoß gegen das BTM-Gesetz, dazu Beleidigung und als Krönung noch der gefährliche Eingriff in den Schienenbahnverkehr ... das kostet ein paar Euro.«

Endlich waren wir zu ihm durchgedrungen, ich meine natürlich geistig. Er blickte erschöpft auf den Steinboden und nickte. Schließlich holte er seine Geldbörse aus der Gesäßtasche. Sein Kopf ging nach oben und mit großen Augen sah er uns an.

»Okay, das war Mist. Wie viel muss ich zahlen?«

Zum zweiten Mal an diesem Tag konnte ich es nicht fassen. »Erst denkst du, dass der Zug auf euch wartet, und jetzt willst du eine Strafe mal eben so in bar begleichen?«

Der Bremser schien das immer noch ernst zu meinen.

»Was meinst du denn, was so etwas kostet?«, fragte ich verblüfft.

Erst zuckte er mit den Schultern, dann ein Hilfe suchender Blick zum Waggon. Seine Freunde pressten sich an der Scheibe die Nase platt und wurden von anderen Beamten langsam herausgeführt. Sie waren jetzt in Hörweite.

»Weiß nicht … vielleicht so 200 Euro?«

Scherzkeks. Das wäre allerdings ein richtiges Schnäppchen.

»§ 315 Strafgesetzbuch – Wer die Sicherheit des Schienenbahnverkehrs beeinträchtigt und dadurch Leib oder Leben eines anderen Menschen oder fremde Sachen von bedeutendem Wert gefährdet, wird mit Freiheitsstrafe von sechs Monaten bis zu zehn Jahren bestraft.«

Zugegeben, ich zitierte den Paragrafen extrem frei und nur so aus dem Kopf heraus, aber allein die zehn Jahre ließen die Farbe aus seinem Gesicht weichen. Natürlich würde er keine Freiheitsstrafe bekommen, dafür aber sicher auf einer saftigen Geldstrafe sitzen bleiben.

Aber das wusste er ja nicht. Und ich war mir sicher, dass seine Kumpels jetzt um einiges kooperativer waren.

»Zehn Jahre?«

Jetzt war ich es, der mit den Schultern zuckte. »Vielleicht …«

Er schlug die Hände über das Gesicht. »Oh Gott.«

Alles wurde notiert, schließlich wurde der Bremser von Miriam und mir in unsere neu errichtete Hauptbahnhof-Zelle geleitet.

»Was machst denn du eigentlich beruflich?«, wollte sie abschließend wissen.

»Ich bin Altenpfleger.«

Miriam und ich blickten uns an und konnten uns das Lachen erneut nicht verkneifen.

»Um das abzustottern, musst du aber eine ganze Menge Bettpfannen schleppen.«

Das fand er natürlich nicht witzig.

**KAPITEL 14**

# KLETTERPARTIE

Eigentlich war alles ruhig. Also so richtig ruhig. Die Flocken fielen schon seit Stunden vom Himmel, der Schnee verschluckte die Geräusche der Großstadt und selbst unsere Schrägen wollten bei diesem Wetter wohl lieber zu Hause bleiben. Ich freute mich auf einen richtig schönen vorweihnachtlichen Abend und auf eine Tasse Kakao, die ich während der Besprechung mit den Kollegen genießen wollte. Miriam und Hendrik gingen die Anzeigen der vergangenen Wochen durch, während ich mit den anderen Kollegen den liegen gebliebenen Schreibkram erledigte. Die Stimmung war fröhlich, ausgelassen und niemand hatte wirklich Lust, bei diesem Wetter auf die Straße zu gehen. Die Ruhe währte so lange, bis ich einen Anruf von der Leitstelle bekam.

»Hör mal, Markus«, sagte der Kollege am Telefon nach der Begrüßung. »Wir haben da etwas für euch. Sucht ihr immer noch nach dem Jonny?«

Beinahe hätte ich meinen Kakao auf den Schreibtisch gespuckt. Dieser alte Halunke wollte mich doch tatsächlich mein Leben lang verfolgen.

»Ja, der ist im Hafturlaub abgehauen, der Idiot. Ich dachte eigentlich, dass der in eine andere Stadt geflohen sei, aber wenn du mich anrufst, wird der wohl noch hier sein. Wie viel hatte er denn noch abzusitzen?« Papierrascheln am anderen Ende der Leitung. »Etwas mehr als vier Monate, hat aber schon drei Jahre hinter sich.«

Ich konnte es nicht fassen. Was musste in diesem Kopf vorgehen, wenn er auf der Zielgeraden den Hafturlaub streckte. Eigentlich wunderte es mich schon, dass er bei seinem Vorstrafenregister überhaupt Urlaub bewilligt bekam. Aber die Gefängnisse waren überfüllt und die Schließer um jeden froh, den sie verabschieden konnten. Bei Jonny war es anders. Lange Zeit hatte ich den Namen nicht mehr gehört, bis wir vor vier Tagen die Nachricht erhielten, dass er aus dem Hafturlaub nicht mehr zurückgekehrt war. Die Fahndung lief auf Hochtouren, Eltern, Freunde und seine Geliebte wurden befragt, natürlich hatte ihn keiner gesehen und nichts von ihm gehört. Mit den zwei Tagen Wochenende, die ihm bewilligt wurden, hatte er also einen Vorsprung von sechs Tagen. Mit anderen Worten: Er könnte überall sein.

»Jetzt sag nicht, dass der betrunken vor einer Polizeiwache eingeschlafen ist?«

»Nein«, erwiderte mein Kollege lachend. »Das hätte ich ihm auch zugetraut, aber eine Nachbarin hat ihn gesehen und direkt angerufen. Vor ein paar Minuten ist der bei seiner Freundin rein, sagt sie. Im Gepäck eine schwarze Tasche, er trägt eine blaue Jeans und einen weißen Pulli mit der Aufschrift ...«

»Gangster«, fiel ich meinem Kollegen ins Wort. Er hatte das Ding also immer noch. »Gut, das ist er. Wir rücken sofort aus.«

Als ich in den Bereitschaftsraum trat, wurde es still. Meine Kollegen hatten den Braten gerochen.

»Ratet mal, wen wir jetzt eintüten? Jonny ist wieder da.«

»Das ist ein Witz«, entfuhr es Miriam. »Ob der sich noch an mich erinnert?«

»Der erinnert sich nicht einmal an das letzte Ding, das er gedreht hat«, antwortete Hendrik. »Mit wie vielen sollen wir fahren?«

Das letzte Zusammentreffen mit Jonny war mir in steter Erinnerung geblieben, weshalb ich spontan »zu viert« sagte.

Zwei Minuten später waren wir auf der Straße und fuhren zur Wohnanschrift der Freundin. Die Straße vor dem Mehrfamilienhaus lag im Dunklen. In einigen Fenstern brannte noch Licht, trotzdem konnten wir uns dem Haus unauffällig nähern, ohne gesehen zu werden. Miriam, Hendrik sowie ein weiterer Kollege und ich stapften durch den tiefen Schnee. Bei jedem Schritt gab die weiße Pracht ein knirschendes Geräusch von sich. Ich band den Schal enger um meinen Hals. Ausgerechnet heute musste er sich blicken lassen. Hätte es nicht zwei Tage vorher sein können?

»Ihr hattet die Freundin doch schon befragt?«, wollte ich an Miriam gewandt wissen.

Sie nickte. »Ich würde vorschlagen, wir statten ihr durch das Treppenhaus einen Besuch ab. Ihre Wohnung liegt in der zweiten Etage, das Haus hat insgesamt fünf Stockwerke«, erklärte meine Kollegin. »Wenn er mutig oder verzweifelt ist, könnte er allerdings den Sprung wagen.«

»Dann warten wir im Hinterhof, falls er flüchten will. Wir halten uns aber gedeckt. Wartet drei Minuten, bevor ihr anklopft, und sprecht uns über Funk an, wenn er so ein Theater macht wie beim letzten Mal.«

Schnell wurde der Plan in die Tat umgesetzt. Miriam und Hendrik klingelten bei der Nachbarin, die uns gerufen hatte. Nach einer kurzen Erklärung über die Haussprechanlage wurden die beiden hereingelassen, das Licht des Hausflurs ging an und sie konnten blitzschnell in die zweite Etage gelangen. Mein Kollege und ich schlichen um das Haus, kletterten über einen flachen Zaun und suchten uns ein gutes Plätzchen, wo wir die ganze Szenerie beobachten konnten. Fündig wurden wir unter der Mülltonnenüberdachung. Sie lag völlig im Dunkeln, ausgeschlossen, dass irgendjemand uns sehen würde. Wenn er tatsächlich abhauen wollte, konnten wir ganz in Ruhe hier abwarten und Jonny sofort die Acht anlegen.

»Meinst du, der springt? Sieht doch ganz schön hoch aus.«

Mein Kollege hatte recht. Ich für meinen Teil würde es nicht versuchen. Auch wenn sich mindestens 20 Zentimeter Schnee im Garten aufgetürmt hatten.

»Ich glaube nicht. Der hat keinen Bock mehr auf solche Sachen. Bestimmt lässt er sich einfach festnehmen und wir sind in zehn Minuten wieder auf der Wache.«

Mit meiner Taschenlampe im Anschlag ging ich etwas näher an die Häuserwand. »Da ist auch noch eine fixierte Feuerleiter. Vielleicht nimmt er die nach unten. Das würde die ganze Sache einfacher machen.«

Tatsächlich hatten Winter und Sturm beinahe die komplette Wand mit Schnee überzogen. Nur mit Mühe konnte man die Feuerleiter unter der weißen Decke erahnen. Allerdings wusste ich nicht, was gefährlicher war: ein Abstieg über diese frostigen und rutschigen Sprossen oder ein Sprung in den Garten. Noch bevor ich meine Gedanken weiter ausführen konnte, hörten wir Gepolter. Zwei Frauenstimmen drangen durch die einfach verglasten Fenster. Eine davon gehörte eindeutig zu Miriam, die andere musste demnach Jonnys Freundin sein. Ich war kurz unentschlossen, was nun zu tun sei, doch die Entscheidung wurde mir abgenommen.

»Das gibt es doch nicht!«, entfuhr es meinen Kollegen. »Der versucht es wirklich.«

Warum überraschte mich das jetzt nicht? Gut, ich hatte gehofft, dass er sich einfach festnehmen ließe, aber Jonny war bei uns nun einmal dafür bekannt, die ein oder andere suboptimale Entscheidung im Leben getroffen zu haben. Zum wiederholten Male Widerstand gegen die Staatsgewalt gehörte übrigens dazu.

Es dauerte ein paar Herzschläge, bis er das Fenster aufgerissen hatte und den ersten Fuß auf die rutschige Feuerleiter setzte. Ich traute meinen Augen nicht. Jonny trug lediglich Boxershorts und ein Shirt, dazu noch Flip-Flops. Mir war unter meinen vielen Kleidungsschichten schon kalt und der ging einfach mal so im Schlafoutfit auf Klettertour.

»Mutig ist er ja, das muss man ihm lassen«, flüsterte ich zu meinem Kollegen.

»Oder einfach nur dumm«, ergänzte der. »Wenigstens kommt er uns schön in die Arme gelaufen und am Ende der Leiter haben wir dann leichtes Spiel.«

Im nächsten Moment schon sollte sich herausstellen, wie falsch wir gelegen hatten. Anstatt den Weg nach unten zu suchen, kraxelte Jonny nach oben. Mit den Flip-Flops schob er auf jeder Sprosse erst einmal den Schnee weg, bevor er einen Fuß auf das Metall setzen konnte. Sein Shirt wehte im Wind und auch die Shorts lüftete das ein oder andere Mal mehr, als ich sehen wollte.

»Das sind noch drei Stockwerke«, sagte ich mehr zu mir als zu meinem Kollegen, dann trat ich in den Garten und erhob die Stimme. »Jonny! Lass den Scheiß und komm einfach nach unten. Du brichst dir nur das Genick!«

Das Einzige, was ich als Antwort bekam, war der Schnee, welcher sich mit jedem Schritt von der Leiter löste. Mit der Taschenlampe nahm ich ihn ins Visier und schwenkte den Lichtkegel auf der Wand hin und her.

»Hallo? Jonny! Es ist vorbei, ich hab keinen Bock mehr! Wenn du nicht gleich runterkommst, dann muss ich die Feuerwehr rufen, willst du das?«, schrie ich jetzt etwas bestimmter. Nur ungern wollte ich bei dem Sauwetter noch länger draußen sein. »Komm jetzt runter, du kennst das Spielchen doch!«

Er wollte einfach nicht hören. Unbeirrt nahm er eine Sprosse nach der anderen. Mittlerweile waren einige Nachbarn an die Fenster herangetreten. Überall gingen die Lichter in den Wohnungen an und neugierige Gesichter drückten sich an den Fensterscheiben die Nasen platt. Auch Miriam und Hendrik lehnten sich aus dem Fenster, in ihrer Mitte erkannte ich Jonnys Freundin. »Hör auf, Jonny, lass den Quatsch und komm runter. Bitte, tu es für mich!«, schrie sie.

Er ging einfach weiter. An der Außenfassade des letzten Stockwerks passierte es. Jonny rutschte auf dem glatten Metall aus, konnte sich aber im letzten Moment noch mit einer Hand festhalten. Ein panisches Raunen ging durch den Hinterhof. So hing

Jonnys Leben an einer Hand. Ein heftiger Windstoß traf seinen Körper und er hatte sichtlich Mühe, sein Gewicht zu halten. Seine Flip-Flops fielen neben mich. Nur noch wenige Sprossen und er hätte es bis zum Dach geschafft. In diesem Moment trafen sich unsere Blicke.

»Jetzt ganz ruhig!«, schrie ich gegen den Wind an. »Halt dich fest und komm dann nach unten.«

Jonny baumelte wie ein Affe an einem Ast und beobachtete uns. Für einen Lidschlag hatte ich das Gefühl, als genieße er die Aufmerksamkeit, bis er sich der Situation bewusst wurde und Panik in seinem Gesicht zu lesen war. Mit Müh und Not bekam er mit der anderen Hand eine Sprosse zu packen. Mit nun nackten Füßen rieb er über das Metall und stand nach unendlich anmutenden Sekunden wieder sicher auf der Leiter.

Ich atmete erleichtert aus.

Eigentlich dachte ich, dass ihn diese kleine Nahtoderfahrung zur Vernunft gebracht hätte. Doch wie so oft bei diesem Menschen lag ich wieder mal daneben. Jonny hatte seinen eigenen Willen und der war unberechenbar. Unbeirrt setzte er seinen Dachaufstieg fort.

»Das gibt es doch nicht«, flüsterte mein Kollege. »Ist der denn völlig vor die Wand gelaufen?«

Ich schwieg.

Es kommt nicht oft vor, dass ich sprachlos bin, aber in dieser Situation fiel mir einfach kein passender Kommentar ein. Was hatte sich der Junge nur in den Kopf gesetzt?

Schnell ging ich zum Fenster, wo Miriam immer noch versuchte, die Freundin zu beruhigen.

»Hat der irgendwas ausgefressen?«, brüllte ich zum Fenster hoch.

Seine Freundin blickte mich mit großen, verheulten Augen an.

»Habt ihr Drogen oder anderen Mist in der Wohnung?«, wollte ich von Miriam wissen.

Vehement schüttelte sie den Kopf. »Gar nichts.«

»Gut, dann kriegt er also nur wegen dem verlängerten Hafturlaub einen dran?«

Ich konnte erkennen, wie Hendrik und Miriam miteinander sprachen, auch die Freundin schüttelte den Kopf, schließlich nickte meine Kollegin.

»Soweit wir das sehen, ist hier sonst nichts Illegales. Wir wissen nicht, was der hat.«

Gut, jetzt war ich dran, vielleicht würde ich noch Einfluss auf ihn haben und ihn zur Besinnung bringen können. Ich stapfte durch den Schnee, mitten in den Garten, um Jonny besser sehen zu können. Irgendein Nachbar hatte mittlerweile das Licht im Hof angeschaltet, sodass ich im Lichtkegel stand.

»Jonny, hörst du mich?«

Noch immer versuchte er, auf das Dach zu gelangen. Mit Händen und Füßen hielt er sich am Vorsprung fest, stützte sich auf den Dachziegeln ab und wuchtete seinen Körper schließlich nach oben. Wieder löste sich ein Schneebrett, diesmal von der Dachfläche.

»Jonny, Scheiße noch mal! Jetzt hör mir zu!«

Er hielt kurz inne. Was passierte denn jetzt? In Jonnys Augen loderte die Panik. Offensichtlich bekam er keinen ausreichenden Halt auf dem Dach. Er glitt langsam auf die Dachkante zu. Wild ruderte er mit seinen Armen und bekam schließlich die Dachrinne zu packen Da saß er nun, mit dem Oberkörper in Richtung Abgrund gerichtet. Aus den Schreien der Bewohner stach die Stimme seiner Freundin schrill heraus. Miriam brachte sie in die Wohnung, Hendrik stand allein im Fenster und funkte mit der Leitstelle.

Ich versuchte es noch einmal: »Pass auf, du musst doch nur noch ein paar Tage absitzen, wegen der Geschichte hier kommen höchstens ein paar drauf, aber das ist alles halb so wild. Komm einfach wieder runter, dann ist es gut.« Dass sicher auch seine Hafterleichterungen dran glauben müssten, verschwieg ich in diesem Fall.

Meine Worte vermochten ihn offensichtlich nicht zu beruhigen. Behäbig drehte Jonny sich um und setzte sich mit dem Po halb auf die Ziegel, halb auf die Dachrinne. Erneut wurde Schnee aufgewirbelt, der auf uns herabrieselte. Obwohl mein Herz pochte, spürte ich, wie die klirrende Kälte sich in mich hineinfraß. Wie musste es dann dem armen Tropf dort oben ergehen?

Jonny saß jetzt mit dem Rücken zu uns. Seine Arme umschlossen die angewinkelten Beine, zusätzlich legte er seinen Kopf auf die Kniescheiben. Wir konnten also nur noch das flatternde Shirt und sein Arschgeweih bewundern.

»Feuerwehr und Luftrettung rollen«, informierte mich mein Kollege, mit dem Funkgerät in der Hand. Dann deutete er mit seiner Taschenlampe auf das Arschgeweih. »Sind die Dinger immer noch in?«

»Ich dachte, eigentlich nicht«, antwortete ich schulterzuckend. »Selbst Frauen lassen sich die entfernen, aber unser Jonny ist eine ganz eigene Marke.«

Mittlerweile war eine Seite des Körpers unseres Flüchtigen mit einer dünnen Schicht Schnee überzogen. Verstärkung war schon lange alarmiert, die Beamten hielten unzählige Schaulustige im Zaum, die sich trotz des eisigen Wetters dieses Spektakel nicht entgehen lassen wollten. Offensichtlich hatten die Nachbarn ihre »Facebook Community« verständigt.

»Wie lange wird es dauern, bis die Feuerwehr hier ist?« Mein Kollege sprach in das Funkgerät, während ich Jonny nicht aus den Augen ließ.

Ich hatte das Gefühl, dass der Junge da oben jetzt in seiner eigenen Gedankenwelt war. Er saß da wie ein bockiges kleines Kind. So ein Verhalten hatte ich schon einmal bei meinen eigenen Töchtern erlebt, als sie kleiner waren. Er igelte sich ein, ließ niemanden mehr an sich heran und war für logische Argumente nicht mehr zugänglich. Nichts mehr hören, nichts mehr sehen, so einfach war das.

»Könnte ein wenig dauern«, sagte mein Kollege zähneknirschend. »Die Feuerwehr ist am Limit, die haben mehrere Autounfälle und umgestürzte Bäume. Auch bei der Luftrettung wird es schwierig. Der Sturm macht allen zu schaffen. 20 Minuten Minimum. Vielleicht auch gar nicht, das wird gerade geklärt. Bei dem Wetter können die schlecht starten.«

Bis dahin könnte Jonny erfroren sein. Und das alles wegen vier Monaten, die er noch hatte. Ich wagte einen weiteren Versuch. »Jetzt komm da runter! Willst du dir da oben den Tod holen? Wegen der paar Wochen im Knast?«

Endlich hatte ich seine Aufmerksamkeit. Langsam drehte Jonny sich zu uns um. Ich musste genau hinhören, um seine Worte zu verstehen.

»Das sind noch Jahre«, schrie er. »Ich will nicht zurück in den Knast!« Wie er darauf kam, wird mir bis heute ein Rätsel bleiben. »Ich bleibe bei meiner Freundin, ich liebe sie und wir flüchten nach Argentinien!«

Aha.

»Das nützt dir aber alles nichts, wenn du tot bist. Also komm runter! Sie kann dich schon morgen wieder besuchen kommen.« Konnte sie natürlich nicht, aber das musste ich ihm ja nicht unter die Nase reiben. »Was ist jetzt? Mach keinen Mist. Du kannst dich auch gleich noch von ihr verabschieden. Dann packen wir deine Sachen und in wenigen Minuten bist du wieder im Warmen.«

Jonny drehte seinen Kopf zurück nach vorne, legte die Stirn gegen die Kniescheiben. Er war wieder in seine eigenen Gedanken eingetaucht.

»So, das reicht jetzt!« Hendriks Stimme war selbst durch das Schneegestöber gut zu vernehmen. »Ich hol den jetzt runter.« Schon war er mit dem Stiefel auf der rutschigen Feuerleiter.

»Du nicht auch noch!«, schrie ich meinem Kollegen entgegen. »Lass den Mist, das ist zu gefährlich.«

Miriam packte Hendriks Arm. Ein kurzes Wortgefecht, dann krallte er sich an der Leiter fest und zog sich Schritt für Schritt nach oben. Ich hielt den Atem an. Eigentlich war doch alles ruhig

»Ich bleibe bei meiner Freundin,
ich liebe sie und wir flüchten nach Argentinien!«

gewesen und nun befand ich mich in einem Albtraum. Stufe für Stufe nahm Hendrik die Leiter. Er schaffte es bis an die Dachspitze. Ich hörte, wie er sprach, verstand die Worte aber nicht. Schließlich holte er seine Taschenlampe aus der Halterung und stupste Jonny auf die Pobacke.

»Hörst du mich nicht?«, brüllte er. »Jetzt beweg deinen Arsch hier runter, ich fang dich, wenn du fällst.«

Natürlich konnte er das nicht und ich war mir sicher, dass auch Jonny das wusste. Trotzdem nickte der Flüchtige. Hendrik ging vorsichtig einige Sprossen hinab, sodass Jonny die Leiter erreichen konnte. Meter um Meter suchten sie sich einen Weg herunter. Hendrik und Jonny hatten es tatsächlich geschafft.

Unten angekommen, verzichteten wir zunächst auf die Handschellen. Der junge Mann zitterte wie Espenlaub, seine Lippen, ja fast das gesamte Gesicht hatten eine bläuliche Färbung angenommen. Vom Garten aus ging es direkt in die Wohnung der Freundin.

»Bist du denn verrückt?«, flüsterte ich zu Hendrik.

Der zuckte nur mit den Schultern. »Das hätte hier sonst noch ewig gedauert«, war seine lapidare Antwort. »Ich will wieder auf die Wache, mir ist schweinekalt.«

Jonny blickte zu Boden, seine nackten Füße klatschten auf den Fliesen des Hausflurs. Als wir durch die Wohnungstür schritten, fiel ihm seine Freundin tränenüberströmt in die Arme. Sie küsste ihn, gab ihm eine Ohrfeige und küsste ihn dann wieder. Schließlich brachen alle Dämme und sie weinte hemmungslos an seine Schultern gelehnt. Wir ließen die beiden einen Moment gewähren.

»Warum hast du das getan?«, schluchzte sie. »Warum bist du abgehauen?«

Jonny sah ihr in die Augen. »Ich wollte mit dir nach Argentinien flüchten. Da ist es warm und die kriegen mich da nicht.«

Auf einer Skala der dümmsten Aussagen, die ich je gehört hatte, belegte dieser Satz einen Spitzenplatz. Argentinien? Wegen einer viermonatigen Haftstrafe? Wenn er sich gut geführt hätte, wäre er vielleicht sogar in drei rausgekommen. Jetzt wurde da natürlich nichts mehr draus. Schwer zu glauben, dass unser Jonny sich das wirklich gut überlegt hatte. Vielleicht war es ein Insasse gewesen, der ihm diesen Floh ins Ohr gesetzt hatte.

»So ihr beiden«, sagte ich schließlich und drückte Jonny zur Seite. Immer noch zitternd, zog er sich eine Jeans an. Miriam nahm seine Freundin beiseite. »Jetzt ist Schluss, es geht wieder auf die Zelle. Vielleicht solltest du die Zeit jetzt einfach absitzen. Es ist echt nicht mehr so lange.«

»Und Argentinien?«

Was hatte er nur mit diesem Land? »Das kannst du auch in ein paar Monaten noch besuchen, dann als freier Mann. Vertrau mir, Argentinien wird es dann auch noch auf der Landkarte geben.«

Auf dem Bett lag sein weißer Pulli. Das Wort »Gangster« stach mir ins Auge. Manche Menschen waren nicht für eine kriminelle Karriere geeignet. Jonny gehörte definitiv dazu. Obwohl er das sicher anders sehen würde. Ich nahm den Pullover an mich: »Zieh dich warm an.«

Jetzt war sogar ein Lächeln auf seinen Lippen zu erkennen. »Weiß ich«, erwiderte er. »Draußen ist echtes Mistwetter.«

## KAPITEL 15

# PRIORITÄTEN

Auch solche Schichten gibt es. Dieser Nachmittag in den Sommerferien tröpfelte langsam dahin, während ich den blau-silbernen Passat durch die Innenstadt lenkte und Hendrik auf dem Beifahrersitz mit seinem neuen Handy spielte. Es war ein sehr warmer Nachmittag und ich spürte unter der Schutzweste meine Körpertemperatur besonders intensiv. Doch ohne Schutzweste fährt bei uns schon lange niemand mehr raus und das ist auch gut so.

Unser heutiger Sondereinsatz sollte ausschließlich dem Jugendschutz dienen. Die ansässigen Diskotheken boten in den Ferien spezielle Veranstaltungen für Schüler an und während alle anderen arbeiten mussten, feierte unsere Generation Zukunft jeweils am Mittwoch in den Ferien die sogenannten FSK-16-Partys. Eigentlich eine schöne Sache. Es verstand sich von selbst, dass die Jugendlichen, die noch nicht das 18. Lebensjahr vollendet hatten, um 24 Uhr nach Hause mussten. Ich wusste, dass die Betreiber der Diskotheken darauf besonders achteten, denn sie hatten kein Interesse daran, bei den Behörden aufzufallen. Meine Kollegen und ich hatten an diesem Abend den Auftrag, auf Jugendliche und Kinder zu achten, die augenscheinlich betrunken waren oder Hochprozentiges mit sich führten, um im Laufe des Abends betrunken zu werden. Für mich war es immer wieder eine Herausforderung, die unter 18-Jährigen von den Heranwachsenden, also den über 18-Jährigen, zu unterscheiden. Ich lag meist daneben, aber dafür hatte ich ja Hendrik dabei. Er war diesbezüglich in jedem Fall eine Bank.

Gerade die Jugendlichen können nicht immer einschätzen, wie viel Alkohol sie tatsächlich vertragen, und so fanden wir die ersten Alkoholleichen schon regelmäßig gegen 21 Uhr. Während wir in den frühen 80er-Jahren einfach nur mit Bier vorglühten, geht die heutige Jugend häufig anders ans Werk. Sie mischen selbst und zwar in 1,5-Liter-Plastikflaschen. Als Grundlage dient Orangensaft, dazu kommt der billigste Wodka, den man auftreiben kann. Das Ganze gut schütteln und in maximal vier Schlucken leer trinken. Nach diesem Input ist für einige schon am frühen Abend *Game Over*.

Verstehen Sie mich bitte nicht falsch, das soll auf keinen Fall ein Allgemeinurteil sein, wenn man allerdings in den Ferien im Minutentakt die Eltern von 15-Jährigen anrufen muss, die 2,3 Promille im Blut haben, dann stumpft man diesbezüglich schon ein wenig ab. Der »Spitzenwert« lag übrigens einmal bei einem 14-jährigen Mädchen, circa 50 Kilo, die wir mit 3,1 Promille im Stadtgraben fanden. Ihr Leben konnte gerade noch so im Krankenhaus gerettet werden. Den Eltern haben wir übrigens einen Besuch abgestattet, das Jugendamt später ebenfalls.

Doch genau an diesem Mittwochabend war es wirklich mal ruhig. Vielleicht lag es daran, dass in der nächsten Woche die Schule wieder beginnen würde und die Jugendlichen sich darauf besannen, wieder mal in die Bücher zu schauen.

»Highscore!«

Hendriks freudiger Ausruf erschreckte mich. »Was geht denn jetzt bei dir?«

Er zeigte mir das Display. »Guck mal, seit Wochen zockt meine Frau das Spiel und endlich hab ich es geschafft, ihren Rekord zu brechen.«

Ich schnalzte mit der Zunge. »Nicht schlecht. Was hältst du denn mal davon, deinen Blick vom Display weg in die Realität zu lenken. Jugendschutz vor Highscore, verstehst du?«

»Was ist los?«, wollte Hendrik wissen. »Siehst du was?«

»Nein, ich sehe nichts. Wenn nichts los ist, geht die Zeit nicht rum. Also finde was!«

Er deutete mit einem Nicken auf die linke Seite der Straße. »Da, wie du willst.«

Von der anderen Straßenseite kam ein junger Mann in unsere Richtung gelaufen. Er winkte uns ganz aufgeregt zu. Ich hielt am rechten Fahrbahnrand an. Als der Mann näher kam, erkannte ich eine Gesichtsverletzung. Er blutete stark aus der Nase, seine Hände waren ebenfalls schon rot verschmiert. Als wir ausstiegen, sprudelten die Worte nur so aus ihm heraus. »Da wurde eine junge Frau überfallen … Der Typ riss ihr einfach das Handy weg und als ich ihn zur Rede stellen wollte, hat der mir eine geknockt, voll mit dem Kopf.«

»Wo war das?«, wollte ich wissen.

Der Mann setzte sich auf eine Parkbank und legte den Kopf nach hinten. »Auf der anderen Straßenseite, an dem Sportgeschäft. Der ist dann über diese Stichstraße weg. Der Typ ist voll der Bär. Die Frau ist dem hinterher, die muss da irgendwo sein.«

Sofort griff Hendrik das Funkgerät. »Christa für 13-31, haben Hinweise auf Straßenraub. Handy wurde geraubt. Ein Geschädigter mit Gesichtsverletzung ist bei uns, Freudenbergplatz. Täter flüchtig über die Heinenstraße. Wir brauchen einen RTW und Verstärkung. Der Geschädigte wartet am Freudenbergplatz auf die Kollegen, wir gehen in die Fahndung.«

»Kollegen kommen, RTW rollt«, drang es aus der Sprechanlage.

»Sie kommen klar? Die Kollegen und der Krankenwagen kommen gleich«, beruhigte Hendrik den Verletzten.

Ein kurzes Nicken musste reichen, dann schossen wir los. Blaulicht und Martinshorn blieben aus, schließlich wollten wir den Täter nicht verschrecken. Nach wenigen Hundert Metern erkannten wir eine junge Frau, die wild gestikulierend auf die Fahrbahn lief. Es handelte sich offensichtlich um die Geschädigte.

»Steigen Sie ein«, sagte ich zu der Frau. »Wo ist der Typ?«

»Der ist da lang.« Sie deutete mit zittrigen Händen in eine Einbahnstraße. »Hat mir einfach mein iPhone weggenommen, dieser Arsch. Dabei sind alle meine wichtigen Daten da darin, Telefonnummern, Termine, SMS, einfach alles.«

Hendrik drehte sich zu der zierlichen Frau um und versuchte, sie zu besänftigen. »Ganz ruhig, wir kriegen den schon. Sind Sie verletzt?« Sie schüttelte den Kopf. »Gut, wie sah der aus?«

»Breites Kreuz, ein Bodybuilder und macht Kampfsport … da ist er!«

Mit ruhigem Schritt, als sei nichts gewesen, ging der Mann auf der linken Seite der Einbahnstraße und tippte wie wild auf dem Handy herum. Ich parkte den Streifenwagen mitten auf der Straße und drehte mich noch kurz zu der Frau um.

»Christa für 13-31, wir haben den Täter, er geht in der Luisengasse, wir gehen ran«, gab Hendrik durch.

»Sie bleiben im Wagen«, wies ich die junge Frau an.

Hendrik und ich näherten uns zügig, aber ohne Hast. Der Mann war so mit dem Handy beschäftigt, dass er uns nicht zu bemerken schien. Hendrik überholte ihn auf der anderen Straßenseite. Wir wollten ihn von zwei Seiten angehen. Aufgrund der durchgehend geschlossenen Häuserzeile war für ihn ein Entkommen nahezu unmöglich. Verdammt, der junge Mann war groß … und kräftig.

Vielleicht konnten wir die ganze Sache ohne Prügelei und Pfefferspray beenden.

»Hallo, junger Mann, bleiben Sie doch bitte stehen«, versuchte ich mein Glück, vielleicht klappte es ja.

Der Kerl blieb tatsächlich stehen und drehte sich zu mir um. Seinem grimmigen Blick und den Augenringen nach zu urteilen, hatte er heute anscheinend nicht den besten Tag erwischt.

»Was wollt ihr?«

»Mit Ihnen sprechen, über das iPhone.«

Blitzschnell drehte der Kerl sich um, setzte zum Spurt an und rannte direkt in Hendriks Arme. Hendrik war selbst ein Sportler, spielte Fußball, doch als der 100-Kilo-Räuber auf seinen Körper traf, wankte auch der Rechts-Außen erheblich. Hendrik strauchelte, konnte sich aber gerade noch so fangen und den Typen packen. Zu zweit schafften wir es, den Verdächtigen gegen eine angrenzende Häuserwand zu pressen. Ich war auf seiner linken Seite und wollte seinen Arm auf den Rücken ziehen. Jetzt galt es, den Muskelberg so schnell wie möglich zu fesseln. Das war allerdings beim besten Willen nicht möglich, vielmehr schien es mir, als ob ich versuchen würde, einen Stahlträger zu verbiegen. Sein Unterarm bewegte sich keinen Zentimeter. Mehr noch, als ich all mein Gewicht nach vorne drückte, presste der Mann seinen Arm nach oben und ich hing in der Luft.

Das konnte es doch gar nicht geben. Wie kann der Typ mal eben so 95 Kilogramm mit einem Arm stemmen? Meine Füße schwebten Zentimeter über dem Boden und auch bei Hendrik sah es nicht viel besser aus. Dazu wurde der Typ auch noch aggressiv.

Ein kontrollierter Tritt in die Kniekehle verhalf wenigstens dazu, dass ich wieder Boden unter den Füßen spürte und wir ihn auf den Asphalt ringen konnten. Welches Bild wir abgegeben haben mussten: Zwei erwachsene Männer keuchen vor Anstrengung, während der dritte einfach nur dagegenhält.

Ich weiß bis heute nicht wie, aber es gelang mir, die Handschellen aus der Halterung zu nehmen. Als ich diese dann anlegen wollte, traf mich fast der Schlag.

Nicht wirklich, oder?

Seine Handgelenke hatten den Umfang meiner Oberschenkel. Die verdammte Acht passte einfach nicht um seine Gelenke. Und dann passierte mir ein Fehler, den man nie machen darf.

»Verdammt, ist der kräftig«, rutschte es mir über die Lippen.

Jetzt hatte ich ihn auch noch angespornt.

»Und ich kann noch viel mehr!«

Der Vulkan explodierte. Wie beim Rodeo warf der Muskelmann uns mit einer Leichtigkeit ab, die mir das Blut in den Adern gefrieren ließ. Sofort sprangen Hendrik und ich wieder auf ihn drauf. So konnten wir ihn zumindest am Boden halten.

»Gregor, du Arschloch! Gib mir mein Handy zurück!«

Was war denn jetzt los? Wer sprach da aus dem Hintergrund?

Neben uns tauchte die Frau auf. Entgegen meiner Anweisung war sie ausgestiegen und stapfte nun tatsächlich wutentbrannt auf uns zu. War ich jetzt im falschen Film? Und woher kannte sie seinen Namen?

Ich versuchte noch, sie zu warnen.

»Bleiben Sie …«

Doch der Kampf raubte mir den Atem und meine Warnung war auch unnötig, wie sich herausstellte. Die Frau nahm Anlauf, als würde sie einen Elfmeter schießen, und trat mit ihren spitzen Pumps gegen die Schulter des Mannes.

Ich war mir ziemlich sicher, dass der vor Testosteron strotzende Hüne diese Tritte noch nicht einmal spürte, aber zumindest sah er zu ihr. Die Blicke der beiden trafen sich, noch einmal bäumte sich der Mann auf, befreite einen Arm, drehte sich um und warf das iPhone in hohem Bogen in ihre Richtung. Es landete einige Meter neben ihr. Und mir gelang es in der Zeit, wieder den Arm des Räubers zu packen.

Dabei drückte der Mann meinen Handrücken über den Boden. Meine Hand schliff ein ganzes Stück über den Asphalt. Ein stechender Schmerz durchfuhr meinen Körper. Trotzdem – das war unsere Chance. Keuchend und mit schwitzigen Händen versuchten wir, diesem schnaubenden Stier die Handschellen anzulegen. Mit vereinten Kräften konnte wir doch tatsächlich die allererste Zacke eines Rings zum Einrasten bringen. Leider nützt nur ein Ring gar nichts …

»Rufen sie die 110!«, schrie ich schließlich der Frau entgegen. Alleine würden wir hier bis zum Sankt Nimmerleinstag catchen.

»Rufen sie die 110!«, schrie ich schließlich der Frau entgegen. Alleine würden wir hier bis zum Sankt Nimmerleinstag catchen.

Doch unser Schicksal schien der Geschädigten offensichtlich nicht so wichtig wie das ihres iPhones.

»Gott sei Dank, es geht noch«, murmelte sie und fuhr mit dem Finger über das Display. »Aber da ist ein langer Riss in der Scheibe. So eine Scheiße!«

Es schien sie gar nicht zu interessieren, dass wir schon seit mehreren Minuten auf dem Boden rumkugelten.

»Rufen Sie die Polizei, verdammt noch mal – 110! Wir brauchen dringend Unterstützung! Los jetzt!«, schrie Hendrik, sodass es die ganze Straße hörte.

Jetzt endlich fiel der Groschen. Die Frau wischte über ihr iPhone und sprach mit dem Notruf.

Keine drei Minuten später hielt ein Streifenwagen neben uns. Zu viert konnten wir dem Berg tatsächlich eine Plastikhandfessel anlegen. Diese hatte einer der unterstützenden Kollegen vom letzten Fußballeinsatz noch am Gürtel. Mit vereinten Kräften gelang es uns, den Gemütszustand des Räubers ein wenig zu beruhigen. Die üblichen Beleidigungen ließen wir teilnahmslos über uns ergehen, als die Verstärkungskräfte mit dem Kerl zur Wache fuhren.

Hendrik und ich kamen erst jetzt etwas zur Ruhe. Wir waren noch immer außer Atem und lehnten uns kurz an eine Häuserwand. Die Schweißperlen liefen langsam meine Stirn herab. Meine rechte Hand schmerzte. Ich hatte mir diverse Schürfwunden zugezogen. Jetzt begann der Straßenschmutz in den Wunden zu brennen. Meine Einsatzhandschuhe hatte ich natürlich in der Seitenablage der Fahrertür vergessen. So ist das meistens: Wenn das Jagdfieber zuschlägt, weicht der Verstand.

Es dauerte ein paar Sekunden, bis sich unsere Atmung wieder normalisiert hatte. Nun galt es, sich der Frau anzunehmen. Die Gute tippte mit den Fingern ununterbrochen über das iPhone-Display.

»Schauen Sie sich das mal an. Da ist ein langer Riss in der Scheibe. Das kann doch alles nicht wahr sein.«

»Jetzt erzählen Sie uns erst einmal, wieso Sie den Namen des Täters kennen?«

Nur kurz blickte sie zu uns hoch. »Ach das ... der ist mein Exfreund.«

Hendrik schnaubte abfällig. »Das hätten Sie uns sagen müssen. Dann wären wir nämlich ein wenig anders an die Sache rangegangen und hätten uns vielleicht den ganzen Mist ersparen können. Und wieso wollte Ihr Ex das Handy unbedingt haben?«

»Na ja, eigentlich erst seit gestern Ex«, erzählte sie weiter im Plauderton. »Ich hatte was mit 'nem anderen Typen und das hat er gestern rausbekommen. Heute wollte er mich zur Rede stellen. Ich hab ihm gesagt, dass Schluss sei, da hat der mir mein Handy aus der Hand gerissen. Der glaubte wohl, er könne meine SMS lesen! Aber ich hatte die schon längst gelöscht. Ich bin doch nicht blöd!«

Das war doch jetzt alles nicht wirklich wahr?

»Sie meinen, der wollte nur Ihre SMS lesen?«

Sie zuckte mit den Schultern. »Kann sein.«

Ich war kurz vor der Kernschmelze. »Wollen Sie uns verarschen?«

Die Frau blickte mich verwundert an. »Nö, wieso?«

Hendrik drehte sich bereits weg. »Das gibt es doch nicht.«

Hin und wieder zweifelte ich am Verstand anderer Menschen.

»Und der junge Mann, der Ihnen helfen wollte und jetzt mit Nasenbeinbruch im Krankenhaus liegt? Haben Sie daran schon mal gedacht?«

Keine Reaktion bei der Geschädigten.

»Hallo? Jemand zu Hause?«, sprach ich sie erneut an.

Noch immer schien sich ihre Sorge auf einen Gegenstand zu fokussieren: ihr iPhone.

»Schauen Sie sich das Display mal an. Mein schönes, weißes Telefon ... wer repariert mir das denn jetzt?«, fragte sie, offensichtlich der Verzweiflung nahe.

Okay, das war genug.

Wer nicht hören will ...

»Ja, das mache ich natürlich«, log ich.

Endlich hatte ich ihre Aufmerksamkeit. Sie blickte mich mit großen Augen an. »Wirklich?«

»Ja klar, das macht die Polizei. Nach dem Dienst setze ich mich in mein Büro, mache ein paar Überstunden und übermorgen können Sie das Handy dann abholen.«

Die Frau dachte nach. »Mmh, wäre aber gut, wenn das morgen Abend noch fertig wäre. Ich wollte feiern gehen, da brauch ich das.«

»Sicher doch. Da setze ich mich gleich nach der Arbeit noch dran und arbeite die Nacht durch.«

Jetzt strahlte sie tatsächlich über beide Wangen. Der Typ mit Nasenbeinbruch war vergessen. Meine blutende Hand – ebenfalls total egal. Dass wir wegen ihr den Straßendreck der Südstadt in den Klamotten trugen – unwichtig.

»Ja sagen Sie, können Sie das denn?«

Jetzt schaltete sich auch Hendrik ein. »Natürlich können wir das. Wir bei der Polizei haben eine iPhone-Spezialausbildung.«

Ich musste noch einen drauf setzen. Sie hatte es einfach nicht anders verdient. »Wenn Sie möchten, können Sie auch mein iPhone in der Zwischenzeit haben.« Wie zum Beweis holte ich mein privates Handy aus der Jackentasche. »Ist zwar nur das alte, schwarze aber es reicht bestimmt für den Tag.«

Wahnsinn. Sie wollte tatsächlich mein Handy nehmen und im Gegenzug reichte sie mir ihr Gerät.

»Das ist ja super, dass Sie das auch machen. Gehen da denn auch keine Daten verloren, wenn Sie das reparieren? Mein Handy ist mir *totaaal wichtig*. Da sind so viele Telefonnummern und SMS, die ich noch brauche, ich könnte echt nicht ...«

Das war endgültig zu viel für mich.

»Sagen Sie mal, geht es Ihnen noch gut?« Ich ließ mein Handy zurück in meine Hosentasche wandern. »Sie glauben doch nicht allen Ernstes, dass ich ihr Scheiß-Handy repariere? Sie könnten sich auch mal bei dem Mann bedanken, der für Sie einen Nasenbeinbruch kassiert hat, oder bei der Polizei. Stattdessen tippen Sie auf dem Kack-Ding da rum, als würde Ihr Leben davon abhängen.«

Ich war mir sicher, dass nach meiner energischen Ansprache der Groschen gefallen war.

Dachte ich …

»Und wer bezahlt mir das jetzt?«

»Na der Typ, Ihr Ex-Gregor natürlich. Wer denn sonst?«

»Und was ist, wenn der sagt, dass er das nicht war?«

Auch Hendrik war mittlerweile alles andere als amüsiert. »Gute Frau, das steht doch alles in der Anzeige. Wir haben doch gesehen, dass er das Handy geworfen hat. Sie haben es dann doch schwarz auf weiß!«

»Und was ist, wenn der kein Geld hat?«

»Dann holen Sie sich vor Gericht einen Titel und klagen das halt ein.«

Es folgte ein Blick auf das kaputte Display.

»Aber dann dauert es ja voll lange, bis ich mein iPhone wiederhabe. Können Sie da nichts machen?«

Schluss. Endgültig.

Dieses Frage-Antwort-Spiel kannte ich von meinen Töchtern. Allerdings als sie fünf oder jünger gewesen waren und vor mir stand eine fast 30-jährige Frau. Noch eine Minute länger und ich würde Sachen sagen, die ich der Dienstaufsicht erklären müsste. Also gab ich ihr einfach meine Visitenkarte.

»Kommen Sie gleich noch auf die Dienststelle zur Zeugenaussage, da werden all Ihre Fragen geklärt.« Hendrik und ich drehten uns um und gingen wieder zum Streifenwagen. »Sie können sich dort an den Spezialisten für defekte iPhones wenden.«

Beim Einsteigen hörte ich erneut ihre Stimme.

»Wirklich?«

Hendrik fasste mich am Arm und redete beruhigend auf mich ein: »Einfach weitergehen, Markus.«

## EPILOG

# WIE WIRD
# MAN EIGENTLICH ...

Ich kann mich noch gut an den Augenblick erinnern, als bei mir die Idee zu diesem Buch reifte. Es war ein lauwarmer Sommerabend und ich war zu einer Geburtstagsfeier eingeladen. Wie so oft hatte ich an diesem Wochenende Nachtdienst zu verrichten und kündigte deshalb meinen Freunden meinen frühzeitigen Aufbruch an. Auf deren Frage, was denn in der Nacht zuvor alles los gewesen sei, antwortete ich wahrheitsgemäß und erzählte kurz die eine oder andere Geschichte der jüngsten Vergangenheit. An der uneingeschränkten Aufmerksamkeit der Zuhörer erkannte ich, dass vielen Bürgern die Arbeit der Polizei unbekannt ist. Man nimmt die Polizei sehr eingeschränkt wahr – meist im Verkehrsbereich, dann sicher auch als Betroffener einer Verkehrskontrolle. Die Verkehrsüberwachung ist aber nur ein Teil der vielseitigen Aufgaben der Polizeibehörden. Gefahrenabwehr und Strafverfolgung sind Begriffe, hinter denen sich zahlreiche Tätigkeitsfelder verstecken. Meine Schilderungen sollen diese abstrakten Begriffe mit Lebenssachverhalten füllen. Um die Persönlichkeitsrechte der Akteure zu wahren, wurden Namen, Orte und Personenbeschreibungen verfremdet. Alle in diesem Buch dargestellten Ereignisse, Szenen und Dialoge haben sich aber wie beschrieben so oder in ähnlicher Weise abgespielt.

Bekommen Sie aber bitte keinen falschen Eindruck vom Alltag der Polizei. Die dargestellten Sachverhalte ereigneten sich im Laufe von fast 25 Dienstjahren bei der Polizei in Nordrhein-Westfalen. Nicht jede Nachtschicht ist ereignisreich, nicht jedes Ermittlungsverfahren endet erfolgreich, nicht jede Verfolgungsfahrt bringt die Festnahme des Täters. Jeder Maßnahme der Polizei folgt eine zeitnahe schriftliche Darstellung. Schreibarbeit ist ein wesentlicher Bestandteil unseres Berufes.

Ich wollte Ihnen mit diesen Geschichten einen sicher nicht umfassenden, aber amüsanten Einblick in meinen Berufsalltag geben. Selbstverständlich kann ich nicht für alle Kollegen und Kolleginnen sprechen, aber ich habe meinen Traumberuf gefunden. In meinem Fall hatte sich mein Lehrer, der gute Herr Humpe, Gott sei Dank geirrt.

Falls Sie nach diesen Geschichten dennoch Lust haben, sich über den Beruf des/der Polizeibeamten/in zu informieren, habe ich auf den folgenden Seiten eine kleine Übersicht zusammengestellt.[*]

## DIE BEWERBUNG

Wer sich um einen Ausbildungsplatz bei der Polizei in Nordrhein-Westfalen bewirbt, sollte in seine Bewerbung etwas Zeit und Mühe investieren. Meist werden schon bei der ersten Durchsicht der Bewerbungsmappe die Weichen auf Erfolg gestellt. Zum einen müssen formale Kriterien erfüllt sein: Nur vollständige, sauber geordnete Bewerbungsunterlagen, möglichst ohne Rechtschreibfehler, hinterlassen einen guten ersten Eindruck. Abgesehen davon muss eine Bewerbung zur Ausbildung bei der Polizei natürlich auch inhaltlich überzeugen. Wie in jeder Firma gehören das Anschreiben,

---

[*] *Quelle und weitere Informationen: www.polizei.nrw.de*

der Lebenslauf und sämtliche Zeugnisse, Qualifikationen und Abschlüsse zu einer erfolgreichen Bewerbung dazu.

Wenn Sie sich auf einen Ausbildungsplatz bewerben wollen, müssen einige Kriterien erfüllt sein. Die Bundesländer haben dahin gehend allerdings verschiedene Anforderungen, weshalb ein Besuch auf den Internetseiten der jeweiligen Landesbehörde unverzichtbar ist. Stellvertretend die Voraussetzungen für das Bundesland Nordrhein-Westfalen. Sie können bei der Polizei NRW eingestellt werden, wenn Sie …

- Deutscher im Sinne des Artikels 116 des Grundgesetzes sind oder die Staatsangehörigkeit eines anderen Mitgliedstaates der Europäischen Union besitzen
- die Gewähr dafür bieten, dass Sie jederzeit für die freiheitlich demokratische Grundordnung eintreten
- gerichtlich nicht vorbestraft sind oder gegen Sie kein gerichtliches Straf- bzw. Ermittlungsverfahren anhängig ist
- nach Ihren charakterlichen und geistigen Anlagen für den Polizeidienst geeignet sind
- in geordneten wirtschaftlichen Verhältnissen leben
- aus polizeiärztlicher Sicht polizeidiensttauglich sind
- das 37. Lebensjahr am Einstellungstag noch nicht vollendet haben
- eine zum Hochschulstudium berechtigende Schulbildung (Abitur), einen gleichwertigen Bildungsstand (z. B. Fachhochschulreife) oder einen Abschluss einer beruflichen Aufstiegsfortbildung gem. § 2 Berufsbildungshochschulzugangsverordnung besitzen
- sechs Jahre Englischunterricht (oder vier Jahre bei erhöhtem Stundenanteil) nachweisen können oder ein Zertifikat über eine abgelegte Prüfung gemäß dem europäischen Referenzrahmen für Sprachen, Level B 1 besitzen (entspricht dem Leistungsstand der Klasse 10, Sekundarstufe I)
- das Deutsche Sportabzeichen besitzen und es zum Zeitpunkt der Bewerbung nicht älter als zwölf Monate ist

- das Deutsche Rettungsschwimmabzeichen mindestens in Bronze besitzen und es am 1.6. des Einstellungsjahres nicht älter als 24 Monate ist
- die Fahrerlaubnis Klasse B oder die Fahrerlaubnis zum begleiteten Fahren ab 17 für Fahrzeuge mit Schaltgetriebe bis zum 1.6. des Einstellungsjahres erworben haben
- als Frau mindestens 163 cm, als Mann mindestens 168 cm groß sind
- Ihr Body-Mass-Index (Körpergewicht in Kilogramm geteilt durch Körpergröße in Metern zum Quadrat) nicht kleiner als 18 oder größer als 27,5 ist
- das Auswahlverfahren erfolgreich abgeschlossen haben
- ferner müssen Sie bis zum 1.6. des Einstellungsjahres nachweisen, dass Sie die Grundlagen der Textverarbeitung (Tastschreiben am PC) beherrschen. Erforderlich ist eine abgelegte Schnellschreibarbeit als Prüfung mit einer Mindestleistung von 80 Anschlägen je Minute. Die Bewertung hat nach den Bewertungstabellen für 10-Minuten-Abschriften mit Korrekturmöglichkeiten für Schulen und Lehrgänge zu erfolgen.

Jede Landespolizei hat auf ihrem Internetauftritt weiterführende Informationen und Adressen für das Auswahlverfahren und die Bewerbung zusammengestellt. So lautet zum Beispiel die Internetadresse des Bewerbungsportals der Polizei Nordrhein-Westfalens: www.polizeibewerbung.nrw.de

## DAS AUSWAHLVERFAHREN UND DIE TESTTAGE

Die Einstellungsprozeduren der Landespolizeien und der Bundespolizei laufen weitgehend ähnlich ab. Das Auswahlverfahren zur Polizeiausbildung dauert drei Tage und beinhaltet mehrere

Stationen: den schriftlichen Einstellungstest, das Vorstellungsgespräch und die polizeiärztliche Untersuchung. Der Test prüft verschiedene Eigenschaften und Kompetenzen, darunter Sprachverständnis, Konzentrations- und Erinnerungsfähigkeit, logisches und visuelles Denkvermögen. Das Sportabzeichen ist Bewerbungsvoraussetzung.

Am ersten Testtag müssen sich die Bewerber einem computergestützten Testverfahren unterziehen. Innerhalb des Vormittags werden das logisch-analytische Denken, die Gedächtnisleistung und Lernfähigkeit überprüft. Vor dem Mittagessen die Deutschkenntnisse. Nachmittags erfolgt ein Reaktionstest am Computer, auf Grundlage des Wiener Tests (ein System für computergestützte, psychologische Diagnostik).

Am zweiten Testtag folgt die polizeiärztliche Untersuchung, bei der festgestellt wird, ob der Bewerber langfristig für den Beruf des Polizisten geeignet ist.

Beim dritten Testtag obliegt die Durchführung den Einstellungsbehörden. Sie können sich aber auf mehrere Rollenspiele vorbereiten, bei denen alltägliche Konfliktgespräche und Bürosituationen nachgestellt werden. Den Abschluss bildet das strukturierte Einzelgespräch, bei dem die charakterlichen Eignungen sowie in Teilen auch die geistigen Befähigungen überprüft werden.

## PRAKTIKA

Wer noch unsicher ist, ob der Polizeiberuf zu ihm passt, sollte ein Betriebspraktikum bei der Polizei absolvieren. Auch in den Schulferien ist bei einigen Dienststellen ein mehrwöchiges Praktikum möglich. Diese Praktika eignen sich besonders gut, um sich ein reales Bild zu machen. Gerade für Schüler bietet die Polizei ebenfalls Praktika an. Die Termine und Voraussetzungen finden Sie auf den vielen Internetseiten der Polizeibehörden. Bitte bedenken Sie dabei, dass auch hier spezielle Voraussetzungen erfüllt werden müssen.

- Mindestalter 15 Jahre
- nicht vorbestraft/straffällig geworden
- bevorzugt Bewerber/innen aus dem Einzugsbereich der jeweiligen Direktion
- Zustimmung der Schule zum Praktikum (Formular Versicherung auf den Internetseiten verfügbar)
- bis zum 18. Lebensjahr und bei einem freiwilligem Praktikum die Zustimmung der Eltern

Darüber hinaus steht Ihnen jede Kreispolizeibehörde und deren Einstellungsberater für ergänzende Fragen zur Verfügung. Vielleicht kennen Sie aber auch einen Polizeibeamten aus Ihrem sozialen Umfeld und können so aus erster Hand Erfahrungsberichte erhalten. Nicht alle werden positiv berichten, da bin ich sicher. Einige wird es geben, die ihre damalige Berufswahl infrage stellen.

Ich für meinen Teil habe es nie bereut, Polizist geworden zu sein.

SCHWARZKOPF & SCHWARZKOPF

# DIE SAUEREI GEHT WEITER ...

DER SYMPATHISCHE RETTUNGSASSISTENT UND FEUERWEHRMANN
JÖRG NIESSEN IST WIEDER IM EINSATZ

**DIE SAUEREI GEHT WEITER ...**
20 NEUE WAHRE GESCHICHTEN VOM LEBENRETTEN
Von Jörg Nießen
Mit Illustrationen von Jana Moskito
256 Seiten, Taschenbuch
ISBN 978-3-86265-060-6 | Preis 9,95 €

»Ein wirklich tolles Buch. Sehr, sehr lesenswert!«
Markus Lanz

»Es gibt noch wahre Helden – ganz ohne Spinnenkostüm und Bat-Mobil!« WDR 1Live

»Eine sensationelle Erfolgsgeschichte.«
Aachener Zeitung

»Jörg Nießen schildert mit viel schwarzem Humor die bizarren Seiten des Einsatzalltags.«
Rettungsdienst

Nach dem überwältigenden Erfolg seines Buches »Schauen Sie sich mal diese Sauerei an« mit über 150.000 verkauften Exemplaren nimmt uns der bekannte Rettungsassistent und Feuerwehrmann Jörg Nießen in »Die Sauerei geht weiter ...« wieder mit in die bewegte Welt des Rettungsdienstes.

WWW.SCHWARZKOPF-SCHWARZKOPF.DE

SCHWARZKOPF & SCHWARZKOPF

# SCHANTALL, TU MA DIE OMMA WINKEN!

AUS DEM ALLTAG EINES UNERSCHROCKENEN SOZIALARBEITERS – LIEBENSWERT KARIKIERT UND SEHR, SEHR KOMISCH!

**SCHANTALL, TU MA DIE OMMA WINKEN!**
AUS DEM ALLTAG EINES
UNERSCHROCKENEN SOZIALARBEITERS
Von Kai Twilfer
224 Seiten, Taschenbuch
ISBN 978-3-86265-219-8 | Preis 9,95 €

»Rasend komisch. Mit spitzer Feder schreibt Kai Twilfer in ›Schantall, tu ma die Omma winken!‹ über eine Familie, für die Bildung und Niveau Fremdwörter sind.«
Das Neue Blatt

»Sozialarbeiter Jochen wird von der beschaulichen Kulturbehörde einer Kleinstadt in den Sozialdienst versetzt und trifft dort auf die chaotische Unterschichtfamilie Pröllmann samt Tochter Schantall. Er erhält Einblicke in eine Welt, die ihm bisher gänzlich unbekannt war. Lustig und unterhaltsam!«
Lea

»Geschichten aus dem Alltag eines unerschrockenen Sozialarbeiters erobern Bestsellerlisten.«
Volksstimme

»Eine humorvolle und satirische Milieustudie.«
Stadtspiegel Gelsenkirchen

WWW.SCHWARZKOPF-SCHWARZKOPF.DE

SCHWARZKOPF & SCHWARZKOPF

# CALLCENTER

FRAGWÜRDIGE METHODEN, SKURRILE ANRUFER UND SCHLECHTE BEZAHLUNG
DIE WAHRHEIT ÜBER DEUTSCHE CALLCENTER

**CALLCENTER**
WER DRANBLEIBT, HAT VERLOREN
Von Sebastian Thiel
296 Seiten, Taschenbuch
ISBN 978-3-86265-165-8 | Preis 9,95 EUR €

*Andreas Seifeld arbeitet in einer Firma, die die meisten Menschen hassen. Er natürlich auch. In einem Callcenter. Auch sonst läuft in seinem Leben so einiges schief – sein Studium hat er abgebrochen, seine Beziehung droht in die Brüche zu gehen und er braucht dringend Geld. In Andreas reift ein Plan, der die Welt der Callcenter revolutionieren und all seine Probleme lösen könnte. Doch im Callcenter gelten ganz eigene Gesetze ...*

*Der Autor Sebastian Thiel kennt sich aus: Fünf Jahre seines Lebens hat er selbst in einem Callcenter vertelefoniert. In seinem autobiografischen Roman erzählt er temporeich und satirisch die Geschichte eines sympathisch normalen Callcenter-Agenten und entlarvt dabei die Methoden, mit denen Callcenter um jeden Preis versuchen, Geld zu verdienen. Willkommen auf der anderen Seite der Warteschleife!*

WWW.SCHWARZKOPF-SCHWARZKOPF.DE

SCHWARZKOPF & SCHWARZKOPF

# SCHATTENPARKER ...

AUS DEM ALLTAG EINES FAHRLEHRERS
DAS BUCH FÜR ALLE MIT UND OHNE FÜHRERSCHEIN!

**SCHATTENPARKER, BORDSTEINRAMMER
UND ANDERE FAHRSCHÜLER**
AUS DEM ALLTAG EINES FAHRLEHRERS
Von Andreas Hoeglauer
288 Seiten, Taschenbuch
ISBN 978-3-86265-220-4 | Preis 9,95 €

*Das kann ich auch!*, denkt sich Andreas Hoeglauer, als er einem Fahrlehrer bei der Arbeit über die Schulter sieht. Hier ein bisschen mosern, dort etwas loben und dann noch ein paar lockere Sprüche klopfen – was soll an dem Job schon so schwer sein?

*Doch bereits an seinem ersten Arbeitstag merkt er: Die Schüler fit für die Straße zu machen kann eine nervenaufreibende Angelegenheit sein.*

*Da ist zum Beispiel der feierfreudige Moritz, dem nach einer durchzechten Nacht ein Malheur im Schulungswagen passiert. Und die liebestolle Bianca, die Andreas vor und nach jeder Fahrstunde anzügliche SMS schickt. Doch so hartnäckig seine Schützlinge auch daran arbeiten, ihn aus der Ruhe zu bringen – Andreas bleibt souverän.*

*Das Buch ist eine humorvolle Liebeserklärung an den Beruf des Fahrlehrers.*

WWW.SCHWARZKOPF-SCHWARZKOPF.DE

## DIE AUTOREN

Markus Kothen, geboren 1969 in Tönisvorst, ist Polizeihauptkommissar und kennt die internen Abläufe und bisweilen sehr skurrilen Einsätze ganz genau. Mit diesem Buch möchte er die Leser für die Arbeit der Polizei sensibilisieren und einem breiten Publikum zugänglich machen. Der Autor lebt in Tönisvorst am Niederrhein, ist verheiratet und hat zwei Töchter.

Sebastian Thiel wurde 1983 am Niederrhein geboren und ist freier Autor. Nach mehreren historischen und Kriminal-Romanen sowie dem Roman »Callcenter« steht er nun Markus Kothen schreibend zur Seite.

Markus Kothen
NEE, DAS WAR NOCH GELB!
*Wahre Geschichten aus dem Alltag eines Polizisten*
Mit Sebastian Thiel
Illustrationen von Jana Moskito

ISBN 978-3-86265-307-2
© Schwarzkopf & Schwarzkopf Verlag GmbH, Berlin 2013
Alle Rechte vorbehalten. Dieses Werk ist urheberrechtlich geschützt. Jede Verwendung, die über den Rahmen des Zitatrechtes bei korrekter und vollständiger Quellenangabe hinausgeht, ist honorarpflichtig und bedarf der schriftlichen Genehmigung des Verlages. Coverillustration: © www.thinkstock.com | Foto des Autors: © Stefanie Brandenburg

KATALOG
Wir senden Ihnen gern kostenlos unseren Katalog.
Schwarzkopf & Schwarzkopf Verlag GmbH
Kastanienallee 32, 10435 Berlin
Telefon: 030 – 44 33 63 00
Fax: 030 – 44 33 63 044

INTERNET | E-MAIL
www.schwarzkopf-schwarzkopf.de
info@schwarzkopf-schwarzkopf.de